"十三五"国家重点出版物出版规划项目

中国经济治略丛书

货币政策工具与中介目标：
国际经验与中国选择

Tools and Intermediate Targets of Monetary Policy:
International Experience and China's Choice

杨春蕾 著

中国财经出版传媒集团

经济科学出版社
Economic Science Press

图书在版编目（CIP）数据

货币政策工具与中介目标：国际经验与中国选择/
杨春蕾著 . —北京：经济科学出版社，2019. 3
　（中国经济治略丛书）
　ISBN 978 - 7 - 5218 - 0268 - 9

　Ⅰ. ①货… 　Ⅱ. ①杨… 　Ⅲ. ①货币政策 - 研究 -
中国 　Ⅳ. ①F822. 0

中国版本图书馆 CIP 数据核字（2019）第 029613 号

责任编辑：刘　丽
责任校对：郑淑艳
责任印制：王世伟

货币政策工具与中介目标：国际经验与中国选择
杨春蕾　著
经济科学出版社出版、发行　新华书店经销
社址：北京市海淀区阜成路甲 28 号　邮编：100142
总编部电话：010 - 88191217　发行部电话：010 - 88191522
网址：www. esp. com. cn
电子邮件：esp@ esp. com. cn
天猫网店：经济科学出版社旗舰店
网址：http：//jjkxcbs. tmall. com
北京季蜂印刷有限公司印装
710 × 1000　16 开　14. 25 印张　250000 字
2019 年 3 月第 1 版　2019 年 3 月第 1 次印刷
ISBN 978 - 7 - 5218 - 0268 - 9　定价：58. 00 元
（图书出现印装问题，本社负责调换。电话：010 - 88191510）
（版权所有　侵权必究　打击盗版　举报热线：010 - 88191661
QQ：2242791300　营销中心电话：010 - 88191537
电子信箱：dbts@ esp. com. cn）

序

　　杨春蕾在她的博士论文基础上修改完成的这部专著研究了金融危机以后主要发达国家和中国货币政策工具与中介目标选择以及传导机制的特点与效率问题。货币政策传导机制是货币经济学领域内长盛不衰的研究课题，国内外在这个领域内的研究文献浩繁。因为随着经济运行状况的变化，经济主体对于经济运行预期会发生变化，经济行为和经济活动也会发生相应变化，这就导致货币政策工具作用于经济主体行为和经济活动的传导途径与过程都呈现出新的特点，这也是货币政策研究始终具有常新的理论和常新的现实意义之所在。因此，杨春蕾这部著作所研究的选题具有较高的现实意义和理论探索价值。

　　2008 年全球性金融危机之后，主要发达经济体中央银行的货币政策手段超越传统的常规，政策传导机制出现了变异，整个货币政策框架出现了很多新现象。货币政策被赋予了超历史记录的重要地位来刺激经济复苏。量化宽松、前瞻性指引、负利率政策等货币政策工具被频繁使用，目的是向市场注入更多的流动性；传统的短期利率向中长期利率的传导机制发生了脱节，中央银行不得不通过其他途径来引导中长期利率，货币政策中介目标也发生了调整。国际经济形势的变化也会使得中国经济与金融的运行环境发生改变，很多新的问题也促使中国人民银行的货币政策调控有了新的发展。短期流动性调节工具（Short-term Liquidity Operations，SLO），常备借贷便利（Standing Lending Facility，SLF）、中期借贷便利（Medium-term Lending Facility，MLF）、抵押补充贷款（Pledged Supplementary Lending，PSL）、临时流动性便利工具（Temporary Liquidity Facilities，TLF）等货币政策工具被创设出来为市场提供各种期限的流行性。金融的创新与深化发展使得现有的货币供应量指标与最终目标的关联性减弱，中国人民银行创新设立了更能反映实体经济融资情况的社会融资规模指标；利率市场化的初步完成为货币政策由数量型为主向价格型为主转变奠定了基础。但是，中国价格型的货币政策中介目标能否发挥预期的作用尚需验证。这些都成为杨春蕾这部专著研究的重要背景，也使得她从国际比较的角度研究中国货币政策工具和中介目标选择有了更多的现实意义。

尽管各国的国情不同、货币政策的发展阶段不一样、中央银行对货币政策工具与中介目标的选择不尽相同，但是各经济体中央银行的货币政策工具总是在随着经济形势的变化而不断创新来实现其货币政策的最终目标。现实中，各经济体央行中介目标的选用既不拘泥于某个具体指标，也不拘泥于数量型或者价格型的分类，中央银行从这个意义上而言既是宏观经济的调控者，也是金融体系的重要创新者。2008—2009年全球性金融危机后，发达经济体中央银行不约而同地采用了量化宽松政策。量化宽松货币政策具有公开市场操作的基本特点，并未脱离公开市场操作的基本框架和运行机制，只是在公开市场操作基础上增加了事前量化的指标，是对公开市场操作的创新和变革。量化宽松政策在特定时期防止了经济陷入断崖式下跌，起到了较好的稳定宏观经济的作用。中国人民银行曾将信贷规模与现金投放指标作为货币政策中介目标来使用，随着中国经济与金融的市场化程度不断提高，在中国人民银行货币政策调控框架中，价格型中介指标也必然会逐渐成为重要的货币政策调控依据。

2008年全球性金融危机之后，欧洲央行、日本央行等中央银行为提振本国经济还创造性地使用现有的传统政策工具，较长时期地将基准利率维持在零值以下。负利率政策也是对传统货币理论的突破，它成为继量化宽松之后更加宽松的货币政策的重要手段。量化宽松、负利率都是把政策工具与传统中介目标进行重新构造的一种尝试，是实现货币政策最终目标的新手段。尽管负利率偏离了传统凯恩斯和货币主义对利率的基本阐释，但仍然属于利率工具的范畴，只是由于传导机制在特定阶段发生了变化，货币政策试图通过新的价格指引来影响预期。欧洲央行与日本央行的负利率政策的意图与美联储量化宽松货币政策的意图是相似的，但是负利率与量化宽松的效果究竟为何在学术界和市场人士的认知中存在分歧，这是值得进一步研究的课题。

当前，美联储已经启动加息与收缩资产负债表的正常措施，而欧洲央行与日本央行似乎仍然维持量化宽松和负利率政策，发达经济体中央银行对宏观经济的判断出现了分化，货币政策作为调节宏观经济的手段发生差异也就不足为奇。不少国家的货币政策同时也将通货膨胀作为重要的目标。通货膨胀目标制实际上是大多数中央银行稳定货币价值（物价）这一最终目标的具体化的表现，事实上，几乎没有一个中央银行不考虑通货膨胀的因素，只是大多数中央银行的货币政策存在复合最终目标，在不同的经济周期和面临不同的宏观经济形势时，通货膨胀目标与其他目标的优先次序和关系常常被重新界定和考量，政策措施的应对的优先次序也会发生变化。所有这些，杨春蕾博士在这部著作中都进行了探索，并且，这些问题值得进一步的研究和探讨。

杨春蕾博士还对中国货币政策调控的经验和发展历程做了分析，并对当前存在的一些问题做了一定程度的探讨。她观察到中国人民银行在危机前主要是依靠增加外汇储备资产的途径来投放基础货币，金融危机后外汇占款增速下降，中国人民银行通过创新一系列货币政策工具以增加基础货币供应。较多地使用创新的政策工具，在一定程度上可能使央行的政策意图不够清晰，难以被市场精确观察并作出合理反馈，可能导致货币政策调控效率下降。因此，她认为有必要设计一套货币政策工具，为市场主体提供一个能够承受冲击的缓冲区间，使货币政策中介目标不再盯住一个点，而是盯住某个更具弹性的目标区间。她在书中提出利率走廊机制能够提供这样的功能。其实，构建利率走廊机制已经成为中国人民银行货币政策的努力方向。2008 年全球性金融危机之后，金融风险与经济周期的关系被纳入监管者的视野，宏观审慎监管框架得到进一步重视，各国中央银行的货币政策调控与宏观审慎监管相结合也成为重要的发展趋势。中国人民银行一直都在积极探索与创新宏观审慎政策工具，2016 年中国人民银行又将差别准备金动态调整机制升级成为宏观审慎评估体系，这一举措使得更多的金融活动和金融行为被纳入管理。当然，健全货币政策和宏观审慎政策双支柱调控框架还需要进一步在理论和实践中加以完善，这也是党的十九大报告提出的金融体制改革的重要目标。

杨春蕾的博士论文成稿于 2017 年年初，2017 年以来国际金融和货币政策的发展又出现了很多新的问题和新的现象。经过一年多时间的修改，这部著作对这些新问题与现象进行了大量的补充，尽管如此，仍有一些新的情况还来不及深入研究与探讨。这部著作是杨春蕾博士在该领域内探索研究的一个阶段性成果，是具有出版价值的。杨春蕾博士的这部著作出版之后不仅能够向同行及相关领域内的专家求教，对于繁荣相关问题的研究也是大有裨益的。

是为序。

徐明棋

于上海社会科学院

2018 年 8 月 16 日

CONTENTS **目录**

第一章

绪　论

第一节　货币政策出现的新现象

货币政策是调节经济短期波动最为灵活并且有效的工具，各个国家的中央银行总是会根据宏观经济形势的变化对货币政策工具进行创新，对货币政策中介目标进行调整。现代货币经济学理论多是基于发达国家的成熟经验产生并发展起来的，历经多年的实践，主要国家的中央银行通常选择公开市场操作作为货币政策日常调控的工具、选择短期利率作为货币政策的中介目标。也有国家的中央银行在货币政策工具与货币政策最终目标之间不再设立中介目标，直接盯住国内的通货膨胀率，实行通货膨胀目标制。2008 年的全球性金融危机引发了第二次世界大战后最为严重的一次经济衰退，世界经济进入深度调整与再平衡的新常态。金融危机使得发达国家的短期利率下降至零，传统上通过降低短期利率以刺激经济增长的调控方式失去操作空间，换句话说，金融危机削弱了货币政策传导机制。为防止经济可能会出现的自由落体现象，各发达国家中央银行开始求助于各种"非传统"的货币政策，即通过不断创新货币政策工具、交替使用工具组合，调整货币政策中介目标，为实体经济保驾护航。货币政策被赋予了超历史记录的重要地位来刺激经济复苏，在此期间涌现出非常多的新现象。

在发达国家中央银行货币政策的诸多创新之中，影响力最为广泛的即是"量化宽松"政策。"量化宽松"政策具有公开市场操作的基本特点，其在公开市场操作的基础之上增添了事前的量化指标，即通过事先宣布资产购买的总额为市场注入流动性。"量化宽松"政策的购买对象主要是长期国债，对长期国债的大规模购买能够直接降低长期利率，是发达国家中央银行为刺激经济增长而对市场进行的一定程度的直接干预。"量化宽松"政策对经济的崩塌起到了力挽狂澜的作用，使经济获得了暂时的稳定，但其释放出的巨额流动性并不会按照发达国家中央银行的设想全部进入实体经济，大量的资金会流入资本市场甚至是风险更高的其他领域，造成资源错配，并放大金融市场的脆弱性。可见，"量化宽松"政策并不能解决实体经济运行过程中的深层次问题，其在各个国家的实施效果并不相同。

与美国货币政策正逐步收紧、从"量化宽松"中缓慢退出所不同的是，欧洲央行、日本央行等在"量化宽松"之后启用了传统货币政策理论无法想象的、更加宽松的"负利率"政策。"负利率"政策的实施，表明发达国家的经济复苏进程与货币政策已出现分化，对部分国家而言，货币政策回归常态似乎依然遥不可及。"负利率"政策的主要思路是中央银行对超额准备金进行收费，此举将迫使商业银行为实体经济投放出更多的流动性，以此来刺激实体经济增长。除了这些非传统的宽松政策之外，金融危机期间，不少国家的中央银行将诞生于20世纪末的利率走廊机制进行了拓展，开启了利率走廊的"地板"模式。"地板"利率走廊模式可以使中央银行的利率决策与流动性供给决策相互独立、互不干扰，为中央银行的货币政策操作提供了更大的弹性空间。

发达国家中央银行关于货币政策工具与中介目标重新构造的种种尝试，为中国货币政策工具与中介目标的选择提供了丰富的借鉴空间与想象空间，对中国货币政策的发展产生了较为深远的影响。金融危机之后，中国人民银行吸取了发达国家中央银行货币政策的经验与教训，根据自身的发展需要，对货币政策工具进行了一系列的创新，主要体现在以下几个方面。

（1）关于存款准备金政策工具的创新。中国人民银行对不同类型的金融机构实行差别存款准备金率，随后又引入差别存款准备金动态调整机制，并根据经济形势的变化，对该机制的相关参数进行调整。2016年中国人民银行将差别准备金动态调整机制升级成为宏观审慎评估体系（Macro Prudential Assessment，MPA），这一举措使得更多的金融活动和金融行为被纳入管理。中国人民银行将货币信贷和流动性管理的总量调节与宏观审慎政策相结合，极大地丰富了存款准备金制度的政策内涵。

（2）关于再贷款、再贴现政策工具的创新。近年来，中国人民银行大量使用的常备借贷便利（Standing Lending Facility，SLF）、中期借贷便利

（Medium-term Lending Facility，MLF）、抵押补充贷款（Pledged Supplementary Lending，PSL）等政策工具，为市场提供了大量的流动性。2017年年初，临时流动性便利工具（Temporary Liquidity Facilities，TLF）的推出则主要被用来缓解短期流动性的不足。这些政策工具的出现及其常态化运作，进一步增强了央行流动性管理的灵活性与主动性。

（3）关于公开市场操作工具的创新。金融危机以后，中国人民银行设立了短期流动性调节工具（Short-term Liquidity Operations，SLO），使之成为公开市场操作的必要补充。2016年建立起公开市场每日操作常态化机制，该机制提高了中国人民银行流动性管理的精细化程度。此外，近年来的《中国货币政策执行报告》中反复提出"探索利率走廊机制"，它将成为中国人民银行货币政策调控的重要工具。

与发达国家央行主要采用利率作为货币政策中介目标不同的是，当前中国采用货币供应量作为中介目标。但货币供应量指标已被认为与实体经济的关联性趋于减弱，其预测性变得更加模糊与不确定。由于金融危机爆发的原因之一是融资活动与实体经济相脱节，这使得金融统计信息的缺失以及统计的制度性缺陷更加显现。中国人民银行于金融危机之后创新设计了社会融资规模指标，该指标的特点是反映整个金融体系对实体经济的融资总量，目的是使金融统计数据能够及时反映经济运行情况，为各界防范经济风险、判断经济走向提供依据。社会融资规模指标的提出为我国数量型的货币政策中介目标增添了一个新的选择。社会融资规模指标这一概念近几年已被《政府工作报告》多次提出，2018年《政府工作报告》中提到，过去的五年里，"货币政策保持稳健中性，广义货币M2增速呈下降趋势，信贷和社会融资规模适度增长"。除货币供应量M2指标、信贷指标与社会融资规模指标等数量型指标之外，价格型的指标在我国也有了较好的发展基础，这得益于2015年存款利率浮动上限的放开使得利率市场化在我国初步形成。价格型指标的培育与发展能够使价格杠杆在资源配置中发挥更大作用，也将为我国货币政策的中介目标提供更为丰富的选择。

宏观经济形势的变化以及金融创新的挑战将会对中国货币政策工具与中介目标的选择产生影响，货币政策总是不断调整完善以适应每一时期的宏观经济与金融的发展需要。2008年金融危机之后，各国央行都在为刺激经济增长尽自己最大的努力，各国中央银行对货币政策工具进行了非常多的创新，对货币政策中介目标也做了相应的调整。整体而言，宽松的货币政策为经济的复苏提供了助力，但货币政策的过度创新也暗藏着一定的金融风险。各个国家的中央银行都应该认识到其对风险管理所必须承担的巨大责任，这不仅是发达国家中央银行需要面对的问题，也是新兴经济体的中央银行需要承担的责任，2018 年中国《政府工作报告》中提到"金融等领域风险隐患不容忽视"，强调要推动防范化解重大风险取得明显进展。至 2018 年危机过去已有 10 年，世界经济又出现了许多新情况和新变化，民粹主义高涨、逆全球化浪潮兴起、"黑天鹅"事件频发、保护主义与孤立主义抬头，国际经济形势的不确定性明显增强且高度复杂多变，全球经济进入"结构性低迷时期"，中国所面临的内部与外部环境变得更加复杂和严峻。中国自改革开放以来在极短的时间内迅速地融入世界经济，得益于中国与世界一直在相互学习，今后中国还将继续全面参与经济全球化发展，也应为现代货币金融理论与实践的发展贡献自己的智慧。

当前中国人民银行正继续实施稳健中性的货币政策，持续健全货币政策和宏观审慎政策双支柱调控框架，为经济发展营造中性适度的货币金融环境。中国应该选择什么样的货币政策工具与中介目标，这需要对中国与国外代表性国家央行货币政策工具与中介目标的演变历程进行充分的了解，分析共性与差异；还需要对发达国家央行关于货币政策工具与中介目标代表性的创新运用进行充分的认知，分析它们的原理、了解各国的实践。这些研究将会成为我国货币政策工具与中介目标选择的很好铺垫，只有这样，中国对国际经验的借鉴才会具有针对性。由于各国政治、经济、文化、发展阶段并不相同，各国央行货币政策的具体选择需要结合自己特定的国情，需要拥有自身的特点，中国不能也不会对发达国家央行的货币政策进行简单的模仿。中国的货币政策是全球货币政策体系中的一部分，受到国际与国内宏观经济金融环境的共同影响，中国在货币政策方面的实践与理论进展需要借鉴国际经验，同时也将为世界提供自己的实践与理论贡献。未来中国人民银行在宏观调控中的作用仍将不断增强，中国关于货币政策工具与中介目标的选择将为货币政策理论与实践的发展提供独特视角、贡献独特案例。本书的研究兼顾理论与实践、国内与国外、历史与现实、理论论述与数量分析，希望能够为推动中国货币政策的进一步发展提供一些参考建议。

第二节　货币理论演变

要理解 2008 年金融危机后货币政策出现的新现象，首先要对货币理论及其演变有一定程度的了解。广义的货币理论包括货币的起源、本质和职能；货币的供应和需求；货币与经济的一般关系以及货币政策等许多方面的内容。货币理论的中心问题是中央银行的货币政策将对产量、就业、物价水平等产生怎样的影响。按照历史发展的顺序，古典主义学派、凯恩斯主义学派、弗里德曼的货币学派、理性预期学派等均为货币理论作出过贡献。整体来看，各货币学说的产生都是立足于当时的历史环境，是为了解决经济中出现的现实问题而产生和发展起来的；各学说之间虽然存在分歧，但也能够看到很多共识性的思想；各学说都随着经济环境的改变而得以进一步完善，甚至彼此间交融发展。

一、古典学派的货币数量说

古典学派一般都认为货币本身并没有内在价值，是覆盖于实物经济上的一层"面纱"，对经济发展并不产生实际的影响，这一思想被称为货币数量说。货币数量说在 20 世纪 30 年代被发展至巅峰，并以现金交易数量说与现金余额数量说最具代表性。

1. 现金交易数量说

现金交易数量说由美国经济学家费雪（I. Fisher）在 1911 年出版的《货币的购买力》中提出，著名的费雪方程式可以表示为

$$MV = PT \qquad\qquad (1-1)$$

式中，M 表示一定时期内流通中的货币平均量；V 表示货币流通速度；P 表示各类商品的平均价格；T 表示商品的交易量。费雪认为公众持有货币是为了能够进行商品交换。货币流通速度 V 是由制度因素决定，取决于公众的支付习惯、信用发达程度等社会因素；商品的交易量 T 取决于资本、劳动力、自然资源、生产技术水平等非货币因素。由于商品流通速度 V 与商品交易量 T 均独立于流通中的货币量 M，因此货币量 M 的增加将引起一般物价水平 P 的增加，即货币数量决定物价水平。

2. 现金余额数量说

现金余额数量说是由剑桥经济学家马歇尔（A. Marshall）、庇古（A. C. Pigon）等创立，强调了公众对货币的主观需求。最常见的剑桥方程式可表示为

$$M = K \times P \times R \qquad\qquad (1-2)$$

式中，M 是现金余额，也即货币数量；R 是真实资源，可以表示财富存

量、收入流量、实际收入等参数，在不同的经济情况下有不同的政策含义；K 表示真实资源 R 中以货币形式持有的比例；P 表示一般物价水平。根据古典学派的假设，真实资源 R 在短期内不变，如果真实资源 R 中以货币形式持有的比例 K 也保持不变，则当货币量 M 增加时，一般物价水平 P 也将随之增加。这一结论与现金交易数量说的费雪方程式的结论相一致。

　　无论是现金交易数量说还是现金余额数量说，均将货币数量与价格水平直接联系起来，就业、产出等其他重要的经济变量，则被认为取决于经济当中的其他实际因素，如土地、资本、劳动力、生产技术等。由此可见，传统的货币数量说认为货币市场的唯一作用就是决定一般物价水平，认为货币市场与实际部门并无关联，因此，传统的货币数量说可以被认为是关于价格水平的学说。由于几乎所有的经济学家都认为货币量的变化将对实际经济产生影响，因而传统的货币数量说被认为是货币政策理论研究的基础。

二、凯恩斯的货币理论

　　古典学派的货币数量说看到的仅是货币充当商品交换媒介的职能，从而得出货币中性的结论；凯恩斯则看到并强调了货币作为储藏手段的作用，认为货币可以通过利率影响投资，进而影响产出、就业和收入。凯恩斯货币理论的一个关键点是，提出了构成货币需求的三种动机是交易动机、预防动机和投机动机，三种动机中，由投机动机所产生的流动性偏好 L_2 与利率呈反向关系，在整个货币政策传导过程中起着非常重要的作用。凯恩斯的宏观经济模型可以由式（1-3）～式（1-6）加以概括。

$$货币市场：M_1 + M_2 = L_1(Y) + L_2(r) \qquad (1-3)$$

$$投资函数：D = D(r) \qquad (1-4)$$

$$商品市场：\Phi(N) - X(N) = D \qquad (1-5)$$

$$生产函数：Y = \Phi(N) \qquad (1-6)$$

式（1-3）是货币市场均衡方程，等式左边是货币供给函数，M_1 表示公众为满足交易动机和预防动机而持有的货币量；M_2 表示公众为满足投机动机而持有的货币量。等式右边是货币需求函数，L_1 表示取决于收入水平的流动性偏好函数，表示收入 Y 与 M_1 之间的函数关系；L_2 表示主要取决于利率水平与当前预期状况的流动性偏好函数，表示利率与 M_2 之间的函数关系。式（1-4）中 D 表示预期的总投资量，与利率成反比。

式 (1-5) 中，$\Phi(N)$ 表示总供给函数，$X(N)$ 表示消费函数，其中 N 是就业量。可知，均衡就业量由总供给函数、消费函数和投资量共同决定。式 (1-6) 是生产函数。

强调利率在经济中的核心作用，以利率为传导渠道是凯恩斯货币政策传导机制的基本观点。凯恩斯学派认为货币政策首先通过货币供应量的变动影响利率水平，再影响投资活动水平，最后使总收入发生变动。这个过程可以表示为：货币政策工具→货币供应量→利率→投资→总收入。凯恩斯货币政策理论中所指的利率是实际利率而非名义利率，认为影响支出的是实际利率，这就很好地解释了为什么当通货紧缩发生时，名义利率下降至零，中央银行仍然可以运用货币政策对经济进行刺激。需要注意的是，凯恩斯还特别强调了不确定性和预期的作用。因此，当名义利率为零，扩张性货币政策将提高预期物价水平和预期通货膨胀率，此时实际利率仍然会下降，从而刺激投资，提高总收入。利率对投资支出能够产生巨大影响是凯恩斯货币政策理论的前提，然而利率在经济中是否能够起到如此重要的作用，一直是人们争论的焦点。

三、弗里德曼的新货币数量说

凯恩斯主义于 20 世纪 30 年代大萧条时期引起了学界和政界的广泛共鸣，并在许多方面得到扩展和深化，30 年代至 50 年代逐步发展至兴盛。50 年代开始，宏观经济环境发生了变化，通货膨胀取代大规模的经济萧条成为世界经济的主要问题，70 年代经济又出现了更加复杂的"滞涨"难题，在此背景下，米尔顿·弗里德曼的货币主义得以盛兴。与凯恩斯主义的货币政策理论强调利率在货币政策传导机制中的重要性不同，货币学派强调的是货币供应量的作用。货币学派认为，将资产范围进一步扩大之后，货币需求的利率弹性会变得很低，此时名义利率将会产生一定程度的误导作用。货币学派认为货币政策传导机制是通过实际货币余额的变动直接影响支出，从而影响总收入的。货币学派的货币政策传导过程可以表示为：货币政策工具→货币供应量→支出→总收入。

弗里德曼的货币需求理论是其新货币数量说的重要组成部分，他把货币需求看成是由许多变量决定的函数，弗里德曼的货币需求函数可以表示为

$$M = f\left(p, \ r_b, \ r_e, \ \frac{1}{p} \cdot \frac{\mathrm{d}p}{\mathrm{d}t}, \ W, \ Y, \ u\right) \tag{1-7}$$

式中，p 表示价格水平；r_b 表示债券的预期名义收益率；r_e 表示股票的预期名义收益率；$\frac{1}{p} \cdot \frac{dp}{dt}$ 表示通货膨胀率；W 表示非人力财富对人力财富的比例；Y 表示恒久收入；u 表示影响货币需求偏好的其他因素。

弗里德曼认为货币的需求函数是稳定的，在决定货币需求的诸多变量中，恒久收入是最重要的决定因素，而利率的作用并不那么明显。由于恒久收入是相对稳定的，名义收入变化的影响因素只能是货币供应而不是货币需求，因此货币供应被认为是最重要的政策变量。以弗里德曼为代表的货币主义认为，由于时滞因素，货币政策的短期作用很难被预测，在实践中，货币政策不可能被用来作为经济微调的工具，因此货币政策并不是稳定经济的有效工具。货币政策应该实行"单一规则"，即保证货币供给有一个长期稳定的增长率，实行与经济增长相一致的货币供应增长政策。根据弗里德曼的货币理论，在理想状态下，货币供应量的增长率是预测通货膨胀的最佳指标。然而，2008 年全球性金融危机后"量化宽松"政策所释放出来的巨额的流动性，却并未导致全球出现恶性通货膨胀，也没有使经济得以迅速复苏，这一点将在后续的章节中进行讨论。

四、理性预期的货币理论

20 世纪 70 年代西方国家普遍出现的"滞胀"使主张积极干预经济的凯恩斯主义学说失效，学界对于是否应该对宏观经济进行干预产生了怀疑，理性预期学派正是在这样的背景下兴起的。理性预期学派明确否定了经济政策的有效性，对宏观经济学在经济政策方面的作用提出了与传统观点截然不同的解读。理性预期学派的理论可以表示为

$$X^e = X^{of} \tag{1-8}$$

式中，X^e 表示对某一变量的预期；X^{of} 表示利用所有可得信息对变量 X 的最优预测。换句话说，对变量 X 的预期是基于所有可得信息的最优预测。罗伯特·卢卡斯认为，当被预测的变量发生改变时，预期与过去信息的关系也将发生相应的变化，由此可引出卢卡斯批评（Lucas Critique of Policy Evaluation）：当政策发生变化时，预期的形成方式也会发生变化，经济模型中变量之间的关系将随之改变，基于历史数据建立模型所预测的经济变化，其前提就发生了错误，因此必然推出错误的结论。正是基于这种考虑，卢卡斯认为，传统的计量经济模型并不能用于对政策效果的评价，政

策效果在很大程度上取决于公众对政策的信心。由此，政策制定者应该更加重视预期对经济决策行为和政策效果的影响，理性预期对货币政策的实施具有深远的意义。

至 21 世纪，尤其是 2007—2008 年肇始于美国的次贷危机蔓延至全球以来，宏观经济与金融环境又发生了很大的改变，货币政策出现了很多新的变化，货币理论随之继续发展和完善。不可否认的是，现有的经典理论为我们分析本次金融危机以来货币政策出现的新现象奠定了很好的基础。这是因为从根本上来说，无论宏观经济环境如何改变，与货币政策相关的货币供应量、利率、通货膨胀、经济增长等重要因素，始终都是最为根本的变量，也是我们最为关注的内容。金融危机之后，各个国家的中央银行创新出来纷繁复杂的货币政策工具，对经济进行总量调控或者是结构性管理，其主体思路还是在于运用货币政策工具对货币供应量或者对利率等货币政策中介目标进行调控，将通货膨胀率稳定在一定的点或者区间，为实体经济提供激励，为稳定经济而作出努力。因此，对 2008 年金融危机后的货币政策工具与货币政策中介目标，及其对实现货币政策目标的传导机制进行研究，是对货币理论研究的延续和拓展，也是对各国中央银行关于危机救助问题的讨论，更是非常有必要的。

第三节　货币政策工具概述

金融危机之后，为了防止宏观经济出现断崖式的下滑，各经济体中央银行对货币政策工具进行创新设计，品种之多让人眼花缭乱。对货币政策工具进行了解，首先要了解货币政策的传导过程，其主要涉及货币政策目标以及实现该目标的一系列制度安排，包括货币政策规则、货币政策工具、货币政策操作目标、货币政策中介目标和货币政策最终目标。货币政策传导即是中央银行通过运用货币政策工具，作用于货币政策操作目标，影响利率或货币供应量等中介目标，从而实现物价稳定、经济增长等货币政策最终目标，是一个非常复杂的过程。货币政策传导过程如图 1-1 所示。

由图 1-1 可见，中央银行综合运用各种政策工具，对宏观经济进行调控，目的是实现货币政策最终目标。由此可知，对货币政策工具的正确选择与运用，是决定货币政策目标能否被实现的起点和重要环节。一般情况下，货币政策工具主要可以被分为两大类。一类是一般性政策工具，

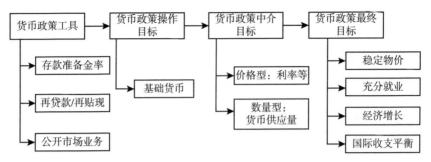

图 1 - 1　货币政策传导过程

这些政策工具能够对资金供求进行一般性调节或者总量调节，即通常所说中央银行的"三大法宝"，它们是：存款准备金政策、再贷款/再贴现政策以及公开市场操作，属于宏观性措施。另一类是选择性政策工具，是中央银行针对个别部门、企业或特殊用途的信贷而采用的政策工具，属于微观性措施（胡庆康，2014）[①]。事实上，无论是一般性政策工具还是选择性政策工具，以及 2008 年金融危机后中央银行货币政策工具的创新及运用，均不会脱离存款准备金政策、再贷款/再贴现政策以及公开市场操作三大传统政策工具而凭空产生。因此，有必要对三大传统货币政策工具进行了解。

一、存款准备金政策

存款准备金政策是指中央银行根据对经济形势的判断，在法律所赋予的权利范围内，通过调整商业银行缴存中央银行的存款准备金比率，以改变货币乘数，控制商业银行的信用创造能力，刺激经济扩张或者收缩的活动。存款准备金分为法定存款准备金和超额存款准备金，法定存款准备金可由中央银行直接控制，超额存款准备金取决于金融机构对持有超额准备金的成本与受益的权衡，不完全由中央银行直接控制。实际上由于流动性供给的充足，20 世纪 90 年代以后许多国家的中央银行大幅度地降低了存款准备金率，加拿大等国家的中央银行甚至实行了零准备金制度。整体上来看，存款准备金政策在发达国家并不常用，已经不是中央银行日常操作的政策工具。

---

① 胡庆康．现代货币银行学教程 ［M］．5 版．上海：复旦大学出版社，2014．

对我国而言，由于较长时间以来我国利率处于"双轨制"环境，存款准备金政策工具对市场利率能够起到较好的调控作用，中国人民银行仍会较常使用存款准备金政策工具（何东、王红林，2011）①。金融危机之后，不同于发达国家中央银行采用的"大水漫灌"式的"量化宽松"政策，中国人民银行在保持存款准备金率不变的情况下，对农业银行和中小银行实行了定向降准，这种货币政策工具的创新，在一定程度上兼顾了短期的逆周期操作与长期的结构性改革，是非常有意义的（周小川，2018）②。

二、再贷款/再贴现政策

再贷款/再贴现政策是中央银行的传统货币政策工具，是指中央银行对金融机构发放贷款、制定或者调整对合格票据的贴现利率，再贴现率实际上是中央银行向商业银行的放款利率。中央银行可以通过提高再贷款/再贴现率使市场利率上升，通过降低再贷款/再贴现率使市场利率下降，以此来对宏观经济进行调节。再贷款/再贴现率由中央银行直接决定。但是否愿意贷款或者是否愿意贴现则是由金融机构自身的选择而决定的，由于金融机构担心向中央银行贷款或者贴现会产生一些不良的影响，例如，向市场传递其流动性管理不善等负面信号，在金融市场发达的情况下，金融机构会选择从同业拆入资金而不是从中央银行的贴现窗口获得资金。因此，再贷款/再贴现政策工具也不完全受中央银行控制，它们是对公开市场操作的重要补充，其最本质的职能是使中央银行扮演"最后贷款人"角色，通常情况下使用频率并不频繁。

货币政策工具通常具备的是总量调控的特征，2008 年全球性金融危机之后，再贷款/再贴现政策发展成为各种形式的定向指导的货币政策工具，共同特点是能够进行结构性调整，支持信贷资金投向实体经济。其中，英国央行的融资换贷款计划（Funding for Lending Scheme，FLS）、欧洲央行的定向长期再融资操作（Long - Term Refinancing Operation，TLTRO）、美联储的定期贷款拍卖（Term Auction - Facility，TAF）等均为典型代表（卢岚、

---

① 何东，王红林. 利率双轨制与中国货币政策实施 [J]. 金融研究，2011（12）：1 - 18.
② 周小川. 拒绝教条的周小川当年如何打破危机僵局 [EB/OL].（2018 - 03 - 16）.［2018 - 09 - 13］. http：//mp. weixin. qq. com/s？_biz = MjM5NjgyNDk4NA == & mid = 2685962141&idx = 1&sn = 019a453d23c929ab22a43730aece46da&chksm = 830f756ab478fc7c7c3b949f883015bbff1a819728f0e4615cef78a2b1713e0b484d408691b6&mpshare = 1&scene = 23&srcid = 0317fseCkrEyUSevAPPSuEHV#rd.

邓雄，2015）①。中国人民银行于金融危机之后设立的常备借贷便利 SLF、中期借贷便利 MLF、抵押补充贷款 PSL，以及放松房地产企业中期票据融资等再贷款/再贴现政策工具，也被赋予了调整相应资产的流动性以及调整利率水平与利率结构等职能（彭兴韵、费兆奇，2016）②。现以中国人民银行的抵押补充贷款工具 PSL 为例来说明其作用机理：一方面，中国人民银行通过使用 PSL 政策工具，增持的主要是风险性资产，这可以降低市场对风险的预期，增加商业银行的放贷意愿，从而为市场提供流动性；另一方面，PSL 政策工具主要是偏向实体部门的投资，可以降低企业的融资成本，促进经济"脱虚向实"发展（余振等，2016）③。这种具有结构性调整功能的货币政策工具表明中央银行可以通过调节和公布贷款对象以及贷款额度，使货币政策变得更加透明，能够强化央行对市场预期的引导，在为市场提供流动性的同时，也能够对市场利率起到一定程度的稳定作用。

三、公开市场操作

公开市场操作也称公开市场业务，指中央银行通过在公开市场上买进或者卖出有价证券来投放或者回笼基础货币，从而控制货币供给并影响市场利率的货币政策工具。公开市场操作可以对经济进行扩张和收缩两个方向的微调，因此成为各个国家中央银行最常使用的货币政策工具。与存款准备金、再贷款/再贴现政策相比，公开市场操作可以通过卖出债券引起基础货币的迅速收缩、通过买入债券引起基础货币的迅速扩张，进而使货币供应量发生变化，货币供应量的增减将引导实体经济的加速或者减速（Brunner Karl，1968）④。从这个角度来看，公开市场操作对经济产生的影响较为直接，可以表示为公开市场操作→基础货币→货币供应量→实体经济。但公开市场操作在对利率的引导方面，仍然有比较大的完善空间。2008 年金融危机后美国等发达国家中央银行广泛采用的"量化宽松"政策工具，并未脱离公开市场操作的基本框架和运行机制，具有公开市场操

① 卢岚，邓雄. 结构性货币政策工具的国际比较和启示 [J]. 世界经济研究，2015 (6)：3-11.
② 彭兴韵，费兆奇. 货币政策工具的新特点 [J]. 中国金融，2016 (4)：85-86.
③ 余振等. 结构性货币政策工具的作用机理与实施效果——以中国央行 PSL 操作为例 [J]. 世界经济研究，2016 (3)：36-44.
④ Brunner Karl, Allan H. Meltzer. *Liquidity traps for money, bank credit, and interest rates* [J]. *Journal of Political Economy*，1968，76 (1)：1-37.

作的基本特点，是在公开市场操作基础上增加了事前量化的指标，是对公开市场操作的创新和变革。

在 2008 年金融危机之前，主要发达国家已经形成了比较明显的货币政策框架，即通过公开市场操作，作用于基础货币，主要通过利率（欧元区则通过货币供应量）中介目标的传导来实现货币政策最终目标。2008年全球金融危机爆发之后，美国经济复苏过程曲折反复、欧洲经济不确定性和风险持续增高，主要发达国家为防止危机持续蔓延，纷纷偏离了既有的货币政策框架，采用了量化宽松、负利率等创新的政策工具和工具组合对经济进行了直接干预，在一定程度上改变了经济的自由落体状态。由于危机一旦发生便注定是段较长的过程，各国央行关于货币政策工具的创新并不完全相同，创新的货币政策工具使得货币政策传导变得越发复杂与不可控，其实施效果还受到各国具体经济和金融环境的影响；各个国家经济复苏的进程不尽相同，中央银行关于货币政策的选择也必然会出现分化，货币政策最终走向何方，尚需拭目以待。对中国而言，面对国际形势的变化以及大国金融改革的现实状况，货币政策取向已由危机爆发初期的"适度宽松"逐步向后危机时代的"稳健"转变，其间进行了一系列的创新性货币政策实践，中国人民银行并未对发达国家央行进行简单的模仿，所设计出的货币政策工具符合自身的发展需求，关于这点将在本书之后的章节进行详细的讨论。

第四节　货币政策中介目标概述

货币政策工具并不能够直接对实体经济产生影响，需要通过某些中间变量才能将货币政策意图传导至实体经济，这些中间变量被称为货币政策中介目标，货币政策中介目标是能够有效地对货币政策效果进行测定的金融变量，是货币政策传导的渠道与桥梁。中央银行借助货币政策中介目标，能够考察货币政策的操作方向是否正确、考察货币政策的操作强度是否合适、考察货币政策的操作时间是否恰当，能够对货币政策的有效性进行判断（付一书，2014）[①]。从各国央行的实践来看，货币政策中介目标主要有数量型指标与价格型指标，前者以各个层次的货币供应量指标为代

---

① 付一书. 中央银行学 [M]. 2 版. 上海：复旦大学出版社，2014.

表，货币主义学派主张将其作为货币政策的中介目标。后者主要以利率指标为代表，凯恩斯主义认为利率是能够对总需求产生影响的关键变量。以托宾为代表的耶鲁学派则将股票价格作为中介目标。除此之外，汇率、基础货币等指标也被认为可以被用来作为中介目标。货币政策中介目标应该如何选择，需要结合一国特定的经济与金融环境进行判断，以是否能够实现货币政策最终目标为依据。即使是同一个国家在不同的发展阶段，经济环境会发生变化，货币政策最终目标的侧重点将有所不同，中央银行应该根据变化调整对中介目标的运用。

货币政策中介目标对宏观经济产生作用，主要有以下几个传导渠道：以利率渠道为代表的价格型的传导渠道、以货币供应量为代表的数量型渠道、依赖于通货膨胀对预期影响的预期渠道（Expectations Channel）。

一、利率传导渠道

凯恩斯主义的货币理论认为，货币政策主要是通过利率渠道进行传导的，因此，该理论认为利率可以被用来作为货币政策的中介目标。基于这个理论，大多数国家的中央银行将货币政策传导过程模型化为一个利率传导过程。凯恩斯主义的货币理论以价格黏性为基础，认为名义利率的变化会引起实际利率的变化，实际利率的变化会引起消费支出与投资支出的变化，从而引起总需求与总产出的变化。这个过程可以表示为：货币政策工具→利率→投资→总收入。汉森和希克斯提出的 IS - LM 模型是研究利率对投资乃至总产出的调节作用的经典理论，其对政策传导机制的解释侧重于利率对企业和居民的作用路径方面，被认为是分析货币政策传导过程最为常用的理论框架。但是将 IS - LM 模型应用于对政策传导过程的金融层面的深入分析时，尚存在不足，不足之处主要体现在两个方面：一是中央银行以基础货币为操作目标的假设，简化了货币当局与银行系统之间的互动关系；二是忽略了银行和非银行部门之间的内生性（Dale & Haldane，1993）[1]。

泰勒同样是利率传导渠道的倡导者和坚定的支持者，利率渠道的重要性得到了泰勒规则的支持。泰勒规则（Taylor Rule）将短期名义利率对宏观经济变化的反应进行了刻画，成为现代货币政策传导机制分析体系中里

---

① Dale S, Haldane A. *A simple model of money*, *credit and aggregate demand* [R]. Bank of England Working Paper Series No. 7, 1993.

程碑式的模型，已被很多国家的中央银行广泛运用。米什金（Mishkin，1995）认为利率渠道的传导机制是单向的，其方向是货币政策将对产出产生影响①。但由于利率同时也是经济的内生变量，也要注重货币政策与实体经济在短期内的动态互动。要使传统的利率渠道的传导理论发生作用，必须具备两个前提条件：一是中央银行不仅仅要能够调控短期利率，对长期实际利率也要有足够的影响力；二是需求方面的各个因素应该对利率敏感。也应认识到，传统的利率传导渠道理论也存在以下几个方面的问题：一是没有将资本积累过程中的新增投资纳入考虑；二是没有对短期利率与长期利率进行准确的区分；三是忽略了金融中介在传导渠道中的作用；四是没有对货币进行明确的定义，即对于货币究竟是债券，还是真实资本的替代品这一点尚不明确；五是没有注意到短期利率的调整是随机的，不一定会影响公众的消费决策（Meltzer，1995）②。不仅如此，传统的利率传导渠道理论，没有考虑到利率的改变会影响汇率以及其他金融资产的价格和实物资产的价格，也没有把预期因素加入到研究之中。上述问题说明除了利率传导渠道之外，货币政策的其他传导机制也在发挥作用。

二、货币传导渠道

以米尔顿·弗里德曼为代表的货币主义者提出凯恩斯主义宏观微调管理政策无效的观点，他们通过实证分析得出货币乘数和货币流通速度趋于稳定，认为货币供应量指标优于利率指标，中央银行只需要对货币供应量进行调控，就可以确保物价稳定和经济增长（Long，2000）③。货币学派认为，货币供应量在货币政策传导机制中起主要作用，中央银行的货币政策将对实际货币余额的变动产生直接影响，实际货币余额的变动将影响支出，从而影响总收入，可以表示为：货币政策工具→货币供应量→支出→总收入。货币学派认为，中央银行改变名义货币供应量，会引起真实货币供应量的变化，真实货币供应量的变化会引起包括短期利率在内的各种资产的实际价格的变化，从而引起资产的预期价格发生改变，最终对真实经

---

① Mishkin F S. *Symposium on the monetary transmission mechanism* [J]. *The Journal of Economic Perspectives*, 1995, 9 (4): 3 - 10.

② Meltzer A H. *Monetary, credit and (other) transmission processes: a monetarist perspective* [J]. *The Journal of Economic Perspectives*, 1995, 9 (4): 49 - 72.

③ De Long J B. *The triumph of monetarism* [J]. *The Journal of Economic Perspectives*, 2000, 14 (1): 83 - 94.

济产生影响（张成思，2011）①。货币数量论也存在一些不足，例如，无法分析宏观经济需求和供给冲击，只能在制定中期导向型货币政策方面发挥作用；货币数量论建立在货币中性的假设基础上，无法描述高通货膨胀的成本。

尽管如此，货币主义的分析与利率传导渠道强调利率的作用在本质上是一致的，货币主义所认为的传导渠道可以涵盖所有相对价格变化的情况，比利率传导渠道具有更加广泛的适用性。在实践中，货币传导渠道、信贷传导渠道等都可以归入至数量型的传导渠道，其适应性政策方程主要是麦卡勒姆规则（McCallum Rule），麦卡勒姆规则刻画了基础货币与名义GDP目标之间的关系。货币主义观点的成立需要具备两个前提条件：一是假定市场是完全的，信息是充分的；二是所有的非货币金融资产都可以完全替代，即信用工具的类型不影响实体经济。由于实践中市场通常不完全，信息往往也并不充分，并且政府债券、商业票据、股票、银行贷款等各种非货币金融资产差异明显，相互之间不能完全替代，货币主义的观点在学界尚存在不少争议。随着金融创新的持续发展，各层次货币供应量之间的界线变得模糊，货币供应量作为货币政策的中介目标，有可能只是货币政策调控历史上的一个阶段性现象，其逐步淡出在所难免。

三、预期传导渠道

货币政策传导的预期渠道是建立在对通货膨胀进行分析的基础上的，预期渠道经常与菲利普斯曲线共同出现，被用来解释中央银行能否对通货膨胀进行相对较好的控制。菲利普斯曲线最早由英国经济学家奥尔本·菲利普斯（Alban Phillips，1958）提出，菲利普斯认为在长期，名义工资增长率和失业率之间有稳定的负相关关系，可用公式表示为

$$\Delta w_t = f_1(U_{t-1})，且 \frac{\partial f_1}{\partial U_{t-1}} < 0 \qquad (1-9)$$

式中，Δw_t 表示名义工资变化率；U_{t-1} 表示上一期失业率。由于最初的菲利普斯曲线没有将通货膨胀率纳入考虑，索洛（Solow，1960）和萨缪尔森（Samuelson，1964）对其进行了修正，认为名义工资变化率是生产率增长率和通货膨胀率的加总，可用公式表示为

① 张成思. 货币政策传导机制：理论发展与现实选择 [J]. 金融评论，2011（1）：20 – 43.

$$\Delta w_t = \lambda + \pi_t \qquad (1-10)$$

式中，λ 表示生产率增长率；π_t 表示通货膨胀率。将式（1-10）代入式（1-9），可以得到修正的菲利普斯曲线，可用公式表示为

$$\pi_t = f_1(U_{t-1}) - \lambda \qquad (1-11)$$

由于 20 世纪 60 年代以前，通货膨胀率在全球范围内都是极低的，因此上述研究均忽略了通货膨胀预期的影响。60 年代全球通胀率增长，通货膨胀预期开始在工资谈判中起到主要作用。埃德蒙·菲尔普斯（Phelps，1967）和米尔顿·弗里德曼（Friedman，1968）认为在工资谈判中，工人关心的不是名义工资的增长，而是实际工资的增长，由此得到附加预期的菲利普斯曲线，用公式表示为

$$\pi_t = f_2(U_{t-1}) - \lambda + \pi_t^e \qquad (1-12)$$

式中，$f_2(U_{t-1})$ 表示的实际工资变化率取代了 $f_1(U_{t-1})$ 表示的名义工资增长率；π_t^e 表示预期通货膨胀率。

在附加预期的菲利普斯曲线基础上的预期传导渠道可以引致两种截然不同的货币政策实施思路。一个思路是中央银行可以尝试利用短期内通货膨胀率与失业率之间此消彼长的关系，通过临时性通货膨胀政策来创造短期就业效应；另一个思路适用于以价格稳定为职责的中央银行，使之可以据此实现较低并且稳定的通货膨胀率目标，这为稳定导向型的中央银行提供了保持低通货膨胀率的重要机制。值得一提的是，由于工资协议通常是建立在适应性预期基础之上的，这意味着一旦经济达到了一个较低的通货膨胀率水平，就会自动传导至未来。这一结论使得中央银行的承诺及其对公众预期的引导能力变得至关重要，对于拥有公信力的中央银行来说，运用货币政策进行调控变得相对简单，它们总是能够实现较好的政策调控效果，"公信力"也因此成为 20 世纪 90 年代关于货币政策相关问题讨论的重要词语。预期现已被引入新凯恩斯主义的分析框架。

从发达国家货币政策的实践来看，货币政策中介目标的演进并不是一帆风顺的，经历了货币数量与利率价格的多次切换与反复（伍戈、高荣婧，2015）①。发展至今日，发达经济体的金融市场已经十分完善，利率的传导渠道也较为畅通，他们的中央银行大多把利率用来作为货币政策的中介目标，即使是传统上以货币供应量作为中介目标的德国，也开始将利率指标纳入检测范围。而关于哪种指标更加有效，并能够被用来作为我国

① 伍戈，高荣婧. 货币政策中介目标的量价演进：美联储的案例［J］. 金融市场研究，2015（6）：84-92.

货币政策中介目标方面，主要有以下几种观点：①货币供应量指标仍然可用，在利率市场化尚未充分完善之时，不应操之过急的过度重视价格型的指标；②社会融资规模指标具有货币供应量指标不可比拟的优势，但其统计口径尚有遗漏，指标的有效性还需提高；③应给予利率指标更多关注；④我国应该采用更为灵活的通货膨胀目标制。鉴于 2018 年的《政府工作报告》中不再提 M2 增速指标，我国货币政策的中介目标该如何选择，将在随后的章节进行讨论。

第二章

货币政策工具的演变：中美比较

对货币政策工具进行准确的选择和有效的控制，是实现货币政策最终目标的前提条件。尽管不同国家的中央银行对于货币政策工具选择的原因、时机、目的及使用情况各有不同，但经历多年的实践，通常会将法定存款准备金、再贷款/再贴现与公开市场操作作为货币政策调控的一般性政策工具使用。中国人民银行取得货币政策独立性的时间较晚，对货币政策工具的运用有自己的特殊性。中国的货币政策是全球货币政策调控体系中的一个部分，中国货币政策工具的选择将为货币政策理论与实践的发展贡献自己的独特案例。美国在世界主要国家中具有较强的代表性，货币在美国的政治、经济发展中扮演了重要角色，在当前以信用货币美元为主导的国际货币体系中，美元仍然占据着国际货币的统治地位。美国的货币政策既是本国的也是国际的，美国货币政策的任何变化都会对国际市场产生巨大影响（易宪容，2014）[①]。因此，对中美货币政策工具进行比较研究将是有意义的。

第一节　中国货币政策工具的演变

货币政策工具是中央银行实施货币政策的起点，我国与世界上大多数国家一样，使用法定存款准备金、再贷款/再贴现、公开市场操作作为中央银行调控宏观经济运行的政策工具。与发达国家中央银行相比，我国货币政策工具使用年限较短，自 1984 年中国人民银行完全摆脱具体的银行

[①]　易宪容. 美联储量化宽松货币政策退出的经济分析［J］. 国际金融研究，2014（1）：12–24.

业务、专门行使中央银行职能之后，货币政策工具才得以逐步开始行使自主调控经济的职能。本章将对中国人民银行的三大主要货币政策工具依次进行介绍。

一、法定存款准备金政策工具

1984 年中国人民银行专门行使中央银行职能后，才正式将存款准备金确立为货币政策工具的一种。存款准备金制度的设计之初是为了使中国人民银行能够集中控制相当部分的信贷资金，进而通过再贷款的形式控制信贷规模、调整信用结构，支持农副产品收购和国家重点建设。存款准备金制度在我国的功能演变从筹集资金的功能，到一般性调控功能，到具备调整经济结构功能再到兼具宏观审慎调控功能，可以分为四个发展阶段。

第一阶段是 1984—1998 年，存款准备金政策是中国人民银行筹集资金的手段。这一阶段，中国人民银行主要通过存款准备金制度来筹集资金，目的是支持国家信贷结构调整、支持国家重点产业和大型建设项目的资金需求。1985 年中国人民银行开始将存款准备金率统一调整为 10%，1987 年上调至 12%，1988 年 9 月进一步上调至 13%，这一比例一直保持到 1998 年 3 月。其间，1994 年政策性银行的建立使得国家需要重点扶持的政策性资金转由政策性银行承担，这为中国人民银行降低存款准备金率创造了条件，存款准备金政策工具才能够真正发挥对宏观经济进行调节的作用。

第二阶段是 1998—2004 年，存款准备金政策是中央银行的一般性货币政策工具。1998 年 3 月中国人民银行对存款准备金制度进行了重大改革，对各金融机构在中国人民银行的"准备金存款"以及"备付金存款"账户进行了合并，统一称为"准备金存款"账户。与此同时，中国人民银行将法定存款准备金率从原先的 13% 下调至 8%，超额部分的总量以及分布由各个金融机构自行确定。同年我国同业拆借市场恢复运行、再贴现利率生成机制实行改革，存款准备金制度也开始成为真正意义上的一般性货币政策操作工具，至此我国基本上构建了间接型的货币政策调控框架。

第三阶段是 2004—2011 年，存款准备金政策除了有一般性功能之外，还兼具了结构性调控的功能。2004 年 4 月 25 日起，中国人民银行采用了差别存款准备率制度，将存款准备金率与金融机构的资本充足率、资产质量状况等指标进行挂钩，创造性地将存款准备金政策改造成兼具结构性与一般性调整功能的货币政策工具。2008 年 9 月开始，中国人民银行又根据大型金融机构和中小金融机构等不同的类型，对金融机构实行差别存款准备金率。这一阶段，由于全球性金融危机带来的宏观经济环境改变，国内流动性供需情况发生变化，中国人民银行在灵活开展公开市场操作的同时，频繁使用了存款准备金政策，这一点可由图 2-1 明显看出。

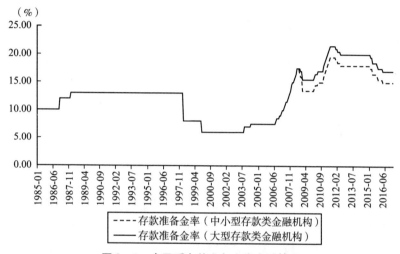

图 2-1 人民币存款准备金率变动情况

资料来源：Wind 资讯数据库。

第四阶段是 2011 年至今，存款准备金政策成为一般性与宏观审慎调控功能兼具的货币政策工具。受全球性金融危机的启发，中国人民银行意识到维持金融稳定是维持宏观经济稳定的关键。中国人民银行于 2011 年年初引入了差别准备金动态调整机制，试图从宏观审慎角度、逆周期地调节信贷投放，引导和激励金融机构自动保持稳健，提高金融机构的抗风险能力。2012 年和 2013 年中国人民银行根据经济形势的变化，又对差别准备金动态调整机制的相关参数作出调整，目的在于更好地发挥机制作用。2016 年开始实施差别准备金动态调整机制的升级版，即宏观审慎评估体系 MPA，建立了更加全面、具有更大弹性的宏观审慎政策框架。差别准备金动态调整机制是货币政策调控方式的重大创新，将货币信贷和流动性管理的总量调节与宏观审慎政策相结合，极大丰富了存款准备金制度的政策内涵。

图 2-1 显示了我国人民币存款准备金率的变化，从中可以明显看出

存款准备金政策发展经历的这四个阶段历程。

值得一提的是，2014 年中国人民银行两次对法定存款准备金率进行了定向下调，这是中国人民银行强化存款准备金政策工具结构性调整功能的进一步创新。具体来说，2014 年 4 月中国人民银行第一次实行定向降准，将县域农村商业银行的准备金率下调 2%、将县域农村合作银行的准备金率下调 0.5%。2014 年 6 月中国人民银行第二次实行定向降准，降低准备金率的对象主要是"三农"贷款和"小微"企业贷款达到一定比例的商业银行。2015 年 6 月中国人民银行又一次实行定向降准，降准的主要对象是"三农"贷款、小微企业贷款以及财务公司。可以看出，中国人民银行多次定向降低准备金率主要是为了引导金融机构将资金配置到国民经济的重点领域、配置到国民经济发展的薄弱环节，发挥货币政策优化信贷结构的作用。

二、再贴现／再贷款政策工具

再贴现／再贷款政策工具曾经是中国人民银行投放基础货币的最主要的政策工具。随着宏观经济环境的发展变化，再贷款／再贴现自诞生之日起已经历多个发展阶段，其主要功能发生了改变，当前主要发挥引导信贷资金投向以及促进信贷结构调整的作用。

（一）我国再贴现政策发展大致经历的四个阶段

第一阶段是 1986—1994 年，再贴现政策的初始实践。1980 年起，中国人民银行开始在少数城市尝试办理商业票据承兑贴现业务，1985 年 4 月在全国范围内推广开来。1986 年针对当时经济运行中企业间贷款拖欠严重等问题，中国人民银行出台了《中国人民银行再贴现试行办法》，在北京、上海等中心城市尝试办理再贴现业务，从那时起，再贴现业务才由试点办理起步，逐步推广至全国，现在已经得到规范化发展。

第二阶段是 1994—1995 年年末，再贴现成为中国人民银行的选择性货币政策工具，货币当局可以根据国家产业政策要求，有选择地为不同种类的票据提供融资服务。这一阶段，再贷款业务主要是为支持国家重点行业、为支持农业生产而发挥作用，中国人民银行针对煤炭、电力等五大行业，针对棉花、生猪等四大品种的产品，专门安排了较大的再贴现限额，在中国人民银行的努力推动下，这些领域的商业汇票业务得到迅速发展。

可以看出，此时的再贴现政策具有了调整经济结构的功能。

第三阶段是 1995 年年末—1998 年，这一阶段我国初步建立了较为完整的再贴现操作系统。1995 年年底，中国人民银行颁布了《进一步规范和发展再贴现业务的通知》，这一通知的颁布，标志着再贴现政策正式成为我国货币政策工具体系的重要组成部分。

第四阶段是 1998 年至今，再贴现政策进一步改进与完善。这一阶段中国人民银行出台了一系列完善商业票据和再贴现管理的政策，例如，建立再贴现操作系统，并将之发展完整；逐步形成区域性的商业票据市场；强化了再贴现率的货币政策信号的作用；明确了再贴现政策的对象、范围、条件以及再贴现的票据种类等。2008 年全球性金融危机以后，中国人民银行进一步完善了再贴现业务的管理，此时再贴现政策工具又被赋予了调整经济结构的功能。

（二）我国再贷款政策发展大致经历的四个阶段

第一阶段是 1984 年以前，中国人民银行运用再贷款政策对经济进行调控的萌芽时期。这一阶段我国尚未形成中央银行体制，中国人民银行实行"分级管理、差额包干"的信贷资金管理办法，通过核定专业银行和中国人民银行分行的"借差计划"和"存差计划"来调节货币供应总量。可以看出，这一时期再贷款政策工具仍然带有计划经济的特征，货币政策还没有能够发挥自主调节经济的作用。

第二阶段是 1984—1994 年，再贷款政策工具成为中国人民银行投放基础货币的重要渠道。1984 年我国现代中央银行制度正式建立，自 1985 年 1 月起，中国人民银行对信贷资金管理体制进行改革，开始实行"实贷实存"的办法，再贷款政策由此成为货币当局调控基础货币的最主要的政策工具。

第三阶段是 1994—1998 年，再贷款政策投放基础货币的功能减弱，开始成为政策性金融手段。1994 年我国外汇管理体制改革后，再贷款在基础货币中占比下降，外汇占款成为基础货币投放的主要渠道。同年，我国成立了三家政策性银行，分别是：中国进出口银行、国家开发银行与中国农业发展银行。自此以后，再贷款成为政策性银行的主要资金来源，主要为政策性金融提供服务。

第四阶段是 1998 年至今，再贷款开始成为中国人民银行间接调控经济的工具，其"最后贷款人"职能于 2008 年金融危机后明显强化。1998

年，商业银行贷款规模的指令性计划被取消，这标志着中国人民银行对金融的宏观调控由直接调控向间接调控的转变。随着 1997 年亚洲金融危机与 2008 年全球金融危机的相继爆发，再贷款政策工具又承担起化解金融风险的任务。

值得注意的是，2008 年全球性金融危机后，为顺应中国经济结构调整的需求，中国人民银行于 2013 年年初对贷款便利工具进行了创新，创设了常备借贷便利政策工具 SLF；2014 年 4 月创新设立了抵押补充贷款政策工具 PSL；2014 年 9 月创新设立了中期借贷便利政策工具 MLF。这些创新设立的贷款便利工具能够将流动性引导至特定的部门或者行业，可以引导经济结构进行调整。

三、公开市场操作政策工具

公开市场操作是目前大多数国家中央银行最重要的货币政策工具，能够对基础货币进行日常性调节，是中央银行目标利率变动最主要的决定因素。我国公开市场操作业务包括人民币操作和外汇操作两个部分，运用时间并不长，是从外汇操作起步的。中国人民银行于 1994 年 3 月启动外汇公开市场操作，于 1996 年启动人民币公开市场操作。公开市场操作业务在我国的发展，大致可以分为以下两个阶段。

第一阶段是 2008 年以前，中国人民银行主要通过外汇公开市场操作进行基础货币的投放，通过人民币公开市场操作进行基础货币的回笼，以对冲外汇占款的增长。1998 年开始，中国人民银行建立了公开市场操作一级交易商制度，随后不断发展完善。自 2001 年年底中国加入 WTO（World Trade Organization，世界贸易组织）以后，我国的国际收支长期保持双顺差态势，外汇占款增长较快，这种状态一直维持到 2008 年的金融危机。这一阶段，为维持人民币汇率合理均衡，中国人民银行通过外汇公开市场操作被动投放了大量的基础货币；为避免国内流动性出现过度增长，中国人民银行又通过人民币公开市场操作净回笼基础货币，抑制可能出现的通货膨胀。

第二阶段是 2008 年至今，人民币公开市场操作从基础货币净回笼转变为净投放。受 2008 年全球性金融危机的影响，这一阶段我国的国际收支情况发生了很大的变化，加入 WTO 以来长期保持的双顺差现象得到改变，贸易收支偶尔还会出现逆差。这些新的变化使得外汇占款的增长速度大大降低，国内流动性持续存在缺口，此阶段中国人民银行通过人民币公开市场操作净投放基础货币向市场注入流动性。由于外汇公开市场操作规模随外汇占款增速的减缓而减小，人民币公开市场业务交易需求相应下降，这使得中央银行票据的发行量减少。尽管如此，我国银行间债券市场的快速发展为公开市场业务提供了大量的操作工具，人民币公开市场业务的交易品种从以发行和回收中央银行票据为主，逐渐向以回购交易为主转变。

2008 年全球性金融危机后，为了解决银行体系可能出现的临时流动性波动的问题，中国人民银行对公开市场操作工具进行了完善，于 2013 年 1 月创新创设了短期流动性调节工具 SLO。短期流动性调节工具 SLO 的操作对象为公开市场业务的一级交易商，这些金融机构的资产状况良好，因此具有系统重要性影响、能够很好地对货币政策进行传导。短期流动性调节工具 SLO 的设立有助于促进金融市场的平稳运行，有助于稳定市场预期，有助于防范金融风险，现在已经成为公开市场操作的必要补充。

中国人民银行货币政策工具及金融危机后的创新，综合见表 2 - 1。

表 2 - 1　　　　　　　我国货币政策工具及金融危机后的创新

货币政策工具	创新工具	作用	使用频率
存款准备金		调控基础货币，保证存款的支付和清算，影响信贷资金的供应能力	较常用
	差别准备金动态调整机制及宏观审慎评估体系	从宏观审慎角度、逆周期地调节信贷投放，防范系统性金融风险	相机使用
	定向降准	支持国民经济的重点领域与薄弱环节的发展，调整经济结构	较少用
现贷款/再贴现		调控基础货币，促进结构调整、引导资金流向	较常用
	常备借贷便利 SLF，2013.01	满足金融机构期限较长的大额流动性需求	相机使用
	抵押补充贷款 PSL，2014.04	支持国民经济重点领域、支持国民经济薄弱环节、支持社会事业发展	较少用
	中期借贷便利 MLF，2014.09	提供中期基础货币，促进降低社会融资成本	较少用

续表

货币政策工具	创新工具	作用	使用频率
公开市场操作		调控基础货币，调节市场流动性	日常操作工具
	短期流动性调节工具SLO，2013.01	调节市场短期资金供给	较少用

由中国货币政策工具的演变历程可以看出，货币政策工具总是随着经济形势的变化而不断发展，金融危机后更是进行了多种创新，目的在于完善货币政策传导机制、调整优化经济结构、增强金融服务实体经济的能力。综合货币政策工具演变历程的阐述，可能得出以下几点结论。

（1）中央银行总是会根据经济形势发展的需要决定主要使用哪种货币政策工具，或者使用哪种工具组合。尽管中国人民银行对存款准备金、再贷款/再贴现使用较早，再贷款/再贴现政策一度曾是货币当局投放基础货币的最主要的渠道，但是随着经济与金融形势的发展，中国人民银行也会作出调整。现在货币当局对存款准备金政策工具、对再贷款/再贴现政策工具的使用频率逐步下降，公开市场操作现已成为中国人民银行的日常操作工具。但存款准备金政策工具、再贷款/再贴现政策工具并未消失，均随经济环境的变化而被赋予了调整经济结构的新的功能。公开市场操作在被用作日常调控的同时，其灵活性与主动性也与日俱增。

（2）货币政策工具的演变历程体现出中国人民银行货币政策调控由被动型向主动型调控转变的特征。中国人民银行得以独立使用货币政策工具进行货币政策调控的时间并不长，并且在人民币公开市场操作业务被恢复之前，中国人民银行主要通过再贷款/再贴现政策工具来对基础货币进行投放。与随市场而动的公开市场操作相比，再贷款/再贴现工具的频繁使用为中国人民银行打下了对经济进行直接调控的印记。自公开市场操作成为中国人民银行的日常调控工具以来，成为基础货币投放的主要渠道，其能够迅速反映市场波动并能够对经济进行微调与双向调节的特征，反映出中国人民银行对经济的调控已经掌握主动。2008年金融危机之后，受外汇占款增速减缓的影响，公开市场操作政策工具的作用又由被动对冲外汇占款向主动调节市场流动性转变。

（3）中国人民银行运用货币政策工具对经济进行调控的能力与日增强。2008年全球性金融危机之后，中国人民银行货币政策调控的工具变得更加丰富，货币政策工具的功能变得强大。与发达国家创新出来的"量化宽松"等非传统货币政策不同的是，"量化宽松"仅能引起宏观经济的总量变化，我国创设的货币政策工具能够对特定领域、特定行业进行定向调控，能够解决实体经济中出现的结构性问题。近年来中国人民银行货币政策操作转向以创新设立的流动性工具 MLF、PSL 等为主，公开市场操作也更加常态化，中国人民银行货币政策调控的方式更加灵活多样。但是较为频繁地使用这些创新的政策工具，可能会造成货币政策操作的碎片化，加大市场的波动性，高频率使用创新工具提高了对中央银行调控技术及时性与精准性的要求。

【专栏 2 -1】

中国人民银行及其发展阶段

货币政策是中央银行实现其职能的核心所在，中国金融业的发展历史并不短暂，早在明朝末年钱庄、票号等金融机构就已普遍存在，但是现代意义上的银行却出现较晚，现代意义上的中央银行形成更晚。1905年由清政府建立的户部银行是中央银行在中国的早期萌芽，1928年建立的南京国民政府中央银行则是中国最早以立法形式成立的中央银行。中国人民银行作为中央银行是在革命根据地银行的基础上建立起来的，中国人民银行于1948年12月1日在对原解放区华北银行、北海银行、西北农民银行合并的基础上，在河北石家庄成立，成立的同时开始发行全国统一的人民币。1949年2月中国人民银行迁至北京，将原解放区银行逐步合并，并按照行政区划建立分支行。中国人民银行成立至今，随着政治经济环境的变化，经历了四个不同的发展阶段。

第一阶段是1948—1952年，中国人民银行的主要任务是整顿经济与建立国家银行体系。这一阶段处于国民经济恢复时期，我国建立了以中国人民银行为主体、管理公私合营银行、扶助农村集体信用合作组织、监督和利用私营银行的社会主义金融体系；建立了按照行政区域划分的中国人民银行分支机构体系；使人民币成为境内流通的本位币，建立了独立统一的货币体系。

第二阶段是1953—1978年，中国人民银行扮演计划经济体制时期的国家银行角色。配合高度集中的计划经济体制，中国人民银行形成了

"大一统"的集商业银行和中央银行职能于一身、排除其他金融形式的金融体制，这一阶段的中国人民银行在金融业具有高度的垄断性（付一书，2014）①。此时的中国人民银行既是金融行政管理机关，又是具体经营银行业务的经济实体，作为政权机构和金融企业的混合体而存在。但此阶段货币发行量的控制权并不真正属于中国人民银行，中国人民银行还不具有通俗意义上的中央银行职能，而是计划经济体制中的一个政府部门。

第三阶段是1979—1992年，我国处于国家对外开放政策实施和金融改革时期。这一阶段中国农业银行、中国银行、中国人民保险公司等从中国人民银行中分离出来，大批专业金融机构先后恢复和建立，"大一统"的银行体制向多层次、分类型格局的金融体系转化。值得一提的是，国务院决定自1984年1月1日起，中国人民银行专门行使中央银行职能，不再兼办工商信贷和储蓄业务，专门负责领导和管理全国金融事业。中国人民银行完全摆脱具体银行业务而专门行使中央银行职能的这一转变，标志着我国现代中央银行制度的正式建立。

第四阶段是1993年至今，我国逐步强化和完善现代中央银行制度。1993年，中国人民银行划转政策性业务和商业银行业务，进一步强化金融调控、金融监管和金融服务职责。1995年3月颁布了《中华人民共和国中国人民银行法》，首次以国家立法的形式确立了中国人民银行作为中央银行的地位，标志着我国现代中央银行制度正式进入法治化发展的新阶段。1998年改组中国人民银行及其分支机构，撤销各省级分行，按照经济区域在全国设立九个大区分行和两个营业部。2003年，成立银行业监督管理委员会，银监会专门行使对银行业和除证券、保险以外的其他金融机构的监管。同年，通过了《中华人民共和国中国人民银行法（修正案）》，实施货币政策和金融监管职能的适当分离。2005年，中国人民银行成立上海总部，承担部分总行职能。

第二节　美国货币政策工具的演变

美国的中央银行美国联邦储备系统（The Federal Reserve System，简

---

① 付一书. 中央银行学 [M]. 2版. 上海：复旦大学出版社，2014.

称美联储），自 1913 年成立以来就不断探索运用其货币政策对经济进行宏观调控。尽管美联储的成立时间相较主要发达国家的中央银行来说并不算早，但由于美国世界超级大国的重要地位，美联储具有不可替代的重要性和代表性。美国的《国民银行法》可以追溯到 1863 年，关于货币存量估计值形成连续序列的最早时点可以追溯到 1867 年（米尔顿·弗里德曼，2009）①。在百余年的历史中，美国的货币政策工具不断丰富，对经济稳定起到非常重要的作用。在金融危机之前，美联储主要运用常规货币政策工具对经济进行调控，法定存款准备金政策、再贷款/再贴现政策以及公开市场操作政策，这三个政策工具在美国货币史上推出的时间各不相同，随着历史条件的变化，渐次发生了四阶段演变，本章将逐一展开介绍。

一、法定存款准备金政策工具

美国的法定准备金制度创设于美联储诞生之前，自 1863 年由《国民银行法》规定开始实施起，距今已有 150 多年的历史，美国是世界上最早以法律形式对存款准备金进行规定的国家。美国存款准备金制度设立的初衷是为了保证存款的支付以及清算，之后随美国的经济金融环境的变化而逐步演变成美联储的货币政策工具，其指导思想和基本目的的变化大致可以分为四个阶段。

第一阶段是 1863 年至 20 世纪 20 年代。这一阶段美国经历了南北战争，受战争的影响，此时存款准备金设立的主要目的是维护银行的流动性，防止银行破产以及防止可能出现的金融危机。1913 年美联储成立，同时《联邦储备法》通过并取代了《国民银行法》，但此时法定准备金制度的指导思想和根本目的并未改变。

第二阶段是 20 世纪 20 年代至 50 年代初。这一阶段存款准备金制度的主要目的发生了改变，其存在的目的是控制银行的信贷扩张。存款准备金的目的从维持银行的流动性转变为控制银行的信贷扩张，表明法定存款准备金的作用已从金融体系内部扩展到了整个经济，这是一个具有重大意义的历史转变。

第三阶段是 20 世纪 50 年代至 90 年代初。美联储深刻认识到了货币

---

① ［美］米尔顿·弗里德曼. 美国货币史（1867—1960）［M］. 巴曙松，王劲松，译. 北京：北京大学出版社，2009.

供应量同经济之间的密切关系，这一阶段设立法定存款准备金制度的主要目的是对货币供应量进行调控。法定存款准备金的功能进一步深化与扩展，从控制银行信贷扩张转变为对货币供应量进行调控。

第四阶段是 20 世纪 90 年代初至今。受"中性货币政策"理论的影响，此阶段美联储不再注重对货币供应量的调控，法定存款准备金的作用趋于下降。美联储于 1990 年 12 月取消了对定期存款的法定准备金要求，又于 1992 年将可签发支票存款的法定准备金率从 12% 降至 10%（盛松成、翟春，2015）①。法定存款准备金除维持其最本质的存款机构支付保证和清算保证功能之外，已成为货币政策的辅助性工具。

从法定存款准备金制度在美国 150 多年的政策实践来看，其重要性是日益下降的。更有甚者，瑞士、新西兰、澳大利亚等国家的中央银行已经完全取消了法定准备金，很多国家实行了"零准备金制度"（杰格迪什·汉达，2013）②。

二、再贷款/再贴现政策工具

与存款准备金制度先于美联储的成立而设立不同的是，再贷款/再贴现政策工具是随美联储的诞生而设立的。1873 年、1893 年和 1907 年美国爆发了多次金融危机，存款准备金制度在实践中无法维持银行的流动性，美联储的成立是为了成为商业银行流动性的最后提供者。1913 年《联邦储备法》建立的再贴现制度允许商业银行以其持有的商业票据向美联储银行申请再贴现，这在很大程度上保证了商业银行的流动性。再贷款/再贴现政策自设立之初至今也经历了四个发展阶段。

第一阶段是 1913 年至 20 世纪 30 年代初。这一阶段正值第一次世界大战爆发至罗斯福新政之前，美联储再贷款/再贴现政策的主要目的是为会员银行提供准备金，美联储作为整个银行系统的"最后贷款人"，以贴现政策为操作手段，解决银行临时性资金短缺和流动性紧张问题。

第二阶段是 20 世纪 30 年代初至 70 年代初。受大萧条影响，1930—1933 年美国出现了银行业恐慌，随后美国推出了罗斯福新政，但随着第二次世界大战爆发，市场的流动性又趋于紧张。此间，美联储向工商企业开

---

① 盛松成，翟春. 中央银行与货币供给 [M]. 北京：中国金融出版社，2015.
② ［加拿大］杰格迪什·汉达. 货币经济学 [M]. 彭志文，译. 北京：中国人民大学出版社，2013.

放贴现窗口，直接向工商企业提供营运资本贷款，但这只是非常时期的非常之举。

第三阶段是 20 世纪 70 年代至 2002 年。20 世纪 70 年代，美国爆发了大量的银行危机，美联储贴现窗口的作用从为商业银行与工商企业提供短期流动性支持，转变成了对清偿能力不足的银行提供长期流动性支持，美联储贴现窗口作为"最后贷款人"的作用得到加强。

第四阶段是 2003 年 1 月至今。由于金融市场的高度发展，金融机构可以从同业或者是其他渠道筹集资金，而使用美联储的贴现窗口则会向市场传递金融机构流动性管理不善的信号，美联储再贷款/再贴现政策的作用因此趋于减弱，成为货币政策的辅助工具。尽管如此，2007 年"次贷"危机的爆发，美联储再贴现政策"最后贷款人"的功能得到强化，其援助对象进一步扩展，从传统的银行延伸到了非银行金融机构、金融市场，甚至还包括企业和国外的中央银行。

尽管美联储再贷款/再贴现政策在调节货币供给与市场利率方面的作用已经减弱，现成为辅助性的货币政策工具，但这一货币政策工具并不会消失。从美联储再贷款/再贴现的发展历程可以看出，其由为会员银行提供临时流动性，到为银行及工商企业提供短期流动性支持，再到为清偿能力不足的银行提供长期流动性支持，再到 2008 年金融危机后将贴现窗口放开至更多部门，有一项功能一直没有改变，即再贷款/再贴现政策一直扮演着中央银行"最后贷款人"的角色，在反危机的道路上，这一货币政策工具任重而道远。

三、公开市场操作政策工具

与存款准备金制度一样，公开市场操作于美联储诞生前便已出现，甚至在美联储成立之初，公开市场操作仅是各个联邦储备银行在公开市场买卖证券，用以维持收支平衡的手段。公开市场操作原本并不是货币政策工具，1923 年的《联储年度报告》第一次明确指出：公开市场操作/再贴现对总体信贷政策具有同等重要性。美国公开市场操作政策的发展历程经历了以下四个阶段。

第一阶段是 20 世纪 30 年代之前。在 1923 年以前，美国联邦储备银行各自为战，纷纷通过买卖政府债券获取利益。1923 年美联储成立"公开市场投资委员会"，公开市场投资委员会代表所有储备银行进行公开市场操作，这一机构的设立实现了美联储体系在公开市场操作上的自主协调。直至经济大萧条之前，公开市场操作都是作为美联储银行盈利的手段而存在的。

第二阶段是 20 世纪 30 年代。这一阶段，美国与世界上其他国家一样，经历了经济大萧条。1933 年修订的《联邦储备法》新增 12（A）节，正式建立公开市场委员会（The Federal Open Market Committee，FOMC），公开市场委员会负责协调和指导公开市场操作。由此，美联储的大规模公开市场操作正式开端，公开市场操作政策工具成为中央银行的货币政策调控手段。

第三阶段是 20 世纪 40 年代至 50 年代初。这一阶段正值第二次世界大战爆发，第二次世界大战后的一段时期，公开市场操作的主要作用便是用于帮助财政部发债筹资。美联储运用公开市场操作，采取盯住利率政策，将利率长期维持在低位。朝鲜战争爆发以后，美国国内通胀严重，这促使 1951 年美联储正式脱离财政部，得以真正独立运行。

第四阶段是 20 世纪 50 年代初至今。1951 年美联储正式脱离财政部以后，美联储无须按照财政部的意愿继续对国库券的利率给予重点关注，独立性得到增强，能够独立运用货币政策对经济进行调节。美联储主要运用公开市场操作工具对经济进行调节，操作对象为能够反映市场资金需求状况的联邦基金利率。这一阶段美国的货币政策调控框架逐步完善，公开市场操作在美联储货币政策工具箱中的作用越来越重要，成为美联储的主要货币政策工具。事实上，公开市场操作如今已成为大多数发达国家中央银行最重要的货币政策工具，也是中央银行基础货币、目标利率以及货币供给变动最主要的决定因素。

图 2 – 2 综合显示了货币政策三大工具在美国的演变历程，从中可以看出以下两点：①存款准备金与公开市场操作在美联储成立之前便已存在，于美联储成立之后才逐步成为中央银行的货币政策工具。再贴现政策是随美联储的诞生而设立的，三大货币政策工具的各种功能中，再贴现政策提供的"最后贷款人"服务是中央银行特有的职能。②公开市场操作在美联储成立后至经济大萧条期间，都还不是中央银行的货币政策工具，只是作为美联储盈利的手段而存在。时至今日，其作为中央银行货币政策工具的使用频率已远远超过存款准备金和再贴现政策，表明美联储货币政策工具的主要关注点已从为市场提供流动性向控制货币供应量，再向调控联邦基金利率的方向转变。

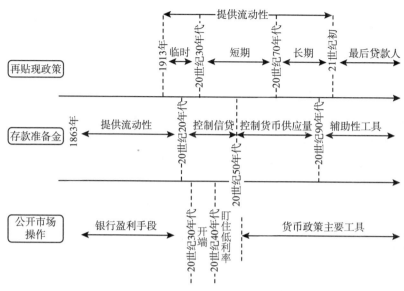

图 2-2 美国货币政策工具的演变

综合上述分析可以看出，经过一百多年的发展演变，美联储的货币政策调控已经形成较为成熟与稳定的模式，即主要运用公开市场操作政策工具对联邦基金利率施加影响，联邦基金利率的改变会影响到其他的短期利率，再通过美国发达的金融市场传导至与实体经济关联更加紧密的长期利率，最终影响物价、就业等宏观经济运行的方方面面。这种货币政策的调控方式被大多数发达国家的中央银行采用，并被视为传统。然而，2008 年的全球性金融危机使一切发生了改变，当美国的联邦基金利率下降至零，长期利率对短期利率的变化不再敏感，利率传导渠道严重受损（巴曙松，2018）①。由于传统的货币政策失效，货币当局开始转而寻求非传统的货币政策，量化宽松政策就是在这个背景下被美联储运用，并在发达国家的中央银行迅速蔓延。2008 年金融危机爆发之后，美联储综合运用了"量化宽松""扭曲操作""前瞻性指引"等非传统货币政策，从实施效果来看，其在短期内为经济投放了巨额的流动性，促进了经济的复苏，但后续影响具有较大的不确定性。与传统货币政策主要通过调控短期利率来对经济进行影响不同的是，非传统货币政策直接作用于长期利率，实施效果更

————————

① 巴曙松等.非传统货币政策的理论、效果及启示［J］.国际经济评论，2018（2）：146－161.

加直接和猛烈。从某种意义上说，非传统的货币政策是传统货币政策在无以为继时的一种延续。

美联储及其组织结构

美国的中央银行称为美国联邦储备系统，与其他国家的中央银行相比，美联储诞生较晚，但因美元国际货币的重要地位，美联储有着无法比拟的重要性，其一举一动，牵动着全世界的神经。美国作为世界第一经济体的重要存在，决定了美联储对整个世界经济来说都具有特殊的重要意义。因此，对美联储的诞生及组织结构进行了解是非常有必要的。

一、美联储的诞生

与大多数国家的中央银行不同的是，美联储并不是随美国独立而诞生的。尽管美国独立初期曾多次尝试建立一个全国性的银行，但当时美国的国家形态表现为是由独立的州以联邦的形式组成的较为松散的组织，联邦政府的权力并不集中，这使得成立统一的中央银行的设想难以实现。尽管如此，为了偿还独立战争时期发生的债务以及为财政部提供服务，美国第一任财政部部长亚历山大·汉密尔顿（Alexander Hamilton）力排众议，力主成立了一个全国性的银行，即 1791 年于费城成立的美国第一银行（The First Bank of the United States）。1811 年美国第一银行经营期限到期，因未获得国会续期的批准而被迫关闭。第二年，英美再次开战，为恢复银行秩序以及处理战争债务，美国第二银行（The Second Bank of the United States）于 1816 年获得国会批准成立。与美国第一银行命运相似的是，20 年的营业期限到期后，美国第二银行因没有能够通过国会的审批而再次关闭。

在美国第二银行被迫关闭之后的 70 多年里，美国的金融市场经历了放任自流式的发展。然而，放任自流式的金融市场并不见得有利于经济的蓬勃发展，因公众挤兑而造成银行大规模倒闭的金融危机频频爆发。1873 年、1884 年、1890 年和 1893 年的金融危机给个人以及整个美国经济带来了巨大的损失，经济陷入较长时间的停滞。更有甚者，1907 年可尼克波克公司的破产引发了席卷全美的金融海啸，人们意识到必须要有一个机构能够对金融市场进行适当的监管，也必须要有一个机构能够在金融危机爆发时扮演"最后贷款人"的角色，正是在这样的背景下，成立一个全国性的统一的中央银行再次被提上了议程。对权力集中的畏惧，以及对垄断的警惕使得成立一家全国性的中央银行的建议再次遭到了相当程度的反对。在各方分歧重重且阻力重重的情况下，1913年美国国会最终还是达成了一致性的意见，通过了《联邦储备法案》，美联储正式宣告成立。

二、美联储的组织结构

美联储诞生之波折，与美国信奉孟德斯鸠三权分立的原则有很大关联，这种思想渊源使得美联储拥有了区别于其他国家的中央银行的独特的组织结构。与世界上大多数国家的中央银行不同的是，美联储由在华盛顿的联邦储备局（Federal Reserve Board of Governors）和分布在美国各地区的12个联邦储备银行（Federal Reserve Banks）共同组成。其中，联邦储备局是联邦政府机构性质，联邦储备银行则是非营利性机构的性质，可以看出，美联储具有政府与非营利机构的双重属性。这种独特的组织结构既避免了权力过度集中在联邦政府手中的情况，又使私人机构不能对其进行完全控制，是政府与私人资本相互妥协的产物。这就可以理解，美联储的全称为何为美国联邦储备系统（Federal Reserve System）。需要注意的是，尽管美联储系统中的美联储银行带有一定比例的私营成分，但其本身却是为公众利益服务的。美国联邦储备系统除去联邦储备局及联邦储备银行两个实体机构之外，还设有联邦公开市场委员会（Federal Open Market Committee，FOMC）这样一个重要机构。美联储的组织结构如图2-3所示。

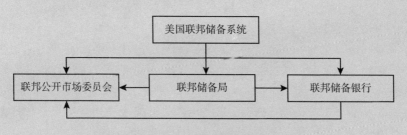

图2-3　美联储的组织结构

美国联邦储备局位处华盛顿特区，是美国联邦政府的独立机构，也是美国联邦储备系统的管理机构，直接向美国国会负责。联邦储备局有

7 名执行委员，均由总统提名并经国会同意后才能上任。执行委员一旦上任，在他们 14 年的任期内，除非获得国会 2/3 的票数才能被总统罢免。由于获得该票数是件非常困难的事情，加上美国总统的任期为 4 年，最多连任一次，这使得美国总统对美联储货币政策的干预能力非常有限，也意味着美联储具有非常强的独立性。美国联邦储备局为联邦储备系统的运作提供一般性的指导，并对 12 家联邦储备银行的运营进行监督。

美国联邦储备银行不是联邦政府机构，也不享受国会的拨款资助，其主要经费来源是在美国公开市场上买卖证券而取得的收入，此外还有为存款性机构提供服务所收取的费用。扣除运营成本之后，联邦储备银行的净收益全部上缴美国财政部。12 家联邦储备银行各自分别注册成立，分布于美国的不同地理区域，联邦储备银行与联邦储备局一起，共同承担美国中央银行的职能。对国土辽阔的国家来说，不同地理区域间的经济情况会存在较大的差别，对各个区域间经济情况的细致掌握将有利于中央银行制定行之有效的货币政策，联邦储备银行在地理上的分散对此起到了较为重要的作用。事实上，联邦储备银行通过与当地各类机构的互动与沟通，为美联储体系提供了关于本地区的大量信息，这对维护国家经济和金融体系稳定作出了巨大的贡献。在联邦公开市场委员会会议前夕，联邦储备银行收集到的信息将会以褐皮书的形式与公众分享。12 家联邦储备银行所管辖的边界以 1913 年的主要贸易区域为基础，和州的边界并不一致，它们的总部分别位于波士顿、纽约、费城、克里夫兰、里士满、亚特兰大、芝加哥、圣路易斯、明尼阿波利斯、堪萨斯城、达拉斯和旧金山，如图 2-4 所示。

1933 年和 1935 年修订的《联邦储备法案》使联邦公开市场委员会成为美联储系统的一个重要组成部分，联邦公开市场委员会是美联储内部制定货币政策的机构。联邦公开市场委员会运用公开市场操作来影响联邦基金利率，从而影响其他短期利率、长期利率、货币与信贷环境、总需求及整个宏观经济。联邦公开市场委员会代表美联储在外汇市场上进行操作，近年来联邦公开市场委员会还与其他国家的中央银行进行货币互换。联邦公开市场委员会有 12 名成员，其中 7 名成员是联邦储备局的执行委员，1 名成员是纽约储备银行的行长，其余 4 个席位每年在除纽约储备银行行长之外的 11 个储备银行行长中轮换。联邦公开市场

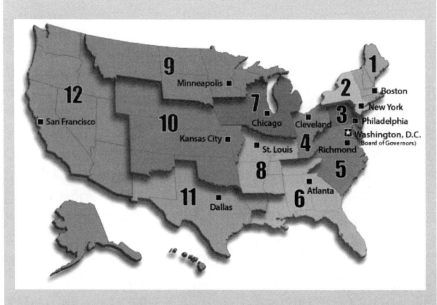

图 2 - 4　美国联邦储备银行分布

委员会每年召开八次例会，主要是回顾经济与金融状况，确定货币政策的适当立场，评估价格稳定和经济可持续增长长期目标的风险。联邦公开市场委员会的每一次会议声明都会引起全世界的关注。

第三节　中美货币政策工具演变的比较

中央银行运用各种货币政策工具或者工具组合，使政策意图通过货币政策中介目标的传导，影响宏观经济的运行。中央银行对货币政策工具的不同选择是与其所处的社会历史背景相匹配的，与宏观经济形势的变化以及金融市场的发展阶段密切相关（伍戈、李斌，2016）①。中国人民银行与美联储的发展历史并不相同，货币政策工具的演变历程必然体现出一定的差异，尽管如此，仍然能够看到很多共性的特征。

① 伍戈，李斌．货币数量、利率调控与政策转型 [M]．北京：中国金融出版社，2016.

一、中美货币政策工具演变的共性

（1）货币政策工具总是不断丰富，不断发展创新。在全球金融体系高度一体化的背景下，由于外部性的存在，中央银行在制定本国货币政策时会将其他国家的宏观经济情况纳入考量，货币政策工具的创新具有一定的同步性。这主要体现在金融危机之后，无论是中国还是美国，中央银行货币政策工具之丰富，均令人眼花缭乱：中国常备借贷便利、抵押补充贷款、中期借贷便利等货币政策工具的创新形式不断吸引着公众的眼球；美国量化宽松、扭曲操作、前瞻性指引等新的名词更是层出不穷。事实上，货币政策工具如此创新，并不是金融危机的特有产物，而是顺应宏观经济的需要逐个产生的，每一次宏观经济的重大变化，都会使中央银行对货币政策工具作出相应的调整。例如，美国的南北战争使存款准备金政策得以设立，目的在于维护银行的流动性，经济大萧条的影响使得原本服务于会员银行的贴现窗口对工商企业开放，美联储脱离财政部后，将公开市场操作的对象由国库券的利率转为联邦基金利率。受国内计划经济体制的制约，中国的货币政策工具在很长时间内带有直接调控的特征，而在 1984 年中国人民银行专门行使中央银行职能之后货币政策工具才得以充分自主创新并运用。

（2）无论货币政策工具如何创新，其最本质的功能不会改变。尽管货币政策工具总是随着经济形势的变化而不断调整其形式和功能，中央银行对于货币政策工具的创新都是建立在三大货币政策工具基础之上的。例如，再贷款/再贴现政策工具曾是美联储为市场投放流动性的主要工具，也曾是中国人民银行投放基础货币最主要的政策工具，金融危机后在美国的运用进行了拓展，贴现对象从传统的会员银行衍生到更大范围；再贷款/再贴现在中国也表现为常备借贷便利 SLF，抵押补充贷款 PSL，中期借贷便利 MLF 等各种创新的形式，功能也得到拓展，即可以对经济进行结构性调节。但是再贷款/再贴现政策最根本和最本质的“最后贷款人”职能并没有发生改变，再贷款/再贴现政策工具无论是在美国还是在中国都能够发挥化解金融风险的作用。公开市场操作政策亦是如此，经历多次演变，公开市场操作已成为中央银行对经济进行日常调控的主要工具。尽管金融危机后美联储对公开市场操作进行了创新使用，即不再盯住联邦基金利率这个短期利率，而是通过大规模资产购买的方式直接对中长期利率进行调控，公开市场操作政策变形后成为著名的量化宽松政策，并没有改变公开市场操作对利率与流动性进行调节的基本功能。

二、中美货币政策工具演变的差异

由于中国与美国的政治、经济、文化和发展阶段等各方面并不相同，中央银行对于货币政策工具的选择也就不一样，货币政策工具的演变历程必然会存在差异，这主要体现在以下几个方面。

（1）中央银行对货币政策工具的选用并不相同。与美国取消定期存款的法定准备金要求、降低法定存款准备金的作用及使用频率不同的是，中国人民银行关于存款准备金政策工具的使用频率仍是较为频繁的，尤其是2008年全球性金融危机之后，差别准备金动态调整机制的设计以及定向降准政策的推出，使得存款准备金政策工具在具备一般性调控的作用之外还具有了结构性调整的功能。在再贷款/再贴现政策方面，常备借贷便利、抵押补充贷款、中期借贷便利等创新的再贷款/再贴现政策工具的推出，丰富了中国人民银行货币政策工具箱，也使得该政策工具具备了更大的灵活性与调控潜力；美国的再贷款/再贴现政策工具则更加注重扮演最后贷款人的角色。在公开市场操作政策方面，其在中国运用是从外汇操作起步的，使用时间并不长，但现在已发展成为中国人民银行日常性的货币政策调节工具；而早在美联储成立之前，公开市场操作就已是商业银行通过买卖政策债券获取利益的手段，美联储成立之后才逐步成为央行货币政策工具。2008年金融危机之后，美联储对公开市场操作政策的创新，使得该政策工具在刺激经济复苏方面发挥了更多的作用。

（2）货币政策工具创新的背景与原因并不相同。相较于美国较为宽松的金融环境，中国在改革开放之前实行的是计划管理的"大一统"的金融体制，改革开放初期实行的是政府主导型的金融管理体制，金融深化水平较低，这就不难理解金融危机后中国与美国在货币政策选择与创新运用方面的不同。美国有成熟的金融市场，可以运用公开市场操作政策工具对各种期限的债券进行买卖，这是美联储能够对公开市场操作进行创新，综合运用前瞻性指引与"量化宽松"对中长期资产进行购买的前提条件。2008年金融危机后我国外汇占款增速下降，由于彼时并没有广阔的债券市场做支撑，通过对冲外汇占款投放流动性的货币供应渠道受阻，正是在这种情况下，中国人民银行大量创造并使用诸如常备借贷便利SLF、中期借贷便利MLF、抵押补充贷款PSL、临时流动性便利TLF等创新的货币政策工具来对市场流动性进行调节，大量创新工具的使用为中央银行提供了更多政策调控的灵活性。近年来，中国推出了一系列改革，注重扩大市场在资源配置中的决定性作用，在金融领域可体现为利率市场化接近尾声、汇率中间价形成机制进一步完善、资本项目可兑换稳步推进等方面。应看到，随着金融体制改革的推进，我国货币政策工具随宏观经济形势的变化不断创新，功能渐趋强大。

第三章

货币政策中介目标的演变：中美比较

第一节 中国货币政策中介目标的演变

货币经济学理论认为货币政策传导具有滞后性和动态性，中央银行有必要借助能够迅速反映经济状况变化的指标作为观察货币政策实施效果的信号，这个指标就是货币政策中介目标。货币当局通过设定中介目标这样的"名义锚"还可以避免货币政策制定者的机会主义行为（夏斌、廖强，2001）[①]。中央银行对货币政策中介目标的不同选择，即选择以货币供应量为代表的数量型中介目标，或者选择以利率为代表的价格型中介目标，是区分不同类型货币政策框架的关键。受改革开放前计划经济体制的影响，中国人民银行得以自主运用货币政策中介目标对宏观经济进行调控的时间并不长，对货币政策中介目标的追寻还处于不断发展完善的阶段。

一、货币政策中介目标发展的两阶段历程

从我国的货币政策实践来看，1996 年货币供应量指标被引入之前，中国尚未有真正意义上的货币政策中介目标，以 1996 年为界，我国货币政策中介目标的发展主要经历了以下两个阶段。

---

① 夏斌，廖强. 货币供应量已不宜作为当前我国货币政策的中介目标 [J]. 经济研究，2001 (8)：33–43.

　　第一阶段是 1996 年以前，"信贷规模"和"现金投放"指标扮演类似货币政策中介目标的角色。这主要是因为改革开放以前中国实行的是计划经济体制，"信贷规模"和"现金投放"指标与当时"大一统"的国家银行体制相适应。1978 年中国改革开放至 1984 年中央银行制度正式建立期间，我国还曾经使用"存贷差额"指标作为货币政策的中介目标。1985 年中国人民银行对信贷管理制度进行改革后，"信贷规模"与"现金投放"指标开始在货币政策调控中发挥客观并且规律性的作用。但是"信贷规模"与"现金投放"指标完全受控于货币当局，实质上是一种直接的信贷配给手段，可以被看成是货币政策工具，它们与市场经济体制下的货币政策中介目标有着根本性的区别。

　　第二阶段是 1996 年以后，中国人民银行将货币供应量作为货币政策中介目标。货币供应量指标于 1996 年被中国人民银行正式引入，与"信贷规模"指标一起，成为我国货币政策的中介目标。1998 年中国人民银行取消了对信贷规模的直接控制，转而实行资产负债比例管理，货币供应量作为我国货币政策中介目标的地位更加明确，我国建立起以广义货币供应量 M2 为中介目标的货币政策调控框架，这标志着我国货币政策调控由直接调控向间接调控的转变。也有学者指出此阶段我国货币政策中介目标实际上是两个："信贷规模"与广义货币供应量 M2，这种调控模式即使是在 1998 年中国人民银行取消对信贷规模的直接控制以后也没有发生根本性转变。事实上，"信贷规模"与货币供应量两个中介目标并存并不矛盾，它们分别调控不同的领域："信贷规模"指标针对的主要是实体经济，货币供应量指标针对的主要是金融市场（盛松成、吴培新，2008）[①]。

二、社会融资规模指标的引入

　　21 世纪以来，股票、债券等直接融资市场有了较大发展，商业银行表外业务及其他非传统融资行为较为活跃，传统的货币信贷指标难以全面反映金融对实体经济的支持，"信贷规模"指标已无法对实体经济的融资总量进行准确反映。要对社会的融资状况进行完整体现，必须要将商业银行的表外业务、非银行金融机构提供的资金、直接融资情况都纳入统计范畴。就是在这种情况下，社会融资规模这个概念应运而生，现已逐渐代替

---

　　① 盛松成，吴培新. 中国货币政策的二元传导机制——"两中介目标，两调控对象"模式研究［J］. 经济研究，2008（10）：37 – 51.

"信贷规模"指标，日益受到更多的关注与重视。"社会融资规模又称社会融资总量，指实体经济（非金融企业和住户）从金融体系获得的资金。分为增量指标与存量指标。增量指标指一定时期内（每月、每季或每年）获得的资金额；存量指标则是指一定时期末（月末、季末或年末）获得的资金余额"（盛松成，2016）[①]。

具体来看，社会融资规模统计指标主要由四个部分组成（见表3-1）：第一部分是金融机构通过表内业务向实体经济提供的资金支持；第二部分是金融机构通过表外业务向实体经济提供的资金支持；第三部分是实际经济利用规范的金融工具，在正规金融市场获得的直接融资；第四部分是其他方式向实体经济提供的资金支持。

表3-1　　　　　　　　　　社会融资规模统计指标组成

大类	子类
金融机构表内业务	人民币贷款、外币贷款
金融机构表外业务	委托贷款、信托贷款、未贴现的银行承兑汇票
直接融资	非金融企业境内股票筹资、企业债券融资
其他方式	保险公司赔偿、投资性房地产、小额贷款公司贷款、贷款公司贷款

社会融资规模指标相较于"信贷规模"指标，具有以下两个优点：一是覆盖范围更广，不仅涵盖实体经济通过银行渠道获得的间接融资，还包括企业和个人通过证券、保险以及其他渠道获得的直接融资；二是可以同时反映存量和增量的变化。随着我国金融市场的持续发展以及金融创新的不断深化，私募股权基金、对冲基金等新的融资渠道将逐步增加，社会融资规模指标还将持续完善。总而言之，社会融资规模指标囊括了整个金融体系对实体经济的资金支持与融资。

从社会融资规模指标的创设历程来看，可以发现，它是不断发展和完善的。2010年11月，中国人民银行开始研究并着手编制社会融资规模指标；2011年中国人民银行正式建立社会融资规模增量统计制度，同时开始按照季度发布社会融资规模的增量数据；2012年起该数据改为按照月度发布，2012年9月中国人民银行公布了2002年以来的历史月度数据，地区

---

① 盛松成. 社会融资规模理论与实践 [M]. 2版. 北京：中国金融出版社，2016.

社会融资规模增量的统计制度也被建立起来；2014 年起中国人民银行开始按照季度公布各省（区、市）社会融资规模的增量数据，同年着手建立社会融资规模存量统计数据；2015 年 2 月中国人民银行正式发布了 2002—2014 年的社会融资规模存量历史数据，并开始按季度公布存量数据；2016 年中国人民银行开始按月度公布社会融资规模存量数据。

2016 年《政府工作报告》提出"广义货币 M2 预期增长 13% 左右，社会融资规模余额增长 13% 左右"两个 13% 的货币政策调控目标，这是中国第一次在国家层面提出社会融资规模的增长目标。这意味着社会融资规模与广义货币供应量 M2 一起，已正式成为中国货币政策的调控指标。近年来，随着金融创新的深化以及金融体系的发展，各种融资工具蓬勃兴起，货币供给统计范围的界定变得困难，货币当局控制货币数量的能力被削弱。学界普遍认为，广义货币供应量 M2 作为货币政策中介指标使用已不合宜。社会融资规模指标由于短期波动性小、平稳性好，在某种程度上是比 M2 更能反映实体经济运行情况的货币政策调控指标，货币供应量指标是否失效，社会融资规模指标是否能够承担货币政策中介指标功能，本书将在其后进行讨论。

三、利率市场化及价格型中介目标

自 1993 年党的十四届三中全会通过《关于建立社会主义市场经济体制若干问题的决定》提出利率市场化改革基本设想开始，中国便启动了利率市场化改革的进程。1996 年银行间同业拆借利率放开以后，我国利率体系实际上进入了"双轨制"阶段，即管制利率与市场化利率并存，或"计划轨"和"市场轨"并行。"计划轨"是指我国的存款利率与贷款利率仍然受到政府管制；"市场轨"是指银行间市场的拆借利率由市场决定。"双轨制"的利率体系表明我国利率市场化改革采取的是渐进模式。利率市场化改革较为渐进的国家与地区，大多会将存款利率放开作为最为关键的一步，并将存款利率放开置于利率市场化改革进程的最后阶段，这主要是出于对利率放开后可能会对金融稳定和宏观经济造成冲击的担忧，尤其是担心迅速放开存款利率会引发恶意竞争现象。中国人民银行经过二十余年的努力，于 2015 年 10 月取消对存款利率浮动上限的管制，这表示货币当局对所有主要利率的管制全部取消，标志着我国利率市场化改革的初步完成并开启了新的阶段。中国利率市场化的发展进程见表 3－2。

表 3 - 2　　　　　　　　　　　中国利率市场化发展进程

年份	人民币存贷款利率市场化	外币、同业拆借、债券市场等 利率市场化
1987	流动资金贷款利率上浮不超过基准利率的 20%	
1993	流动资金贷款利率下浮不超过基准利率的 10%	
1996	流动资金贷款利率上浮不超过基准利率的 10% （农信社为 40%）	放开同业拆借利率；国债市场化发行
1997		放开债券回购利率和现券交易价格
1998	小企业贷款利率不超过基准利率的 20%，农信 社不超过 50%	两家政策性银行通过市场化方式发行 金融债券；放开贴现和转贴现率
1999	4 月县以下金融机构（不含农信社）贷款利率 上浮不超过 30%；9 月中小企业贷款利率上浮 不超过 30%	财政部首次在银行间债券市场实现以 利率招标的方式发行国债
2000		放开外汇贷款利率；放开 300 万（含 300 万）美元以上或等额其他外币大 额存款利率
2003	农信社试点贷款利率上浮不超过基准利率的 2 倍	7 月放开英镑、瑞士法郎、加拿大元 的小额存款利率；11 月放开小额外 币存款利率下限
2004	1 月商业银行、城市信用社贷款利率上浮不超 过基准利率的 1.7 倍，农信社不超过 2 倍；10 月放开贷款利率上限，城乡信用社贷款利率上 限为基准的 2.3 倍；放开存款利率下限	放开 1 年期以上小额外币存款利率
2012	6 月贷款利率下限为基准利率的 0.8 倍；7 月贷 款利率下限为基准利率的 0.7 倍；规定存款利 率上限是基准利率的 1.1 倍	
2013	放开对贷款利率的管制	
2014	存款利率上限规定为基准利率的 1.2 倍	3 月放开上海自贸区小额外币存款利 率上限；6 月放开上海市小额外币存 款利率上限
2015	3 月存款利率上限为基准利率的 1.3 倍；5 月存 款利率上限为基准利率的 1.5 倍；8 月放开 1 年 期以上（不含 1 年期）定期存款的利率浮动上 限；10 月不再设置存款利率浮动上限	

由表 3 - 2 可以看出，自 2015 年 10 月起，中国人民银行对贷款和存款利率的管制都已取消，金融机构拥有了利率的自主定价权，商业银行可以根据自身的情况来决定存款与贷款利率，利率市场化已初步实现。与此同时，我国的货币市场利率完全由市场决定，存贷款利率与货币市场利率的两个轨道终将趋于一致。这意味着中国人民银行在货币供应量等数量型中介指标的基础上，增添了价格型中介指标的选项，货币政策的操作空间得以拓展，货币政策的有效性将不断增强。

【专栏 3 - 1】

广义货币 M2 与社会融资规模

早在 2017 年 11 月，中国人民银行公布的第三季度《中国货币政策执行报告》就已指出："M2 指标的意义明显减弱，无须过度关注 M2 增速的变化。"2018 年《政府工作报告》中已不再提及广义货币 M2 的增速指标，相关表述转变为"保持广义货币 M2、信贷和社会融资规模合理增长"。这一方面表明广义货币 M2 指标的代表性与指标意义发生了变化，另一方面也将社会融资规模指标推向了公众的视野。历史上看，广义货币 M2 与社会融资规模的走势大体一致，但 2016 年年末开始出现差异，两者的差距有逐渐扩大的趋势，如图 3 - 1 所示。

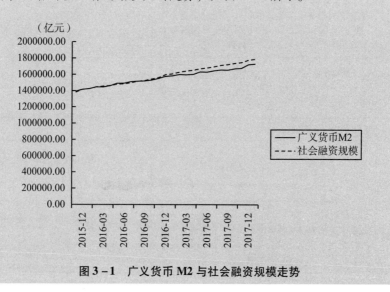

图 3 - 1 广义货币 M2 与社会融资规模走势

从统计视角来看，广义货币 M2 的规模主要由贷款、证券净投资、外汇占款等渠道创造；社会融资规模的总量则主要由贷款、表外业务、直接融资等部分构成，见表 3 - 3。

表 3 - 3　　　　广义货币 M2 创造渠道与社会融资规模内部结构

广义货币 M2	社会融资规模
贷款	贷款
证券净投资	表外业务
外汇占款	直接融资
其他	其他

由表 3 - 3 可见，贷款是广义货币 M2 与社会融资规模的共同组成部分。2018 年 2 月中国的广义货币 M2 为 172.91 万亿元，社会融资规模为 178.73 万亿元，人民币贷款 122.72 万亿元。人民币贷款占广义货币 M2 的 70.97%，占社会融资规模的 68.66%。可以看出，贷款不仅是广义货币 M2 与社会融资规模指标的共同组成部分，也是占比最大的部分，信贷规模的扩张程度将直接影响广义货币 M2 与社会融资规模的演进方向。多年来，人民币贷款余额的年度增速都维持在 13% 左右，出于防控金融风险、深化金融改革、服务实体经济考虑，未来中国人民银行的信贷调控仍将十分稳健。因此，理解广义货币 M2 与社会融资规模之间的背离，还需考虑影响广义货币 M2 与社会融资规模的其他因素。

后金融危机时代，维护金融稳定和防范系统性金融风险成为各个国家中央银行的工作重点，这使得货币当局对金融监管以及对金融去杠杆的力度加大。从这个角度来看，由证券净投资派生出的广义货币 M2 将继续收缩。举例来说，中国人民银行于 2017 年 8 月 31 日公布了《同业存单管理暂行办法》的修订内容，规定金融机构发行同业存单期限不得超过 1 年，2018 年中国人民银行还将把同业存单纳入宏观审慎评估体系 MPA 同业负债占比指标考核。中国人民银行的这一举措打击了大银行出售同业存单，中小银行发行同业存单、购买同业理财、进行委外投资的套利链条。同业业务的收缩使得证券净投资收缩，从而影响到广义货币 M2 的派生。至于证券净投资所得的资金是否会计入社会融资规模，则要看融来的资金是否被投入到实体经济。

　　金融监管的强化与金融去杠杆的推进，不仅仅影响到证券净投资，即影响到广义货币 M2 的重要创造渠道，还对表外业务，即社会融资规模的主要构成部分产生了较大的影响。为防止银信通道占比过高而引发的金融风险，2017 年年底中国银监会发布《关于规范银信类业务的通知》，明确规定禁止商业银行通过信托通道将表内资产虚假出表，2018 年 1 月银监会颁布《商业银行委托贷款管理办法》，对商业银行委托贷款进行了更为严格的规范和限制，这些通知和办法的发布使得金融体系内部多层嵌套的空间减少，也使得社会融资规模指标更加能够反映实体经济的运行状况。金融去杠杆的推进对社会融资规模的影响并不一定是负向的，也可能是正向的，例如，之前通过理财或者是资管计划发放给实体经济的"类信贷"，有一部分被转化为信托贷款，计入社会融资规模。

　　证券净投资是广义货币 M2 的创造渠道，但如果证券净投资所得资金被投放到实体经济，则会对社会融资规模产生影响；表外业务是社会融资规模的组成部分，但表外业务的扩张或者压缩会影响到货币的派生渠道，从而影响到广义货币 M2。也就是说，证券净投资与表外业务对广义货币 M2 与社会融资规模的影响是有交叉的。从这个角度来看，直接融资作为社会融资规模的组成部分，不会影响广义货币 M2。直接融资是以非金融企业境内股票筹资或者企业债券融资等形式存在，没有金融中介机构介入，并不会派生广义货币。从实践情况来看，新兴产业较多运用直接融资，并以股权融资为主。与直接融资相反的是外汇占款，外汇占款并不影响社会融资规模，仅对广义货币 M2 产生影响，但与信贷派生广义货币 M2 不同的是，外汇占款直接创造 M2。外汇占款是中央银行为购买外汇资产而投放的相应数额的本国货币。由于中国采用的是结售汇制度，出口企业将所得的外汇收入卖给商业银行后换回人民币，商业银行再将外汇卖给中央银行，成为中央银行的外汇储备。这个过程中，中央银行因购买外汇而投放出去的人民币则直接成为 M2 的一部分，并不经过信贷派生。外汇占款的多少与国际收支情况相关联，并不由中国人民银行直接控制。外汇占款不被计入社会融资规模。

　　综合上述分析，可以理解为何广义货币 M2 与社会融资规模并不一致且出现背离。这种不一致不仅仅体现在总量上，还体现在结构上，社会融资规模更能够体现出实体经济的融资情况。作为曾经很好反映经济增长与通货膨胀的领先指标的广义货币 M2，与实体经济的关联性正在下降，如今的指示意义已经明显减弱，因此，无须对广义货币 M2 增速的变化给予过度的解读和关注。尽管如此，M2 仍然是观察宏观经济运行情况的重要参考指标。

第二节　美国货币政策中介目标的演变

从美联储的实践来看，其货币政策中介目标的选择发生过多次调整，货币数量目标与利率价格目标交替出现，美联储最终采用的是价格型的中介目标，即联邦基金利率。事实上，主要发达国家于 20 世纪 90 年代以后大多采用利率作为货币政策的中介目标，使用价格型的货币政策调控框架。美联储货币政策中介目标的演变历程大致可以分为以下四个阶段。

第一阶段是 1913—1941 年，美联储采用货币数量与利率价格并存的多元中介目标。这一阶段处于美联储成立至第二次世界大战期间，短期市场利率、货币总量和信贷总量等都是美联储货币政策的中介目标。从实践角度来看，多元化的中介目标使得货币政策调控意图不够清晰，容易引起混乱，实施效果并不理想。

第二阶段是 1942—1951 年，美联储采用价格型的中介目标。由于 1941 年年末，美国参加了第二次世界大战，美联储为迎合财政部的要求，通过公开市场操作，将国库券的利率维持在低位，目的是为政府筹款提供廉价资金，因此，这一阶段国库券的利率成为货币政策的中介目标。

第三阶段是 1951 年至 20 世纪 90 年代初，美联储采用数量型的中介目标。1951 年 3 月美联储得以独立于财政部，获得货币政策制定自主决定权的美联储不再盯住利率，而是给予数量型指标以更多关注。但是，美联储对于数量型指标的选取发生过多次变化：1951—1969 年，美联储以信贷数量为主要的中介目标；1970—1979 年，美联储以货币供应量 M1、M2、M3 为中介目标；1979—1989 年，美联储以货币供应量 M1、M2 为中介目标；1989—1992 年，美联储以准备金总量为中介目标。

第四阶段是 1993 年至今，美联储采用价格型的中介目标。20 世纪 90 年代初，货币供应量与经济活动之间的关系已不稳定，以货币总量作为货币政策中介目标的有效性大大降低。1993 年 7 月，美联储表示将货币政策中介目标从货币供应量指标转向联邦基金利率。此后，美联储的货币政策中介目标一直是联邦基金利率。

从美联储货币政策中介目标的实践情况来看，每一个阶段，美联储都根据当时所处的历史背景来选择货币政策中介目标，每一次的中介目标在转型初期效果都是显著的，其后逐渐失去指示作用。可见，货币政策中介目标需根据宏观经济运行情况不断动态调整，才能使货币政策有效实施。图 3-2 显示了美联储货币政策中介目标由数量、价格多目标转向价格型单一目标，再转向数量型目标，最终转向价格型目标的历程。

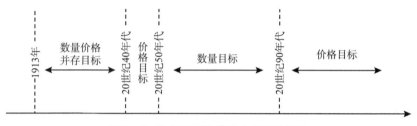

图 3-2   美国货币政策中介目标的演变

值得一提的是，尽管美联储当前的货币政策中介目标是联邦基金利率，但是并没有完全放弃对货币供应量的关注，仍然以周为频率统计和发布货币供应量数据，也仍然将货币供应量指标作为货币政策调控和宏观经济分析的重要参考。至今，部分国家的中央银行仍然坚持以货币供应量作为货币政策中介目标。在欧元诞生前，德国长达 20 多年奉行货币供应量增长目标的实践实现了良好的政策效果。也因此，欧洲央行将货币供应量等数量型的指标作为货币政策调控的重要参考指标使用。各国中央银行无论选用哪种货币政策中介目标，最终都取决于其所面临的现实经济问题。

【专栏 3-2】

联邦基金利率

联邦基金利率（Federal Funds Rate）是美国联邦基金市场上的拆借利率，是美国利率体系中最为核心的利率。美国联邦基金市场是美国银行间同业拆借市场，是美国最具流动性的货币市场。美国《联邦储备法》规定，会员银行需向美联储缴纳存款准备金，所缴纳的存款准备金也就是联邦基金（Federal Funds）。存款准备金发生临时性短缺的银行可以向拥有超额准备金的银行借入准备金头寸，从而形成联邦基金市场。这种银行间的贷款或者拆借利率被称为联邦基金利率，是美国的基准利率。美联储可以对联邦基金利率进行调节来影响商业银行的资金成本，由于联邦基金利率的变动能够敏锐反映银行间资金的余缺情况，这个价格信号将会通过金融市场进行传递，被工商企业等实体部门所观察，进而影响宏观经济的各个方面。

美联储运用公开市场操作这个货币政策工具来对联邦基金利率产生影响。公开市场操作容易对冲、便于修正，灵活并且精确，可以立即执行，不存在管理时滞，能够由中央银行完全控制，因此，公开市场操作成为美联储最主要的货币政策工具。通常情况下，公开市场委员会（Federal Open Market Committee，FOMC）设定联邦基金利率目标后，美联储即通过公开市场操作，也就是通过买卖债券的方法，改变市场上货币的发行量，实现预先设定的目标利率。具体来说，为了提高联邦基金利率，美联储可以在公开市场上卖出债券，收回货币，这个时候金融机构持有的货币将会减少，也就是金融机构所持有的超额储备金减少，受供求关系的影响，银行间超额储备金的贷款利率将会上升，也就是联邦基金利率将会上升。当美联储希望降低联邦基金利率时，则可以进行反向操作，即在公开市场上买入债券，投放货币，金融机构持有的超额准备金将会增加，受供求关系的影响，银行间的贷款利率将会下降，也就是联邦基金利率将会下降。美联储运用公开市场操作影响联邦基金利率，即银行间贷款利率的过程可由图3-3表示。

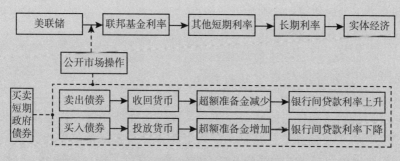

图3-3 公开市场操作与联邦基金利率

通常情况下，美联储在经济衰退期会购买短期政府债券，以增加市场上的流动资金，增加的流动资金会造成联邦基金利率下降，继而影响到短期国债、商业票据等其他短期利率，其他的短期利率会随着联邦基金利率的下降而下降。更进一步，短期利率下降的影响会传递到长期利率，引起购房贷款、汽车贷款、投资贷款等长期利率的下降，长期利率下降，意味着家庭消费和企业投资的成本趋于降低，消费和投资会随之增长。资产价格、进出口等也会受到相应的影响。同样道理，经济过度繁荣时，美联储会运用公开市场操作工具进行反向操作。需要注意的是，美联储能够通过公开市场操作直接控制的是联邦基金利率，联邦基金利率对其他短期利率的传导，以及对长期利率的进一步改变，这些利率间的传导关系是由市场决定的，不受美联储控制。也可以说，美联储对金融市场的影响有很大局限性，受到诸多限制。

美国的联邦基金利率不但是货币市场的价格中枢以及金融产品的定价基准，也是中长期利率的风向标，其对中国利率体系中基准利率的培育与发展是有非常重要的启示和借鉴意义的（吴玮，2007）①。2007年起，上海银行间同业拆放利率 Shibor 正式运行，目前已与货币市场的发展形成了良性互动的格局。

第三节　中美货币政策中介目标演变的比较

从中美两国货币政策中介目标的演变来看，中央银行对中介目标的选择并不是一成不变的，总是会随着宏观经济的运行状况而动态调整。尽管中国与美国的国情存在诸多差异，中央银行的发展历程也并不相同，但货币政策中介目标的演变还是有一些共性的特点。

一、中美货币政策中介目标演变的共性

（1）由直接调控向间接调控演变。我国在计划经济时代使用的"信贷规模"与"现金投放"指标，实质上是一种直接的信贷配给手段，在特定的历史时期发挥了宏观政策调控的作用，起到了积极的效果。但是直

---

① 吴玮. 联邦基金利率发展经验及对 Shibor 推广的启示（下）[J]. 中国货币市场，2007（9）：30－33.

接调控的政策机制不能够适应 20 世纪 90 年代初的金融失控局面，1996 年中国人民银行引入货币供应量指标，意味着货币当局开始采用间接的调控方式。就美国来说，美联储在脱离财政部前，并不拥有完全的货币政策自主权，不仅如此，为给政府筹集资金，美联储长期将美国国债利率维持在低位。1951 年美联储独立于财政部以后，根据经济运行状况对货币政策中介目标进行了诸多尝试，其方向是由对经济的直接干预向间接调控进行转变。

（2）由数量调控向价格调控发展。中国采用的货币政策中介目标，无论是信贷规模、现金投放或是货币供应量，甚至是社会融资规模指标，都是数量型的。随存款利率上限的放开，利率市场化已初步实现，Shibor 等利率也已推出，基准性正在逐步加强，未来有可能成为货币政策中介目标，对其进行运用，能够使价格杠杆在资源配置中发挥更好的作用。美联储的货币政策中介目标经历过数量与价格的多次切换，于 1993 年以后便将中介目标锚定为联邦基金利率。联邦基金利率本质上是银行间的同业拆借利率，能够敏锐地反映银行间的资金余缺情况，并能将价格型号传递给市场，具有非常好的可测性与可控性，其与经济增长及物价水平之间也存在紧密关联。

二、中美货币政策中介目标演变的差异

（1）中国以数量为主，价格为辅。从中介目标的演变历程来看，中国一直采用的是数量型目标。2008 年全球性金融危机之后创设的社会融资规模指标也是在既有"信贷规模"指标基础之上的拓展，与货币供应量分别处于金融机构资产负债表的资产与负债方，与货币供应量一体两面，互为印证。社会融资规模指标是中国人民银行的创新，与实体经济关联更加密切，能够较为全面地反映整个社会的融资情况，现已被《政府工作报告》多次提及。可以看出，现阶段我国主要运用数量型的指标作为货币政策工具与货币政策最终目标之间的桥梁，但并不意味着我国完全依靠的是数量型目标。事实上，Shibor 利率、银行间回购利率等价格型的指标也已在实践中发挥着指示性的作用，甚至，汇率、资产价格等对宏观经济的运行也起到一定的引导作用。

（2）美国以价格为主，数量为辅。美国使用联邦基金利率作为货币政策中介目标已有二十余年，联邦基金利率不仅是美国货币政策制定的重要

依据，也是判断全球宏观经济走向的重要参考。2008 年全球性金融危机期间，美国联邦基金利率下降至零，无法继续下降，经济陷入流动性陷阱，传统货币政策失灵，美联储无法通过降低联邦基金利率来刺激经济复苏。美联储于其后推出的前瞻性指引及"量化宽松"货币政策，即通过事前公布一定规模的资产购买的数额，直接作用于中长期利率，通过引导公众预期来为经济注入流动性。这种大规模资产购买的方式，既是设定了一个数量目标，在非常时期起到了较好的作用。"量化宽松"政策对中长期利率的影响，又可以被看成是价格型的方式。可见，数量与价格是一体两面，相辅相成。

第四章

货币政策工具与
中介目标的创新运用

纵观历史，每一次对经济运行产生重大影响的国际变革都会引起货币政策的相应调整，2008 年爆发的全球金融危机使货币政策实践陷入困境，也为货币经济学理论的发展带来了严峻的挑战。由于金融危机以后主要发达国家的短期利率下降至零，无法继续下降，经济陷入"流动性陷阱"，传统上通过降低短期利率刺激经济增长的调控方式失去操作空间，各国央行开始求助于各种"非传统"的货币政策，货币政策被赋予了超历史记录的重要地位来刺激经济复苏。为防止经济可能会出现的自由落体现象，各国央行不断创新货币政策工具，交替使用工具组合，调整货币政策中介目标为实体经济保驾护航。"量化宽松"与"负利率"政策是对传统货币政策工具与中介目标进行重新构造的创新尝试；诞生于 20 世纪末的"利率走廊机制"在 2008 年全球性金融危机之后得到进一步发展；在货币政策工具与最终目标之间不再设立中介目标的"通货膨胀目标制"仍被某些国家继续运用。发达国家中央银行货币政策工具与中介目标重新构造的种种尝试，说明中央银行对宏观经济的调控能力日趋成熟，为中国货币政策工具与中介目标的选择提供了丰富的借鉴空间与想象空间，将为我国货币政策调控提供范例与思路。

第一节 基于"量化宽松"政策的讨论

尽管"量化宽松"政策于 2008 年金融危机后被发达国家央行广泛使用，其最初是起源于对 20 世纪 30 年代经济大萧条期间所采用的货币政策措施的反思，不少学者认为"量化宽松"政策能够防止经济陷入停滞。实践中，"量化宽松"货币政策也并非是 2008 年金融危机的创新，受 20 世纪末亚洲金融危机的影响，日本央行于 2001 年 3 月启动了金融历史上第一次量化宽松货币政策，并于 2006 年宣告结束。2008 年全球性金融危机爆发初期，主要发达国家的中央银行及时启动了各种常规的货币政策工具，例如，大幅度降低基准利率、加大公开市场操作投放流动性的力度，缩小贴现窗口贷款利率与基准利率利差等，这些措施在短期内稳定了金融市场（刘鹤，2013）①。2008 年年底，主要发达国家短期利率降低至接近于零，经济陷入"流动性陷阱"，由于名义利率不能为负，中央银行无法对短期利率继续下调，因此无法刺激实体经济复苏（靳玉英、张志栋，2010）②。这个时候，传统的货币政策已失去操作空间，为防止经济陷入持续低迷，美国、欧元区、日本等主要经济体的中央银行只能寻求替代的"非传统"货币政策，例如，采用量化宽松货币政策对经济进行调控。

一、文献综述

由标准的宏观经济模型可知，零利率下限大大降低了货币政策的有效性，传统上通过降低短期利率来刺激经济增长的货币政策面临失效（Egg-ertsson，Gauti B. & Paul Krugman，2012）③。由于一年或者到期日更长的利率与资产价格以及经济发展水平更加相关，因此，如果中央银行能够对政策利率在未来的价值进行承诺，即如果中央银行能够影响和决定中长期利率，就能够突破零利率下限的束缚（Swanson & Williams，2014）④。在短期利率受零利率下限约束情况下，通过前瞻性指引和量化宽松政策对长期利率能够产生较大的影响（Kiley，2014）⑤。从这个意义上说，在短期利率降低为零时，中央银行仍然有可以操作的空间，此时可以通过大规模资产购买的方法，即通过"量化宽松"政策改变公众对货币政策的未来预

---

① 刘鹤. 两次全球大危机的比较研究 [M]. 北京：中国经济出版社，2013.
② 靳玉英，张志栋. 非传统货币政策解析——以美国的该政策实践为例 [J]. 国际金融研究，2010（10）：10 – 20.
③ Eggertsson，Gauti B，Paul Krugman. *Debt，deleveraging，and the liquidity trap：A Fisher – Minsky – Koo approach* [J]. *The Quarterly Journal of Economics*，2012，127：1469 – 1513.
④ Swanson Eric T，Williams J C. *Measuring the effect of the zero lower bound on medium-and longer-term interest rates* [J]. *The American Economic Review*，2014，104（10）：3154 – 3185.
⑤ Kiley M T. *The response of equity prices to movements in long-term interest rates associated with monetary policy statements：before and after the zero lower bound* [J]. *Journal of Money，Credit and Banking*，2014，46（5）：1057 – 1071.

期，使中长期利率发生改变。这种非传统的货币政策不但适用于美国，也适用于同样面临零利率下限约束的日本以及欧元区。

由"量化宽松"政策的实施效果来看，不少学者认为其在非常时期对于促进经济增长是有效的。Christiane Baumeister 和 Luca Benati（2010）构建贝叶斯时变参数 SVAR（Structural Vector Autoregression，结构向量自回归）模型分析了 2007—2009 年中央银行大规模资产购买对宏观经济的影响，认为其帮助了美国和英国避免陷入经济衰退与通货紧缩的危险①。Boris Hofmann 和 Gert Peersman（2014）通过构建 VAR（Vector Auto Regression）模型对非常规货币政策的宏观经济效应进行分析，认为在短期利率降为零时，中央银行资产负债表的增长会引起经济和价格水平的暂时性增长，能够在特定时期内避免经济出现断崖式的下滑，不同国家非常规货币政策对宏观经济的影响并无太大差异②。当货币政策受到零利率下限的约束时，中央银行进行前瞻性指引与大规模资产购买是非常有用的（John C. Williams，2011）③。总体来说，量化宽松政策可以取得以下效果：一是能够促进货币贬值，从而增加出口；二是能够改变通货膨胀预期，降低实际利率，从而促进投资和消费（Krugman & Kathryn，1998）④；三是能够在一定程度上修复货币政策传导机制（Shirakawa，2002）⑤；四是能够在一定程度上化解金融风险。

"量化宽松"政策所引致的低利率能够促进就业，在短期内能够实现迅速有效的政策调控效果，但也应注意，长期的低利率会使金融市场过度冒险，两者之间的关系较难平衡（Bernanke，2013）⑥。Paul Krugman（2014）认为金融危机后的非传统货币政策仅仅是暂时性地缓解了经济陷

① Baumeister C，Benati L. *Unconventional monetary policy and the great recession – Estimating the impact of a compression in the yield spread at the zero lower bound* ［J］. *ECB Working Paper*，2010（1258）：1 – 52.

② Gambacorta L，Hofmann B，Peersman G. *The effectiveness of unconventional monetary policy at the zero lower bound：A cross-country analysis* ［J］. *Journal of Money，Credit and Banking*，2014，46（4）：615 – 642.

③ Williams J C. *Unconventional monetary policy：Lessons from the past three years* ［J］. *FRBSF Economic Letter*，2011（31）：1 – 8.

④ Krugman P R，Dominquez K M，Rogoff K. *It's baaack：Japan's slump and the return of the liquidity trap* ［J］. *Brookings Papers on Economic Activity*，1998（2）：137 – 205.

⑤ Shirakawa M. *One Year Under "Quantitative Easing"* ［R］. Institute for Monetary and Economic Studies，Bank of Japan，2002.

⑥ Bernanke B S. *Long-term interest rates：a speech at the annual monetary/macroeconomics conference：the past and future of monetary policy* ［R］. Sponsored by Federal Reserve Bank of San Francisco，San Francisco，California，Board of Governors of the Federal Reserve System（US），March 1，2013.

入衰退，并不能够解决经济增长这个根本性的问题①。换句话说，"量化宽松"政策对于促进经济复苏的作用比较有限，还需要使用其他的调控方式与之相配合，还应将实施非常规货币政策的成本纳入考虑（Michael Joyce，2012）②。"量化宽松"政策的实施效果存在一些不确定性，主要体现在以下几个方面：①公众对非常规货币政策并不熟悉，这使得公众对通货膨胀的预期和对风险的偏好很难被中央银行所预期；②大规模资产购买将扭曲资产价格，会引起金融市场失灵；③除"量化宽松"之外，各国央行还采用各种其他的非传统货币政策，尤其是欧洲央行等所采用的"负利率"政策或将导致各国货币竞相贬值。因此，中央银行在制定货币政策时，应将政策制定与实施的成本与副作用也考虑在内，才能够更好维持宏观经济的稳定。

由于各个国家经济与金融市场的差异，"量化宽松"政策在各个国家的具体实施效果并不相同。李欢丽与王晓雷（2015）证明了中央银行通过"量化宽松"政策能够控制的只是流动性的规模，不能够控制流动性的流向，这使得大量的流动性并没有像预期中那样进入实体经济③。陈静（2013）通过研究发现，美联储"量化宽松"政策的实施效果较欧洲央行、英格兰银行和日本央行要强。④ 实践证明，大规模资产购买可以降低长期利率，促进经济增长，这种"非传统"的货币政策使得美国经济最终出现反弹，而欧洲的政策效果并不像美国那样显著（Martin Feldstein，2016）⑤。不仅如此，欧洲央行"量化宽松"的实践还产生了欧元资产短缺和成员国结构性改革的积极性降低及道德风险、金融泡沫风险催生等负面效应（魏民，2016）⑥。究其原因，主要体现在以下几个方面：一是美国货币政策工具丰富，美联储仅在金融危机期间就主动创新了十多类货币政策工具；二是美国货币政策传导机制通畅有效；三是美联储货币政策透明度高，货币政策实施效果的可预见性较强；四是美联储将货币政策与财政政策协调配合使用。

---

① Krugman P R. *The timidity trap* [N]. *The New York Times*，2014 – 3 – 21.

② Joyce M，Miles D，Scott A，et al. *Quantitative easing and unconventional monetary policy-an introduction* [J]. *The Economic Journal*，2012，122（564）：271 – 288.

③ 李欢丽，王晓雷. 传导机制扭曲与日本量化宽松货币政策失灵 [J]. 现代日本经济，2015（1）：33 – 42.

④ 陈静. 量化宽松货币政策的传导机制与政策效果研究 [J]. 国际金融研究，2013（2）：16 – 25.

⑤ Feldstein M. *The Fed's Unconventional Monetary Policy：Why Danger Lies Ahead* [J]. *Foreign Aff.*，2016（95）：105.

⑥ 魏民. 欧洲央行量化宽松政策：效果与影响 [J]. 国际问题研究，2016（1）：95 – 106.

Gauti B. Eggertsson 和 Michael Woodford（2006）认为货币政策的可信度与货币政策的有效性密切相关，因此通货膨胀预期管理是解决零利率条件下货币政策有效性的关键，"量化宽松"政策还存在通胀预期管理渠道①。Vasco Curdia 和 Michael Woodford（2009）对新凯恩斯主义模型进行了拓展，分析了金融危机后非传统货币政策的传导机制，得出两点结论：①"退出战略"是否清晰是货币政策能否得以成功的重要因素；②利率政策仍将是货币政策调控的焦点，传统上关于强调利率作用的观点仍然是正确的②。但 Belongia M T 和 Ireland P N（2015）通过构建 SVAR 模型，认为传统货币政策仅仅关注利率是不合理的，货币扰动还应有一个"量化"的组成部分③。由于当今世界是互联互通的，在发达经济体中央银行普遍使用"量化宽松"政策来刺激本国经济的同时，也会对别的国家产生外溢效应。发达经济体的量化宽松能够提高新兴经济体企业，特别是外资企业的出口能力（张靖佳，2015）④。但应注意，"量化宽松"政策的退出会使新兴经济体的出口量受到影响，不仅如此，还将提高美国债券收益率，引发美元升值从而提高美元资产吸引力，使得新兴经济体资产价格出现回落，加大中国等新兴经济体的宏观调控的难度与风险（谭小芬，2013）⑤。

二、"量化宽松"政策的传导机制

尽管早在 2001 年 3 月，日本央行就启动了金融史上的第一次"量化宽松"政策，但由于美国更具有代表性，美国经济的变化对世界经济的冲击较大，这里将以美联储"量化宽松"政策的实践来说明"量化宽松"政策的作用机制。在经济稳定的正常时期，美联储通过公开市场操作来对超额存款准备金进行调节，由于超额存款准备金是基础货币的一部分，基础货币随超额存款准备金的增减而增减，因此，美联储的公开市场操作会引起基础货币发生改变，从而影响流通中的货币供应量。更为重要的是，

①　Gauti B. , Eggertsson. Michael Woodford. *Optimal monetary and fiscal policy in a liquidity trap* [J]. *National Bureau of Economic Research*, 2006（9）: 75 - 131.

②　Curdia V, Woodford M. *Conventional and unconventional monetary policy* [R]. Staff Report, Federal Reserve Bank of New York No. 404, 2009（11）: 1 - 63.

③　Belongia M T, Ireland P N. *Interest rates and money in the measurement of monetary policy* [J]. *Journal of Business & Economic Statistics*, 2015, 33（2）: 255 - 269.

④　张靖佳等. 量化宽松政策、财富效应与企业出口 [J]. 经济研究, 2015（12）: 158 - 172.

⑤　谭小芬等. 美国量化宽松的退出机制、溢出效应与中国的对策 [J]. 国际经济评论, 2013（5）: 98 - 108.

超额准备金的变动能够使美国的基准利率，即联邦基金利率发生改变，因此，美联储通过公开市场操作对超额准备金进行调节，将联邦基金利率维持在目标利率附近，再借助美国发达的金融市场，引导长期利率发生相应改变，最终影响实体经济的收缩或者扩张。这是传统意义上的货币政策传导机制。

通常情况下，美联储在经济衰退期会通过购买短期政府债券的方式增加市场上的流动资金，增加的流动资金会引起联邦基金利率下降，经过金融市场的传导引致短期国债利率、商业票据利率等其他短期利率的下降；短期利率再进一步传递到长期利率，引起购房贷款利率、汽车贷款利率、投资贷款利率等长期利率的下降，从而刺激居民消费和企业投资，促进实体经济发展。同理，经济过度繁荣时，则运用公开市场操作工具反向操作。美联储通过公开市场操作能够直接控制的是联邦基金利率，对其他短期利率以及中长期利率的影响是间接的，这需要短期利率之间以及短期利率向长期利率传导的渠道通畅。

金融危机期间，美国联邦基金利率下降至零，这使美联储无法运用公开市场操作工具对联邦基金利率进行进一步下调。考虑到对经济增长产生较大影响的是长期利率，因此，放弃对短期利率的调控，直接对长期利率进行引导是"量化宽松"政策的重要思路。鉴于长期利率能够影响消费和投资、影响资产价格以及汇率，其对实体经济的意义更加明显。在短期利率无法继续下调的情况下，美联储运用公开市场操作工具进行了大规模的长期资产购买，这使得长期债券市场的需求增加，从而推高了长期债券的价格，而长期利率随之下降。大规模长期资产购买的行为也为市场提供了大量的流动性。

三、"量化宽松"政策的实践

（一）美联储的实践

2008 年全球性金融危机之后，美国的联邦基金利率（短期利率）下降到零值附近，实体经济陷入"流动性陷阱"，传统货币政策失灵。美联储已丧失通过传统货币政策提振经济的空间，因此，2008 年 11 月后，美联储陆续推出三轮"量化宽松"政策以恢复价格稳定和刺激实体经济增长。美联储"量化宽松"政策大致可以分为以下三个阶段。

第一阶段（QE1）：2008 年 11 月至 2010 年 3 月，美联储购买了 3000

亿美元的长期国债，1750 亿美元的联邦机构债券以及 12500 亿美元的住房抵押债券（Mortgage – Backed Security，MBS），向市场注入了大量的流动性。该阶段的主要目的在于降低长期利率以刺激经济增长，稳定金融市场恐慌情绪。

第二阶段（QE2）：2010 年 11 月至 2011 年 6 月，为预防经济继续恶化并陷入长期的通货紧缩状态，美联储启动了第二轮"量化宽松"，主要方式是通过购买 6000 亿美元的长期国债以降低长期利率，对实体经济进行刺激。由于对长期国债的大量购买会使基础货币供给增加，美联储于 2011 年 9 月至 2012 年 6 月、2012 年 7 月至 2012 年 12 月期间分别进行了两轮"扭曲操作"，即利用卖出短期债券所得的资金购买长期债券。美联储通过"扭曲操作"政策保持了基础货币的稳定，较好地避免了未来出现通货膨胀的风险。

第三阶段（QE3）：两轮"量化宽松"之后，美国房地产市场复苏缓慢造成失业率居高不下，实体经济增长仍然乏力。因此，2012 年 9 月推出的第三轮"量化宽松"直接瞄准和房贷利率挂钩的 MBS，通过每月购买 400 亿美元的住房抵押债券来直接降低住房贷款利率，对房地产市场进行更为有效的定向刺激，目的是促进房地产市场发展，加快美国经济复苏的速度。之后又于 2013 年 1 月做了适当调整，即美联储除每月购买 400 亿美元的住房抵押债券之外，每月还增加购买 450 亿美元的长期国债。自 2014 年 1 月起，美联储每月对住房抵押债券的购买量降低到 350 亿美元，对长期国债的购买量降低到每月 400 亿美元，这表明第三轮"量化宽松"政策正逐渐淡出。与前两轮"量化宽松"相比，QE3 没有设定具体的上限和停止日期，因此被称为"开放式量化宽松"。"开放式量化宽松"的优点是可以根据美国的经济复苏情况相机决定增加或减少刺激力度，使美联储制定未来货币政策时能够拥有更多的灵活性。

"量化宽松"政策即是美联储放弃通过买卖短期债券调控短期利率的传统做法，通过购买长期债券，增加市场对长期债券的需求，直接引导长期利率下降，刺激实体经济复苏。其中，第三轮"量化宽松"又与前两轮"量化宽松"在操作方法上出现了不同。与之前两轮"量化宽松"政策明确规定了资产购买总额的操作方法相比，第三轮"量化宽松"并没有具体的资产购买上限（被称为"开放式量化宽松"），而是通过逐月购买定额长期国债和住房抵押债券的方式降低长期利率，向市场注入流动性。这种调控方式可以使中央银行能够随着经济情况的好转，对长期国债和住房抵押债券的购买额度进行即时下调，可以在经济好转的时候逐步淡出"量化宽松"政策。随美国经济的好转，美联储已于2014年10月开始逐步退出"量化宽松"，同时启动加息进程以提高政策利率。2017年10月，美联储走上了缩减资产负债表的货币政策正常化道路。

（二）欧洲央行的实践

2014年下半年开始，欧元区通胀率接近零，并且通胀预期持续恶化，鉴于欧洲央行货币政策的主要目标是维持价格稳定，即在中期内将通货膨胀率维持在低于但是接近2%的水平，这意味着欧洲央行需要采取措施来提振经济。与美国在2008年金融危机爆发之初基准利率即下降至零致使传统货币政策失效不同的是，欧元区的基准利率即主要再融资利率（Main Refinancing Rate，MRO）在金融危机之后虽有下跌，但并未触底，欧洲央行的货币政策尚有可操作空间。2014年下半年主要再融资利率跌至将近零点，这意味着欧洲央行无法继续下调其主要利率，传统的货币政策工具失效。正是在这种情况下，2014年欧洲央行为提振通胀预期采用了一系列非常规货币政策，例如购买了209亿欧元的资产担保债券（Covered Bonds）以及6亿欧元的资产支持债券（Asset - Backed Securities），推出定向长期再融资操作（Targeted Long - Term Refinancing Operation，TLTRO）与私人部门资产购买计划，但均被证明收效甚微。欧元区通货膨胀率如图4-1所示。

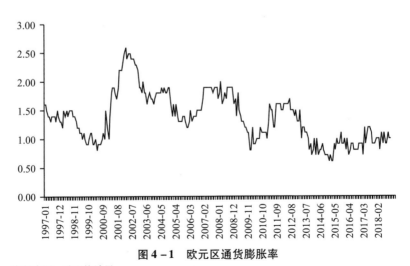

图4-1 欧元区通货膨胀率

资料来源：欧盟统计局。

出于对经济或将长期停滞的担忧，在美联储考虑转向加息周期时，2015 年 1 月 22 日欧洲央行（European Central Bank，ECB）宣布推出公共部门资产购买计划，正式实施"量化宽松"政策。此次"量化宽松"特别申明：当欧元区的通胀率回升到接近 2% 时将停止购债，反之则将延长购债期限。① 可以看出，欧洲央行"量化宽松"的主要目的便是对抗通货紧缩，维护价格稳定。欧洲央行"量化宽松"政策的推进过程如下：2015 年 3 月 1 日开始，每月收购 600 亿欧元资产，购买的资产包括各成员国公债、资产支持证券以及担保债券。2015 年 12 月，将地方政府债列入购买对象。2016 年 3 月，将非银行企业债列入购买标的，同时将资产购买规模扩大至每月 800 亿欧元。2017 年 4 月开始将购买规模恢复至每月 600 亿欧元。欧元区"量化宽松"进程见表 4 - 1。

表 4 - 1　　　　　　　　　　　　欧元区"量化宽松"进程

时间	购买标的	购买规模
2015.03	成员国公债、资产支持证券、担保债券	600 亿欧元/月
2015.12	成员国公债、资产担保证券、担保债券、地方政府债	600 亿欧元/月
2016.03	成员国公债、资产担保证券、担保债券、地方政府债、非银行企业债券	800 亿欧元/月
2017.04	成员国公债、资产担保证券、担保债券、地方政府债、非银行企业债券	600 亿欧元/月

可以看出，欧元区资产购买计划是欧洲央行"量化宽松"的主要手段，主要分为四项子计划，分别为担保债券购买计划、资产支持证券购买计划、企业部门购买计划与公共部门购买计划。其中公共部门购买计划的规模最大，是欧元区"量化宽松"的主要力量。也可以看出，欧洲央行的"量化宽松"与美联储的"量化宽松"政策存在明显不同。究其原因，主要体现在以下几个方面。

（1）金融体系不同。欧元区的金融体系长期依赖的是银行渠道，因此欧元区公司债的市场规模较小，资产支持证券与担保债券这类与实体经济更加密切相关的金融产品数量有限，这使得欧洲央行可以购买的债券量较为有限。在这种情况下，欧洲央行为提振通胀，只能选择成员国公债作为

---

① 魏民. 欧洲央行量化宽松政策：效果与影响 [J]. 国际问题研究，2016（1）：95 - 106.

"量化宽松"的主要购买标的。

（2）债券购买机制复杂。欧洲央行"量化宽松"所购买的公共部门债券为欧元区内发行、币种为欧元、债券剩余期限为 2～30 年的中长期债券。对所有符合标准的债券，还受双重"33%上限"的限制：对单只债券的购买，最多只能占其二级市场总规模的 33%；持有同一发行主体的债券总量不得超过 33%。

（3）风险分担机制复杂。公共部门债券中的 80% 由成员国中央银行自担风险，剩余的 20% 则是风险共担。在风险共担的 20% 中，12% 是各成员国中央银行购买的欧洲机构债券，8% 是欧洲央行购买的公共部门债券。

欧元区有十几个成员国，各成员国之间国债购买情况、债券市场容量甚至是发债规模情况均存在差异，个别经济体还存在购债的瓶颈问题。欧元区成员国彼此间采用统一的货币政策，在财政政策的实施方面却各自为政，面临货币统一与财政分立的矛盾。由于债券的供给情况受到财政政策的制约，因此，主权债的购买在欧盟制度框架与成员国协调等方面均存在一系列问题。货币政策的一致与财政政策的不一致还使得欧洲央行"量化宽松"的实施效果面临较大的不确定性。整体来看，欧洲央行"量化宽松"拉低了中长期利率，使通货膨胀率得以回升，欧元区货币也有所贬值。很明显的是，欧洲央行货币政策正常化的进行滞后于美联储，在美联储释放出货币政策正常化信号的同时，欧洲央行仍在强调在必要的情况下仍可延长资产购买计划以实现通货膨胀目标①。美国与欧元区货币政策动态对全球经济与金融发展具有举足轻重的意义，通过对"量化宽松"的传导机制进行分析可知，"量化宽松"政策投放的是基础货币，其对经济具有巨大的影响，因此，在美国货币政策走向正常化的预期之下，欧洲央行实施"量化宽松"在一定程度上有助于缓解因美国退出"量化宽松"而造成的全球流动性紧张的局面。

四、"量化宽松"视角的政策工具与中介目标

从"量化宽松"货币政策的传导机制与各经济体中央银行在 2008 年金融危机之后的实践可以看出，"量化宽松"货币政策是把货币政策工具

---

① 中国人民银行货币政策分析小组：中国货币政策执行报告 2017 年第四季度［R］. 中国人民银行，2018－02－14.

与传统的中介目标进行重新构造的一种创新尝试。本质上看，"量化宽松"具有公开市场操作的基本特点，其并未脱离公开市场操作的基本框架和运行机制，是在公开市场操作基础上增加了事前量化的指标，是对公开市场操作的创新和变革。"量化宽松"与公开市场操作的主要区别在于，公开市场操作可以根据经济运行的情况即时改变或者扩张或者收缩的政策方向，而"量化宽松"是事先宣布资产购买总额，通过前瞻性指引的方式刺激经济增长。尽管与公开市场操作相比，"量化宽松"缺乏了短期灵活性的特点，但由于其投放的流动性在总量上非常巨大，能够在特定的时期为经济注入强心剂。在经济运行正常的情况下，中央银行通常选择让市场机制在资源配置中发挥决定性作用，但在危机来临时仍一味地强调市场的决定性作用则是不合理的，"量化宽松"实质上是政府对经济进行的干预。由美联储与欧洲央行"量化宽松"的实践可以看出，均起到了为市场投放流动性以及拉低中长期理论的作用，但其实施效果因金融市场的不同而有所区别，其实施进展也因经济复苏进程的不同而产生了差别，美联储如今退出"量化宽松"是经济恢复正常之后让市场机制发挥作用的体现。

【专栏 4 –1】

欧洲中央银行

一、欧盟与欧元区

欧洲联盟（European Union，EU）是由 28 个欧洲国家组成的经济与政治联盟，覆盖了欧洲大陆的大部分地区。欧盟最初的雏形是 1958年创建的欧洲经济共同体（European Economic Community，EEC），它是由比利时、联邦德国、法国、意大利、卢森堡和荷兰六个国家在第二次世界大战之后为了促进经济合作而建立的经济联盟，这六个国家即欧盟的创始成员国。1993 年 11 月 1 日《马斯特里赫特条约》正式生效，欧盟正式成立，欧盟现在共有 28 个成员国。《马斯特里赫特条约》的正式生效，是欧盟正式成立的标志，不仅如此，它还为欧洲中央银行与欧洲中央银行体系（European System of Central Banks，ESCB）的建立奠定了基础，为创建欧洲单一货币铺平了道路。

时至今日，欧盟内部现已逐渐建立起货物、服务、资金可以自由流动的单一市场，欧盟已由一个纯粹的经济联盟发展成为跨气候、环境、健康等多领域的综合联盟。自由流动的概念体现在欧盟的方方面面，具有代表性的便是 1995 年开始实施的《申根协定》，取消了联盟内的边界管制，最初涉及欧盟内部的 7 个国家，现已覆盖到欧盟的绝大部分国家甚至非欧盟地区。值得注意的是，并非所有的欧盟国家都加入了欧元区，28 个欧盟成员国中，仅有 19 个国家是欧元区成员。当然，也并非所有的欧盟国家都签署了申请协议而成为申根国家。表 4 - 2 是欧盟成员国的简要介绍。

表 4 - 2　　　　　　　　　　欧盟成员国的简要介绍

国名	欧盟	欧元区	申根	国名	欧盟	欧元区	申根
奥地利	1995.01.01	1999.01.01	1997.12.01	比利时	1958.01.01	1999.01.01	1995.03.26
保加利亚	2007.01.01	非	非	克罗地亚	2013.07.01	非	非
塞浦路斯	2004.05.01	2008.01.01	非	捷克共和国	2004.05.01	非	2007.12.21
丹麦	1973.01.01	非	2001.03.25	爱沙尼亚	2004.05.01	2011.01.01	2007.12.21
芬兰	1995.01.01	1999.01.01	2001.03.25	法国	1958.01.01	1999.01.01	1995.03.26
德国	1958.01.01	1999.01.01	1995.03.26	希腊	1981.01.01	2001.01.01	2000.01.01
匈牙利	2004.05.01	非	2007.12.21	爱尔兰	1973.01.01	1999.01.01	谈判退出
意大利	1958.01.01	1999.01.01	1997.10.26	拉脱维亚	2004.05.01	2014.01.01	2007.12.21
立陶宛	2004.05.01	2015.01.01	2007.12.21	卢森堡	1958.01.01	1999.01.01	1995.03.26
马耳他	2004.05.01	2008.01.01	2007.12.21	荷兰	1958.01.01	1999.01.01	1995.03.26
波兰	2004.05.01	非	2007.12.21	葡萄牙	1986.01.01	1999.01.01	1995.03.26
罗马尼亚	2007.01.01	非	非	斯洛伐克	2004.05.01	2009.01.01	2007.12.21
斯洛文尼亚	2004.05.01	2007.01.01	2007.12.21	西班牙	1986.01.01	1999.01.01	1995.03.26
瑞典	1995.01.01	非	2001.03.25	英国	1973.01.01	非	谈判退出

2016 年 6 月 23 日英国通过全民公投作出脱离欧盟的决定。2017 年 3 月 29 日，英国通过《里斯本条约》第 50 条正式向欧盟理事会通报其打算脱离欧盟的意图。但英国目前仍然是欧盟的正式成员国，其距离正式脱离欧盟尚有一段时日。

二、欧洲中央银行、欧元体系与欧洲中央银行体系

欧洲中央银行是依据《马斯特里赫特条约》规定而成立的，成立于 1998 年 6 月 1 日，总部位于德国的法兰克福。德国、法国、意大利、荷兰、比利时、卢森堡、爱尔兰、西班牙、葡萄牙、奥地利和芬兰这 11 个欧盟成员国是首批欧元区国家，目前欧洲央行已是 19 个使用欧元的欧盟国家的中央银行，是欧洲经济一体化的产物。

欧洲中央银行是世界上第一个管理超国家货币，即欧元的中央银行，具有独立的法人资格，主要任务是维持欧元区的价格稳定，并以此保持单一货币的购买力。欧元诞生于 1999 年 1 月 1 日，并于 2002 年 7 月成为欧元区唯一的合法货币。需要注意的是，并不是所有的欧盟成员国都是欧元区国家，并且，在欧盟国家之外，另有 9 个国家和地区采用欧元作为当地的单一货币。图 4 - 2 的深色部分即是欧盟成员国中不使用欧元的国家。

图 4 - 2　欧盟及欧元区

欧洲中央银行体系由欧洲中央银行和欧盟成员国的中央银行所组成。这表明欧洲中央银行体系包括了欧洲中央银行以及所有欧盟成员国的国家中央银行，换句话说，无论这些国家是否采用欧元，均被包含在欧洲中央银行体系之内。与之相对的是欧元体系（Eurosystem）的概念，欧元体系由欧洲中央银行与欧元区国家的中央银行构成。只要欧元区之外有欧盟成员国，欧元体系与欧洲中央银行体系就会共存，欧洲中央银行是欧元体系与欧洲中央银行体系的核心。

第二节　基于"利率走廊"机制的讨论

2008 年全球性金融危机之后，利率走廊机制被很多国家的中央银行所采用，渐成潮流。近年来的《中国货币政策执行报告》也明确指出，中国将"探索利率走廊机制"。事实上，"利率走廊"机制并不是本次金融危机的产物，而是 20 世纪末中央银行货币政策工具的创新，彼时许多国家的中央银行降低或取消了法定存款准备金率，使得中央银行无法通过调整存款准备金率对利率施以控制，欧洲央行等转向了利率的"走廊"机制，取得了良好的政策效果，这种货币政策工具在 2008 年全球性金融危机后得到了进一步的发展。

一、文献综述

20 世纪末，主要发达国家中央银行的货币政策调控框架实现了从以货币供应量为中介目标的数量型向以利率为中介目标的价格型的转变（马骏、纪敏，2016）[1]。有关利率走廊机制的研究是从对加拿大中央银行在"零准备金制度"下货币政策调控的分析框架中发展而来的，当存款准备金率降低为零时，中央银行将无法对利率进行控制，加拿大、澳大利亚、新西兰等实行了"零准备金制度"的中央银行放弃了货币供应量调控转而使用利率的"走廊"机制。因此，不少文献侧重于解释利率走廊与商业银

---

① 马骏，纪敏. 新货币政策框架下的利率传导机制［M］. 北京：中国金融出版社，2016.

行存款准备金的关系（Whitesell，2006）①。使用利率走廊机制的中央银行，拥有更多的货币政策弹性。

利率走廊是中央银行通过向商业银行提供存款与贷款便利，设定的一个利率操作区间。Woodford（2001）认为无论准备金如何波动，市场利率总是能够被控制在利率走廊的上、下限之间②。Guthrie 和 Wright（2000）分析了利率走廊组成成分的作用机制，提出银行间同业拆借利率的基本模型，认为中央银行只要确定了存、贷款利率，就确定了均衡拆借利率以及拆借利率的波动范围，可以实现无货币供应量变动的利率调控③。因此，利率走廊可被中央银行用于平滑货币市场利率的波动。Bindseil 和 Jablecki（2011）通过探讨利率走廊宽度对流动性管理和隔夜利率的影响，认为走廊宽度的设定是需要解决的核心技术问题④。各个国家的中央银行通常会将目标利率设定在利率走廊的下限之上，Curdia 和 Woodford（2010）认为将目标利率设定在存款利率之上，能够消除商业银行持有准备金的无效率⑤。Berentsen 和 Monnet（2008）认为中央银行在执行特定的货币政策时，移动利率走廊并保持走廊宽度不变，与调整利率走廊宽度具有同等效果⑥。

实际操作中，"对称"利率走廊机制与"地板"利率走廊机制是利率走廊机制的两个代表性表现方式。如果目标利率与利率走廊下限比较接近，实际上就近似于"地板"利率走廊系统，"地板"走廊系统使商业银行准备金存款获得了与市场收益相同的报酬，能够促进金融系统的效率。"地板"利率走廊机制在 2008 年全球性金融危机之后被广泛采用，由于此时利率走廊下限即为目标利率，使得中央银行通过移动利率走廊下限即可调整目标利率，还可以在不改变目标利率的前提下调整准备金供给量

① Whitesell W. *Interest rate corridors and reserves* [J]. *Journal of Monetary Economics*，2006，53（6）：1177－1195.

② Woodford M. *Monetary policy in the information economy* [R]. National Bureau of Economic Research，2001.

③ Guthrie G，Wright J. *Open mouth operations* [J]. *Journal of Monetary Economics*，2000，46（2）：489－516.

④ Bindseil U，Jablecki J. *The optimal width of the central bank standing facilities corridor and banks' day-to-day liquidity management* [J]. *ECB Working Paper Series*，2011（1350）：1－35.

⑤ Curdia，Vasco，Michael Woodford. *Credit spreads and monetary policy* [J]. *Journal of Money, Credit and Banking*，2010（42）：3－35.

⑥ Berentsen A，Monnet C. *Monetary policy in a channel system* [J]. *Journal of Monetary Economics*，2008，55（6）：1067－1080.

(Keister，Martin & McAndrews，2008)[①]。因此，"地板"利率走廊模式能够实现利率政策与流动性政策相分离。非对称的利率走廊机制，可以被用来平滑商业周期的波动，将非对称的走廊机制与积极的流动性管理策略相结合，可使货币政策能够通过不同渠道影响信贷和存款利率，利率走廊机制可以被用作宏观审慎的政策工具（Binici M，Erol H，Kara A H et al.，2013)[②]。

二、"利率走廊"的传导机制

利率走廊（Interest Rate Corridor），也称利率通道（Interest Rate Channel），是中央银行调控短期利率的一种政策工具。中央银行通过为商业银行提供存款便利工具与贷款便利工具，为利率设置下限与上限，将货币市场利率控制在目标利率附近（William Whitesell，2006)[③]。典型的利率走廊如图 4 - 3 所示。

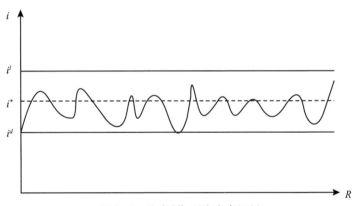

图 4 - 3　"对称"利率走廊机制

图 4 - 3 是标准的利率走廊机制，又称"对称"利率走廊。该模式下中央银行存、贷款利率与政策目标利率之间的差额相等，政策目标利率被

　　① Keister T，Martin A，McAndrews J. *Divorcing money from monetary policy* [J]. *Economic Policy Review*，2008，14（2）：41 - 56.
　　② Binici M，Erol H，Kara A H，et al. *Interest rate corridor：a new macroprudential tool?* [R]. Research and Monetary Policy Department，Central Bank of the Republic of Turkey，2013.
　　③ Whitesell W. *Interest rate corridors and reserves* [J]. *Journal of Monetary Economics*，2006，53（6）：1177 - 1195.

保持在利率走廊的中心位置。i^d 为存款便利工具的利率，当商业银行流动性充足时，可以按照存款便利工具的利率随时将存款存入中央银行，存款便利工具的利率就成为利率走廊的下限；i^l 为贷款便利工具的利率，当商业银行流动性不足时，可以按照贷款便利工具的利率随时向中央银行申请贷款，贷款便利工具的利率就成为利率走廊的上限。存、贷款便利工具的利差就是利率走廊的宽度。货币当局通过调节利率走廊的上限和下限，使货币市场利率向目标利率 i^* 收敛，通过对短期利率的调控来实现货币政策最终目标。理想中的利率走廊机制对利率能够起到自动稳定器的作用。

2008 年全球性金融危机之后，"地板" 利率走廊机制是被更加广泛采用的模式，是对标准利率走廊机制的改进。"地板" 利率走廊机制将政策目标利率设定为利率走廊的下限，实践中，如果存款便利工具的利率与目标利率非常接近，之间的宽度非常小，实际上就近似于利率走廊的 "地板" 机制①。"地板" 利率走廊机制如图 4 - 4 所示，与 "对称" 利率走廊机制不同的是，其目标利率 i^* 与利率走廊下限 i^d 重合。

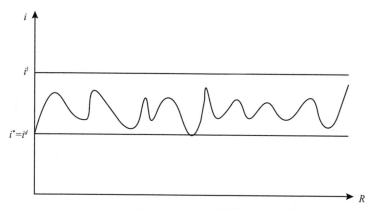

图 4 - 4 "地板" 利率走廊机制

利率走廊机制与公开市场操作均为中央银行对短期利率进行调控的货币政策工具。与公开市场操作通过买卖债券来对目标利率施加影响不同的是，利率走廊机制是通过调整存款便利工具与贷款便利工具对目标利率进行引导，使之在一个利率区间内波动。目标利率的变化会影响其他短期利

---

① 巴曙松，尚航飞. 利率走廊调控模式的演进、实践及启示 [J]. 现代经济探讨，2015 (5)：5 - 10.

率，再通过金融市场的传导使与货币政策最终目标关联更加紧密的中长期利率发生改变，最终影响宏观经济运行。利率走廊的传导机制如图 4 - 5 所示。

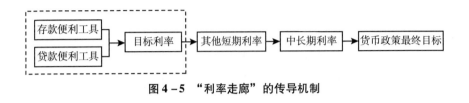

图 4 - 5 "利率走廊"的传导机制

三、"利率走廊"视角的政策工具与中介目标

欧洲央行使用存款便利利率作为利率走廊的下限，使用贷款便利利率作为利率走廊的上限；日本央行将互补存款便利利率设定为利率走廊的下限，将互补借贷便利利率设定为利率走廊的上限；美联储则将存款准备金率设定为利率走廊的下限，将贴现率设定为利率走廊的上限。欧洲与日本央行主要采用利率走廊机制对利率进行调控，而美联储则将利率走廊机制与公开市场操作结合使用。究其原因，欧洲、日本的货币政策传导以银行等间接融资渠道为主，而美国拥有发达的债券市场，以金融市场直接融资渠道为主。此外，三大央行的利率走廊机制在实施时间、实施效果、抵押品设置等方面各有不同。尽管如此，它们还是拥有共同的特点，即不再强调公开市场操作政策工具对目标利率的主要作用，而是由中央银行通过设定存款、贷款便利政策工具来对目标利率进行引导，从而实现货币政策的最终目标。

利率走廊机制本身是货币政策工具的新形式，其所调控的中介目标不再是某一个固定的点，而是由原来中央银行直接控制的单一政策利率向利率区间转变。这表明，中央银行对政策工具的选择和运用既不拘泥也不固定，总是会根据宏观经济形势的变化而创新设立更为合宜的货币政策工具，或者挖掘既有货币政策工具的潜能，使之发挥更大作用。在对货币政策工具进行创新的过程中，中央银行所调控的中介目标也随政策工具的不断丰富而改变其应用形式。对利率进行区间调控使得利率目标与其他目标能够更好地协调，中央银行可以通过利率走廊机制来影响不同的资产价格，这为中央银行的货币政策调控增加了更多的弹性。利率走廊机制有较为明确的利率目标区间，使得中央银行货币政策的透明度得到较大幅度的提高，可以增强公众对货币当局的信任度。

【专栏4-2】

零准备金制度与利率走廊机制

标准的利率走廊是一种无准备金要求的对称利率走廊系统，最早实行利率走廊机制的加拿大、新西兰、澳大利亚、瑞典、瑞士等国家的中央银行均实行了零准备金制度。由于准备金制度要求商业银行以库存现金或者以在中央银行存款的形式持有一定数额的非生息资产，准备金便成为商业银行需要额外负担的"准备金税"。实行零准备金制的国家，不再要求商业银行计提和保持准备金，也不要求商业银行在中央银行账户上留有结算资金余额①。零利率制度的一个必然结果便是，追求成本最小化的商业银行总是会将结算资金余额降低为零，换句话来说，商业银行不会依赖中央银行的资金，而会选择在拆借市场筹集资金，并且将多余的资金投放到拆借市场中去。这种制度带来的另外一个结果便是，不仅每家银行都努力保持结算资金余额为零，整个银行系统的结算资金余额也被保持为零。

因此，不难理解，实行零准备金制度的中央银行总是使用利率走廊机制来对利率进行调节。在零准备金制度下，商业银行为保持在中央银行账户上的结算资金余额为零，就会做如下选择：如果银行间拆借利率低于中央银行的存款利率i^d，有多余资金的商业银行就会将资金存入中央银行；如果银行间拆借利率高于中央银行的贷款利率i^l，资金短缺的商业银行就会向中央银行贷款。这就使得银行间拆借利率被控制在中央银行的存款利率i^d与中央银行的贷款利率i^l之间。中央银行不需要借助其他的政策工具，通过调整存款利率i^d与贷款利率i^l便可以对目标利率进行调控。这就形成了利率走廊，存款利率i^d是走廊的下限，贷款利率i^l是走廊的上限。如图4-6所示，横坐标表示结算资金余额，也就是商业银行在中央银行的准备金；纵坐标表示利率。当银行间拆借利率

---

① 胡海鸥，贾德奎. 加拿大零准备金制度的利率调控机制及其启示 [J]. 上海经济研究，2005（5）：56-61.

位于存款利率 i^d 与贷款利率 i^l 之间时，商业银行的结算资金需求为零，对应图4-6中的 BC 段；当银行间拆借利率与中央银行贷款利率 i^l 相等时，商业银行的结算资金需求为负，此时商业银行在拆借市场上拆出资金的收益较大，因此不会留有结算资金余额，对应图4-6中的 AB 段；当银行间拆借利率与中央银行存款利率 i^d 相等时，商业银行的结算资金需求为正，此时商业银行在拆借市场上借入资金的成本低，因此会持有无穷大的结算资金余额，对应图4-6中的 CD 段。

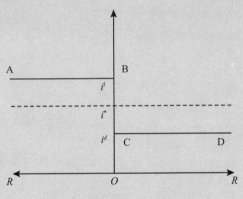

图4-6　零准备金制与利率走廊

由图4-6可以看出，商业银行为了保持结算资金余额为零，通常会使银行间拆借利率在中央银行存款利率 i^d 与贷款利率 i^l 之间波动，利率走廊机制将市场利率的波动幅度锁定，有利于经济的稳定发展。值得注意的是，实施零准备金制度，需要商业银行接受中央银行的利率调控信号，即跟随中央银行公布的利率而调整拆借利率。零准备金制度与利率走廊机制对已经进入利率市场化阶段，但金融市场仍未发展成熟的中国，是十分有借鉴意义的。

第三节　基于通货膨胀目标制的讨论

2008年的金融危机之后，除了既有的实行通货膨胀目标制的中央银行之外，美联储采用了"有弹性"的通货膨胀目标制（English W B，López -

Salido J D, Tetlow R J, 2015), 这表明通货膨胀目标制被持续关注①。事实上, 通货膨胀目标制与利率走廊机制一样, 并不是本次金融危机的产物, 而是20世纪末中央银行货币政策的创新, 为了解决货币政策的时间不一致性以及通货膨胀偏差, 通货膨胀目标制就此诞生 (Walsh, 1999)②。实践中, 通货膨胀目标制具有的 "受约束的相机抉择" 的特点为货币政策提供了更多的灵活性。

一、文献综述

由于通货膨胀率的稳定是宏观经济稳定的重要保障, 不少学者认为货币政策首要的长期目标是控制通货膨胀, 而不是试图通过货币政策达到产出增长和就业稳定的目的, 通货膨胀率由此被引入中央银行货币政策制定的损失函数中 (Friedman, 1956)③。通货膨胀目标制不是一个简单的规则, 而是一个货币政策框架, 是迄今为止讨论最广泛的目标制框架。通货膨胀目标制下, 中央银行不但要预先公布明确的通货膨胀目标区间, 还需积极与政府以及公众进行沟通, 需要定期对当前的通货膨胀状况进行通报、对中央银行的应对措施进行解释。从这一点来看, 通货膨胀目标制可以提高货币政策的透明度和责任感。

总体来讲, 通货膨胀目标制能够起到以下作用。

(1) 理论上, 通货膨胀目标制能够有效提高货币政策的透明度, 增强中央银行的责任心, 这有利于增强公众对货币政策的信心, 有利于公众对货币政策进行评估。

(2) 采用通货膨胀目标制的国家, 可以使产出水平在经历暂时性的下降之后, 随着公众预期的形成而恢复至潜在产出水平, 也就是说通货膨胀目标制可以在不付出产出损失的成本的前提下, 有效降低通货膨胀率 (McCallum, 1997)④。对新兴市场国家的实证结果表明, 通货膨胀目标制

---

① English W B, López – Salido J D, Tetlow R J. *The Federal Reserve's framework for monetary policy*: *Recent changes and new questions* [J]. *IMF Economic Review*, 2015, 63 (1): 22 – 70.

② Walsh C E. *Announcements*, *inflation targeting and central bank incentives* [J]. *Economica*, 1999, 66 (262): 255 – 269.

③ Friedman, Milton, ed. *Studies in the quantity theory of money* [M]. Chicago: University of Chicago Press, 1956.

④ McCallum Shirakawa B T. *Inflation targeting in Canada*, *New Zealand*, *Sweden*, *the United Kingdom*, *and in general* [M]//Towards more effective monetary policy. Palgrave Macmillan, London, 1997: 211 – 252.

成功地发挥了稳定通胀预期的"名义锚"作用，能够更大幅度地降低物价水平及其波动幅度，对产出波动的影响更小，公众对长期通货膨胀预期更低且更稳定（Jonas & Mishkin，2003）①。

（3）通货膨胀目标制可以使货币政策调控的规则性与灵活性实现统一。较好的政策灵活性能够对产出起到稳定作用，通货膨胀目标制的主要功能是为中央银行向公众传达对价格稳定的长期承诺，同时保留短期政策"相机抉择"的灵活性。

（4）通货膨胀目标制可使中央银行的货币政策目标独立性与工具独立性得以相容。

Debelle 和 Fischer 在 1994 年即提出，应对央行的货币政策目标独立性与工具独立性进行区分。采用通货膨胀目标制的中央银行可以自由设定政策目标，包括决定是否采用通货膨胀目标制，以及采用何种形式的通货膨胀目标制，中央银行由此拥有较大的政策目标独立性②。在政策工具独立性方面，政策目标由政府单独设定或由政府与中央银行商定，但中央银行对政策工具的设定单独负责。政策工具独立性能够最小化短期政策干预的影响，最大化中央银行的责任，同时把货币政策最终目标部分地留给民主程序。

通货膨胀目标制可以较好地实现对通胀预期的关注和管理，有效降低通货膨胀水平。无论是理论上还是实践中，通货膨胀目标制被证明既能够稳定价格，又能够稳定产出，是一个合理可行的货币政策调控框架。实践中，实行了通货膨胀目标制的 20 多个国家至今没有一个放弃而另寻他径。尽管如此，各个国家的中央银行在通货膨胀目标制的框架设计及实践操作上仍然存在一些分歧。主要体现为以下两个方面：一是实行通货膨胀目标制的中央银行，对于究竟是宣布单一的点目标还是实行以中间点为中心的区间目标存在争论；二是采用区间目标的中央银行，对通货膨胀目标区间的宽度也有争议。这是因为，在中央银行宣布目标区间的情况下，相对较窄的区间能够更好地传达中央银行的政策意图。但是较窄的区间会降低中央银行对确定事件的反应能力，中央银行的灵活性也因此降低。

2008 年金融危机之后，经济学家对货币政策规则进行了深入的反思，主

① Jonas J, Mishkin F S. *Inflation targeting in transition countries：Experience and prospects* [M]. National Bureau of Economic Research, 2003.

② Debelle G, Fischer S. *How Independent Should a Central Bank Be?* [J]. *Working Papers is Applied Economic Theory*, 1994（6）：195–221.

要包括传统通货膨胀目标制和"泰勒"规则的缺陷以及改进方向。Benes J、Berg A、Portillo R A 等（2015）通过建立开放经济条件下的新凯恩斯主义模型，分析了通货膨胀、产出和汇率之间的关联性，认为通过外汇干预将通货膨胀目标制和一定程度的外汇管理相结合是非常有利的①。Woodford M（2013）对通货膨胀目标制的"前瞻性指引"作用给予了特别关注，认为当政策利率到达下限时，通货膨胀目标制即成为引导通货膨胀预期以及限定失业率的具有"前瞻性指引"功能的货币政策工具②。Kumar S、Afrouzi H 等（2015）的研究认为公众通常并不太清楚中央银行的货币政策目标，因此通货膨胀目标制并不能够锁定通货膨胀预期③。整体来说，尽管通货膨胀目标制和"泰勒"规则存在一定的缺陷，但这并不妨碍利率规则作为货币政策的主要调控依据。

二、通货膨胀目标的传导机制

通货膨胀目标制是一种以保持较低和平稳的通货膨胀率为目标的货币政策调控框架，这种货币政策框架在货币政策工具与货币政策最终目标之间不再设立中介目标。可以认为，通货膨胀目标制是对传统货币政策调控框架的重大改变，它是一个"受约束的相机抉择"的政策框架。通货膨胀目标制结合了传统上"赋予规则"与"相机抉择"的优点，在硬性规则的约束与相机抉择方法的灵活性之间达成妥协。"相机抉择"是指中央银行在短期经济的干扰之下，也能够使产出水平与就业水平保持稳定，中央银行可以腾出精力来更多地关注经济结构的变化和决策的效益。"受约束"则是指中央银行的相机抉择并不是没有制约，而是建立在中央银行对调控通货膨胀与维持通货膨胀预期保持承诺的基础之上。通货膨胀目标制中，稳定物价将被作为货币政策首要的、长期的目标，中央银行对未来的长期通货膨胀进行预测，并将预测目标对公众公开。中央银行可以区分长期通货膨胀目标和短期通货膨胀目标，通过调整短期目标接近长期目标的速度，在保持中央银行对长期价格稳定的承诺的同时，能够降低通货膨胀的

　　① Benes J，Berg A，Portillo R A，et al. *Modeling sterilized interventions and balance sheet effects of monetary policy in a New - Keynesian framework* [J]. *Open Economies Review*，2015，26（1）：81 - 108.
　　② Woodford M. *Macroeconomic analysis without the rational expectations hypothesis* [J]. *Annual Review Economic*，2013，5（1）：303 - 346.
　　③ Kumar S，Afrouzi H，Coibion O，et al. *Inflation targeting does not anchor inflation expectations*：*Evidence from firms in New Zealand* [R]. National Bureau of Economic Research，2015.

实际成本，减少产出波动①。

通货膨胀目标制中，中央银行可以自由运用各种货币政策工具或者工具组合来进行货币政策调控，中央银行拥有非常大的货币政策工具制定与工具运用的独立性。这种货币政策调控框架下，货币政策工具与最终目标之间将不再设立中介目标，换句话说，实施通货膨胀目标制的中央银行可以使用任意的中介目标。这便意味着，中央银行可以灵活地对货币政策工具进行选择，只需要根据通胀预测值的变化，将通货膨胀值向预定的目标值或者是向预定的目标区间引导。这种灵活的货币政策调控方式可以解决数量传导渠道中难以解决的货币乘数不稳定或者是货币流通速度不稳定等问题。通货膨胀目标制为货币政策提供了一个"名义锚"，在"名义锚"牢固确立的情况下，通货膨胀目标制相当于为货币当局在制定货币政策时施加了约束，强化了货币当局的责任，这能够改善货币政策决策者和公众之间的沟通②。图4-7是通货膨胀目标的传导机制。

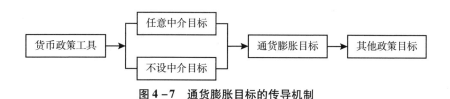

图4-7　通货膨胀目标的传导机制

综上所述，不难理解通货膨胀目标制将带来以下优点：①可以减少公众对中央银行个别政策措施的注意，把公众的注意力引向关注央行对货币政策调控的长期策略上来，有助于帮助公众了解货币政策能够做什么，而不是关注货币政策不能做什么，这无疑能够增加货币政策实施效果的稳健性。②实施通货膨胀目标制可以迫使中央银行增强货币政策透明度，透明度的增加能够为市场提供更多关于货币政策历史、现状及政策思路的信息，减少公众因试图猜测中央银行下一步行动而付出的成本，使公众能够更为理性地对未来作出规划，提高社会经济效率。透明度的增加还能够减轻金融与经济的不确定性，使中央银行与公众的沟通更为通畅，有助于消除货币政策的人为化特征。③通货膨胀目标制能够提高中央银行灵活应对经济冲击、应

---

① Svensson L E O. *Inflation targeting: some extensions* [J]. *Scandinavian Journal of Economics*, 1999, 101 (3): 337-361.

② ［美］伯南克. 通货膨胀目标制：国际经验［M］. 孙刚，等译. 大连：东北财经大学出版社，2006.

对金融不稳定的能力，使中央银行在不牺牲稳定通货膨胀的长期目标的前提下能够实现货币政策意图。一旦中央银行展现出这种能力，并且公众已经意识到稳定通货膨胀对经济增长的好处，公众将非常愿意接受这一方法。④通货膨胀目标制前瞻性的特点可以减弱货币政策顺周期的程度，如果公众对通货膨胀的预期较低，此时即使发生通货膨胀也会很快稳定下来。

三、通货膨胀目标制视角的政策工具与中介目标

从通货膨胀目标制的原理、传导机制及各国央行的实践来看，其对货币政策工具与货币政策中介目标的选择并无明确的规定，通货膨胀目标制所关注的是是否能够实现长期价格稳定目标。"受约束的相机抉择"的特点给予了实行通货膨胀目标制的中央银行更多的货币政策灵活性。通货膨胀目标制使得中央银行可以拥有货币政策工具制定与运用的独立性，中央银行可以自由运用各种货币政策工具或者工具组合来实现货币政策的最终目标。由于中央银行对于选用哪种政策工具实现货币政策目标具有最佳的信息和专业的知识，中央银行应该享有货币政策工具的独立性，这也是中央银行独立性得以增强的一种体现。

大多数采用通货膨胀目标制国家的中央银行将货币政策目标直接盯住通货膨胀"名义锚"，但也有不少变形的使用，比如德国和瑞士的中央银行仍然同时采用货币供应量作为中介目标，美联储则并未放弃联邦基金利率中介目标。这表明，通货膨胀目标制中，中央银行给予了物价稳定这一货币政策最终目标以更多的关注，这使得中央银行对于货币政策工具以及中介目标的选择具有更多的灵活性，中央银行总是可以依据经济形势的变化来决定选择哪种政策工具或者是工具组合，决定是否需要中介目标，或者选择哪种中介目标来实现政策最终目标。现实中，大多数国家中央银行的货币政策总是服务于经济增长、物价稳定等多重目标的，通货膨胀目标制是在货币政策存在复合最终目标时，把通货膨胀与其他目标的优先次序和关系进行重新界定，使得通货膨胀既可作为中介目标，又可作为最终目标，这也是货币政策中介目标与最终目标之间的演变。

第四节 基于"负利率"政策的讨论

尽管以"量化宽松"为代表的"非传统"货币政策已为全球释放了

大量的流动性，世界经济增长依旧乏力。与美联储启动货币政策正常化步伐不同的是，部分发达国家在宽松货币政策之后仍然存在通货紧缩、经济下行的现象，瑞典、丹麦、瑞士、日本和欧洲五大央行启用了更加宽松的"负利率"（Negative Interest Rate Policy，NIRP）货币政策，这是传统货币政策理论所无法想象的（Nielsen，2016）[①]。

一、文献综述

随着 2009 年瑞典中央银行将隔夜存款利率下调到 - 0.25%，"负利率"政策进入公众的视野不过几年时间。"负利率"政策是一场前所未有的货币政策实践，是对"量化宽松"的继续深化，"负利率"的提出超出了经济学家的想象（徐奇渊，2016），是中央银行为防止出现通货紧缩，稳定经济增长而进行的更加大胆的创新和尝试[②]。"负利率"政策所说的"负利率"，并不是指通常意义上的实际利率为负，即并不是因通货膨胀而引起的实际利率为负；"负利率"也不是指居民存款利率为负，即并不是指商业银行对普通储户收取利息费用。"负利率"是 2008 年全球性金融危机以后发达经济体为刺激实体经济复苏而采用的一种非传统货币政策，专指中央银行对商业银行存放于中央银行的部分存款收取的惩罚性利率，是中央银行对商业银行的超额准备金等存入款项收费，"负利率"政策仅涉及中央银行与商业银行两个行为主体（吴秀波，2016）[③]。中央银行通过对商业银行的超额准备金收取费用，可以迫使商业银行减少在中央银行的存款，鼓励商业银行将资金用于增加商业贷款等方面，以实现刺激实体经济增长。可以看出，"负利率"政策针对性明显，有助于释放金融体系内的流动性（汪川，2016）[④]。

理论上，"负利率"政策使中央银行可以突破货币政策"零利率"下限的约束，也可以不受"量化宽松"的限制进一步压低短期利率，通过拉低整条收益率曲线来压低中长期利率，"负利率"政策能够起到一定的扩

① Nielsen T. *From anarchy to central bank policy*：*silvio gesell*，*negative interest rates and post-crisis monetary policy* [D]. Sweden：Lund University，2016.

② 徐奇渊. 负利率政策：原因、效果、不对称冲击和潜在风险 [J]. 国际经济评论，2016（4）：108 - 114.

③ 吴秀波. 海外负利率政策实施的效果及借鉴 [J]. 价格理论与实践，2016（3）：17 - 23.

④ 汪川. 负利率的理论分析与政策实践 [J]. 银行家，2016（4）：46 - 49.

张作用（Yuzo Honda，2016）①。"负利率"政策可以刺激商业银行进行放贷活动，促使商业银行将资金注入实体，通过促进信用扩张、增加居民财富等方式刺激实体投资、消费和经济增长。换句话说，"负利率"政策能够促使储蓄转化为投资，为市场创造通货膨胀预期，以此来刺激经济增长（Yasushi Kinoshita，2016）②。孟阳（2016）的研究表明，"负利率"政策能够推动货币市场利率下调，并对压低中长期利率有明显效果，但对投资和消费的刺激作用有限③。主要原因在于：①"负利率"政策是通过刺激商业银行扩大信贷投放来支持实体经济发展，这会导致资金流向效率较低的企业，也就是说，"负利率"政策并不确保使资金实现优化配置。②"负利率"政策会扭曲资产价格的结构，例如，扭曲债券等投资品的价格结构，扭曲外汇储备的币种结构，进而扭曲宏观经济结构。③"负利率"政策会刺激资产价格上涨，从而增加金融业的不稳定因素。更为重要的是，2008年金融危机后的宽松货币政策并没有使得实体经济得以复苏，这难免会使公众对中央银行货币政策调控的能力缺乏信心。

尽管各国推行"负利率"政策的具体原因有所差别，但无外乎以下两点：一是从国内层面考虑，"负利率"政策可以刺激消费与投资，提高通货膨胀率，巩固将通货膨胀预期作为价格及工资制定的"名义锚"（莫滕·本奇、艾泰克·马尔霍佐夫，2016）④。欧洲央行、日本央行、瑞典央行实行"负利率"政策便是基于这个目的。二是从国际层面考虑，"负利率"政策是在开放经济条件下应对大规模国际投机性资金流入的一种有效办法（贺力平，2015），可以稳定本币币值，平衡国际收支（娄飞鹏，2016）⑤⑥。瑞士央行和丹麦央行实行"负利率"政策的直接动机便是基于持续的资本流入与货币升值的压力。实施"负利率"的中央银行对政策调控的存款范围规定并不相同，主要有两种方式：一种是对所有超额准备金征收"负利率"，如欧洲央行和瑞典央行；另一种

---

① Honda Y. *On the Effects of A Negative Interest Rate Policy* [J]. *Discussion Papers in Economics and Business*，2016（12）：16 – 32.

② Kinoshita Y. *The Current Situation in the Japanese Economy and its Financial Markets – What is the Effect of the Negative Interest Rate?* [J]. *Occasional Paper Series of Center on Japanese Economy and Business*，2016，75（5）：1 – 12.

③ 孟阳. 负利率政策：背景、现状、影响及评价 [J]. 债券，2016（4）：67 – 73.

④ ［美］莫滕·本奇，艾泰克·马尔霍佐夫. 中央银行如何实施政策负利率 [J]. 吴婕，译. 国际金融，2016（5）：28 – 36.

⑤ 贺力平. 瑞士央行负利率政策的来龙去脉 [J]. 国际金融，2015（4）：3 – 7.

⑥ 娄飞鹏. 国外央行实施名义负利率政策的原因与利弊分析 [J]. 金融发展研究，2016（7）：45 – 51.

是设定分级利率，仅对超出部分的超额准备金征收"负利率"，如丹麦央行、瑞士央行和日本央行。各国于 2008 年金融危机后推行"负利率"政策的时间也各不相同，依次为瑞典央行、丹麦央行、瑞士央行、欧洲央行和日本央行。不同国家的政策效果也有所不同，丹麦央行在稳定汇率、瑞典央行在提升物价水平方面取得了较好的效果；瑞士央行、欧洲央行和日本央行的政策效果并不明显。从短期来看，中央银行通过"负利率"政策向市场表达了进一步货币宽松的决心，但"负利率"政策的效果如何，取决于流动性是否能够进入实体经济（伍聪，2012）[①]；从长期来看，"负利率"政策似乎无法持续，结构调整和技术进步才是决定经济是否能够复苏的关键因素（张慧莲，2016）[②]。"负利率"政策的实施效果具有较大的不确定性，其作为一项前所未有的金融创新，对其有效性的客观评价尚需时日。

二、"负利率"政策的传导机制

2007—2008 年美国爆发的"次贷危机"使欧洲经济受到波及，2010 年希腊爆发的主权债务危机在欧洲蔓延，欧洲经济再次受到重创。随着瑞典央行首次实施"负利率"政策之后，欧洲央行也将政策利率下调为负；丹麦、瑞士和日本的中央银行则设置了包含负利率的分级利率体系[③]。自费雪于 1896 年最早提出"零利率下限"（Zero Lower Bound，ZLB）问题，学界对是否能够突破"零利率下限"一直争论不断，本次金融危机后的"量化宽松"政策是针对"零利率下限"的创新举措，而"负利率"政策则被认为是"量化宽松"政策的加强版本，颠覆了传统货币理论的认知，引起了较为广泛的讨论。尽管"负利率"政策的实施效果尚不明朗，各国实施"负利率"政策的具体方式也有所不同，但政策实施的最终目的都是为了鼓励商业银行对外贷款或投资，迫使流动性进入实体经济，从而刺激经济增长。

在实施"负利率"政策的五大央行中，瑞典央行与欧洲央行直接将政策利率下调为负，丹麦央行、瑞士央行与日本央行则设置了分级利率体

① 伍聪．"负利率"问题研究的演进与新进展［J］．经济理论与经济管理，2012（9）：55 - 63.
② 张慧莲．负利率能否帮助全球经济走出困境［J］．金融与经济，2016（4）：35 - 39.
③ 马理，李书灏，文程浩．负利率真的有效吗？——基于欧洲央行与欧元区国家的实证检验［J］．国际货币评论，2018（5）：57 - 76.

系。尽管"负利率"政策的表现形式多样，其实质却是相同的，"负利率"所说的利率是金融机构缴存中央银行的超额存款准备金比率，换句话说，"负利率"政策即是中央银行对商业银行的超额存款准备金征收负利率。通常，超额准备金率的降低将引起商业银行的信用扩张，使基础货币与货币乘数变大，这会引发货币供应量的成倍增长。与此同时，对超额准备金收费将引导银行间市场的利率落入负区间，直接降低银行间市场的利率水平、资金的成本，经过金融市场的传导，将对中长期利率有明显压低的效果。综合可见，货币供应量即流动性的增加，以及中长期利率的降低，将预防经济陷入通货紧缩周期，也能阻止本币升值以维持出口。"负利率"政策的传导机制如图4-8所示。

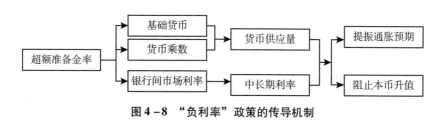

图4-8 "负利率"政策的传导机制

中央银行希望通过"负利率"政策将更多资金引导至信贷市场，以此降低企业和家庭贷款的成本、推动贷款需求、刺激投资消费，从而盘活实体经济，预防宏观经济陷入进一步萧条。相对于其他货币政策工具而言，"负利率"政策还具有可以调整中央银行负债结构的作用。尽管"负利率"政策的设计初衷是希望能够对实体经济起到提振作用，但无疑也折射出中央银行对未来经济增长和物价水平的悲观预期，存在不少潜在风险，主要体现在以下几个方面：①如果中央银行长期采取"负利率"政策，利差的收缩甚至消失会给银行业带来巨大压力，银行利润或将被侵蚀。②"负利率"政策会使得正常的市场定价机制受到干扰，市场风险偏好被抬高、公众通胀预期会抬升，各国货币竞相贬值也会为全球金融时代带来动荡因素。③中央银行若持续采用"负利率"政策不断为市场注入更多的流动性，可能会改变公众预期并形成扭曲效应，对实体经济的作用会逐渐减弱，其长期对宏观经济的影响具有较大的不确定性，未来或可出现货币政策用尽的可能。因此，实施"负利率"政策究竟是货币政策的大胆创新还是误入歧途，尚需等待实践的检验。

三、"负利率"视角的政策工具与中介目标

从"负利率"政策的传导机制和五个经济体的中央银行在 2008 年金融危机后的实践可以看出，"负利率"政策主要是通过调整超额存款准备金率来刺激实体经济发展，"负利率"政策也是将货币政策工具与传统的中介目标进行重新构造的一种创新尝试。与"量化宽松"政策所投放的资金可能只显示在商业银行资产负债表上、仅仅推动资产价格的上涨、并不一定会流向实体经济相比，"负利率"政策的影响主要集中于金融机构，通过对商业银行的超额存款准备金收费的方式来迫使其为金融体系释放出更多的流动性，换句话说，即是鼓励商业银行将更多的资金配置到信贷市场中去。尽管"负利率"偏离了传统凯恩斯和货币主义对利率的基本阐释，但仍然是对传统利率工具的拓展运用，"负利率"政策的后续影响和效应究竟如何，还需要进一步观察。

再由实施"负利率"政策的主体来看，均为传统意义上的"银行主导型"的国家和经济体，他们的共同特征是通过银行渠道的间接融资占比较高，债券市场的影响力相对有限。这就很好地解释了为何这些经济体倾向于选择银行作用更加明显的超额准备金率来作为政策工具，而金融体系更加发达、直接融资占比较高的美国却选用"量化宽松"，也即拓展的公开市场操作来作为危机期间的主要政策工具。当然，美国经济的恢复情况相较欧洲与日本来说，较为稳健，这也是其不会使用"负利率"政策的原因。"银行主导型"的国家和经济体传统上较为重视货币供应量指标的中介作用，通过对超额准备金率征收费用，可以增加基础货币、放大货币乘数，对货币供应量的增加起到了直接的推动作用。当然，"负利率"政策对超额准备金收费直接降低了银行间市场的利率水平，对于中长期利率也有明显的压低效果①。

【专栏 4 - 3】

基础货币与货币乘数

无论是法定存款准备金还是超额存款准备金，都是基础货币的组成

---

① 汪川．负利率的理论分析与政策实践［J］．银行家，2016（4）：46 - 49.

部分。基础货币是整个银行体系能够得以创造存款货币的基础，通过货币乘数的作用，基础货币的变动能够引发货币供应量同向并且成倍的收缩或者扩张。从这个意义上说，超额存款准备金的变动将会对市场的流动性起到重要的影响。基础货币的构成可表示为

$$基础货币 = 流通中的现金 + 法定准备金 + 超额准备金 \quad (4-1)$$

由式（4-1）可以看出，基础货币由流通中的现金、法定准备金和超额准备金三部分组成。这三部分中，流通中的现金游离在金融体系之外，法定准备金被中央银行锁定，因此，超额准备金从根本上决定了金融机构的资产扩张能力，是流动性的表示。正是基于这样的考虑，中央银行通过对超额准备金征收负利率，可以引导商业银行减少其存放在中央银行的超额准备金。换句话说，中央银行通过"负利率"政策可以迫使商业银行将资金投入到实体经济中去，为市场释放出更多的流动性。

超额准备金率的变动，除了影响基础货币的规模之外，对货币乘数也起到了较大的影响。货币乘数是在基础货币基础上，通过商业银行贷款和发行债券等方式产生派生存款而形成的信用扩张倍数，货币乘数意味着商业银行通过基础货币创造货币存款的能力，货币乘数决定了货币供给扩张能力的大小。货币乘数的基本计算公式可表示为

$$货币乘数 = \frac{货币供给}{基础货币} \quad (4-2)$$

由于货币供给是流通中的现金与存款的总和，基础货币是流通中的现金、法定准备金与超额准备金的总和，式（4-2）可以改写为

$$货币乘数 = \frac{货币供给}{基础货币} = \frac{现金 + 存款}{现金 + 法定准备金 + 超额准备金} \quad (4-3)$$

对式（4-3）等号右边的分子与分母同时除以"存款"，可得

$$货币乘数 = \frac{\dfrac{现金}{存款} + 1}{\dfrac{现金}{存款} + \dfrac{法定准备金}{存款} + \dfrac{超额准备金}{存款}} \quad (4-4)$$

式中，现金与存款比可由 R_c 表示，法定准备金与存款比可由 R_d 表示，超额准备金与存款比可由 R_e 表示，则货币乘数可以表示为

$$货币乘数 = \frac{R_c + 1}{R_c + R_d + R_e} \quad (4-5)$$

由式（4-5）可以看出，超额准备金率与货币乘数成反比，超额准备金率越低，货币乘数则越高。因此，不难理解实施"负利率"政策的经济体将会拥有较高的货币乘数。

中央银行对于货币政策工具与中介目标的选择非常关键，决定了货币政策最终目标能否被顺利实现，各个国家的中央银行总是会根据经济形势的变化与金融形势的发展，对货币政策工具进行创新、对货币政策中介目标进行调整。2008 年全球性金融危机之后各国中央银行关于货币政策工具与中介目标的创新运用更是引起了广泛的关注。"量化宽松"政策、"负利率"政策、"利率走廊"机制与通货膨胀目标制均是中央银行对传统货币政策工具与中介目标重新构造的创新尝试。经济学家们还发现，前瞻性指引对货币政策传导来说至关重要（Gertler M，Karadi P，2015）[1]。2008 年金融危机后各国央行的种种创新在一定程度上超出了传统经济学家的想象，在全球经济一体化的时代，各国央行货币政策的实践是相互映照的，货币政策理论因此愈发交融发展。应该注意的是，金融危机期间与金融危机之后，各国中央银行采用了各种前所未有的货币政策，延缓了危机的蔓延，这无意暴露出传统货币政策框架的不足，但并不是说传统的货币政策均要被舍弃（Woodford，2014）[2]。

"量化宽松"和"负利率"政策是在短期利率降低至零，中央银行无法通过继续下调短期利率来刺激经济增长时启用的创新货币政策工具。此时金融市场不完美，短期利率无法下调、短期利率向中长期利率传导也会遇到阻碍，各国央行的主要思路集中于放弃对短期利率的调控，转而采用政策工具直接作用于中长期利率来刺激实体经济复苏。2008 年金融危机之后发达国家央行使用的"量化宽松"政策，具有公开市场操作的基本特点，在公开市场操作的基础之上增添了事前的量化指标，即事先宣布资产购买的总额，中央银行通过这种方式对经济进行了一定程度的直接干预，"量化宽松"政策对长期国债的大规模购买能够直接降低长期利率，以此来刺激经济增长。继"量化宽松"之后，欧洲央行等启动了更加宽松的"负利率"政策，主要思路是通过对超额准备金收费的方式，迫使商业银

---

①　Gertler M, Karadi P. *Monetary policy surprises, credit costs, and economic activity* [J]. *American Economic Journal: Macroeconomics*, 2015, 7 (1): 44 -76.

②　Woodford M. *Monetary policy targets after the crisis* [M]//George A. *What Have We Learned? Macroeconomic Policy After the Crisis*. Cambridge: The MIT Press, 2014: 55 -62.

行为实体经济投放出更多的流动性，同时压低长期利率。

也有国家的中央银行使用利率走廊机制，利率走廊机制弱化了公开市场操作工具的作用，中央银行通过使用存款便利工具为利率走廊设定下限，使用贷款便利工具为利率走廊设定上限，引导目标利率在走廊区间内浮动。"利率走廊"机制所调控的中介目标由原来中央银行的单一政策利率向利率区间转变，这为中央银行的货币政策调控增加了更多的弹性。2008 年金融危机之后的利率走廊机制，是对诞生于 20 世纪末的利率走廊机制的拓展运用，启用了利率走廊的"地板"模式，"地板"利率走廊即将目标利率设定为利率走廊的下限，这种模式可以使中央银行的利率决策与流动性供给决策相互独立、互不干扰，可以实现无货币数量变动的利率调控，使央行可以在不引起市场利率大幅度波动的情况下，为市场提供大量的流动性，成为当今世界很多国家的选择，为我国货币政策由数量型为主向价格型为主转变提供了很好的思路。美联储也使用了利率走廊机制的部分功能。还有国家的中央银行采用更加灵活的通货膨胀目标制，通货膨胀目标制所具有的"受约束的相机抉择"特点，使得货币政策更加具有自主权衡的特征，在金融危机后被继续关注。

各国中央银行关于货币政策工具与中介目标的种种创新尝试均表明，中央银行原有的调控方法正在发生变形，现今中央银行拥有丰富的货币政策工具，可以灵活运用多种工具组合，对货币政策中介目标进行调整来为促进实体经济发展服务。由于中国宏观经济基本面运行平稳，货币市场利率走向良好，无须采用发达国家央行于金融危机之后创新发展的"非传统"货币政策。尽管我国法律规定的货币政策最终目标是"保持货币币值的稳定，并以此促进经济增长"[1]，在实际操作中，通常还要兼顾充分就业与国际收支平衡目标，货币政策还要与财政政策相配合来扩大内需、保持人民币汇率稳定、防止资产价格泡沫和防范金融风险。货币政策的多重目标性使得通货膨胀目标制在中国的现阶段并不适用。尽管各国经济复苏进展并不相同，当今世界仍面临很多不确定性的因素，但发达国家央行的诸多创新为中国的货币政策提供了很好的思路，货币当局应该根据中国经济与金融形势发展，有选择地借鉴国际经验。

---

① 《中华人民共和国中国人民银行法》（2003 年）第 3 条对我国货币政策的最终目标进行了明确规定。

第五章

货币政策工具创新与资产负债表变化：中美比较

2008 年全球性金融危机过去已有十年，世界经济又出现了许多新情况和新变化：民粹主义高涨、逆全球化浪潮兴起、"黑天鹅事件"频发、"灰犀牛式危机"汇聚、保护主义和孤立主义明显抬头。在全球经济形势不确定性增强、高度复杂多变的大环境下，发达经济体的经济复苏进程与货币政策已出现分化：欧盟等经济体由于复苏缓慢，其中央银行实施更加宽松的"负利率"政策；美国经济温和增长，美联储则于 2017 年 6 月公布了缩减资产负债表计划的路线图，货币政策已开始趋于正常化。与美联储开始收缩资产负债表规模相似的是，中国人民银行近年来也有"缩表"的行为，中央银行资产负债表的扩张与收缩，会引起市场关于流动性扩张与收缩的猜测，主要国家央行的"缩表"现象使得各界对中央银行资产负债表的关注度与日俱增。因此，对美联储与中国人民银行在 2008 年金融危机后对货币政策工具的创新进行介绍，对中央银行扩张与收缩资产负债表的原因及背后逻辑进行比较是非常有必要的。鉴于 2017 年 7 月的中央金融工作会议将金融稳定放在一个极高的位置，对中央银行货币政策工具创新与资产负债表变化进行冷静与客观的看待，能够强化市场信心，有利于促进金融稳定发展。

第一节 文献回顾

近年来全球范围内对中央银行资产负债表的关注程度逐步上升，与金融危机之后主要发达经济体的中央银行较多运用非常规货币政策工具有关。通常情况下，中央银行主要运用再贷款/再贴现政策、存款准备金政策以及公开市场操作对资金供求进行一般性调节或者总量调节。存款准备金在发达经济体央行并不常用，不是央行日常操作的政策工具，一些经济体的中央银行甚至实行了"零准备金"制度。何东和王红林（2011）通过构建局部均衡模型比较了各种货币政策工具在利率"双轨制"下的效果，认为存款准备金政策工具对市场利率能够起到较好的调控作用，这解释了为何相对于发达国家央行而言，我国中央银行对存款准备金等政策工具的使用仍然较为常见①。2008 年金融危机后，各国央行对再贷款/再贴现政策工具进行创新，英国央行的融资换贷款计划 FLS、欧洲央行的定向长期再融资操作 TLTRO、美联储的定期贷款拍卖 TAF 等均为代表（卢岚、邓雄，2015）②。此类货币政策工具在发达国家主要是用于援助陷入暂时性资金短缺的金融机构，旨在紧急情况下为市场提供流动性，是对常规货币政策工具的有益补充（马理、刘艺，2014）③。中国人民银行也于危机后新增常备借贷便利 SLF、中期借贷便利 MLF、抵押补充贷款 PSL、临时流动性便利 TLF 等再贷款政策工具，这些货币政策工具被赋予了调整相应资产的流动性、调整利率水平与利率结构等功能（彭兴韵、费兆奇，2016）④。

在 2008 年金融危机后各国央行货币政策工具的诸多创新中，对公开市场操作重新构造的"量化宽松"政策最为引人关注，成为非常规货币政策工具的典型代表，"量化宽松"政策是美联储资产负债表大幅度扩张的主要原因。尽管"量化宽松"政策于本次金融危机后被广泛使用，其最初起源于对 20 世纪 30 年代经济大萧条期间所采用的货币政策措施的反思。Friedman 和 Schwarlz（2008）认为经济大萧条很大程度上是由中央银行紧缩性的货币政策造成的⑤，Bernanke（2004）在此基础上进一步讨论了通过宽松的货币政策避免危机的可能性⑥。Eggersson 和 Woodford（2003）将

①　何东，王红林. 利率双轨制与中国货币政策实施［J］. 金融研究，2011（12）：1 - 18.
②　卢岚，邓雄. 结构性货币政策工具的国际比较与启示［J］. 世界经济研究，2015（6）：3 - 11.
③　马理，刘艺. 借贷便利类货币政策工具的传导机制与文献述评［J］. 世界经济研究，2014（9）：23 - 27.
④　彭兴韵，费兆奇. 货币政策工具的新特点［J］. 中国金融，2016（4）：85 - 86.
⑤　Friedman M，Schwartz A J. *A monetary history of the United States*，1867 - 1960［M］. Princeton：Princeton University Press，2008.
⑥　Bernanke B S. *Money，gold，and the great depression*［R］. Federal Reserve Board，Remarks by Governor Ben S. Bernanke At the H. Parker Willis Lecture in Economic Policy，Washington and Lee University，Lexington，Virginia，March 2，2004：1867 - 1960.

预期引入新凯恩斯主义分析框架，得出宽松的货币政策在利率接近零时仍然有效，中央银行可以通过影响预期来使经济衰退得以缓解的结论①。Gauti B. Eggertsson 和 Michael Woodford（2006）指出量化宽松政策存在通胀预期管理渠道②。

对量化宽松政策的作用机制可作以下解释：危机时短期利率下降至零，经济陷入流动性陷阱，由标准的宏观经济模型可知，零利率下限大大降低了货币政策的有效性，此时传统上通过降低短期利率来刺激经济增长的货币政策失效（Eggertsson，Gauti & Krugman，2012）③。事实上，货币政策最终目标的实现也取决于长期利率、汇率等其他金融变量对短期利率的反应程度：短期利率的上升通过收益率曲线导致长期实际利率的上升，长期利率的上升将提高住宅、厂房及设备投资的资金成本，从而对宏观经济产生影响（Martin Feldstein，2005）④。如果中央银行能够对政策利率在未来的价值进行承诺，即如果中央银行能够影响和决定中长期利率，就能够突破零利率下限的束缚（Swanson & Williams，2014）⑤。此时，中央银行进行前瞻性指引和大规模资产购买都是非常有用的（John C. Williams，2011）⑥，即中央银行通过前瞻性指引和量化宽松政策能够对长期利率产生较大的影响（Kiley，2014）⑦。Paul Krugman（2008）认为，尽管没有证据表明经济危机是由中央银行造成的，但是在危机面前中央银行应该做得更好⑧。

量化宽松政策能够取得一些效果：可以促进货币贬值，增加出口；可以改变通货膨胀预期，降低实际利率，促进投资和消费（Krugman &

① Eggertsson，Gauti B. *Zero bound on interest rates and optimal monetary policy* [J]. *Brookings Papers on Economic Activity*，2003（1）：139 – 233.

② Eggertsson，Gauti B，Michael Woodford. *Optimal monetary and fiscal policy in a liquidity trap* [R]. National Bureau of Economic Research，2006.

③ Eggertsson，Gauti B，Paul Krugman. *Debt，deleveraging，and the liquidity trap：A Fisher – Minsky – Koo approach* [J]. *The Quarterly Journal of Economics*，2012（127）：1469 –1513.

④ Feldstein Martin. *Monetary policy in a changing international environment：The role of global capital flows* [R]. National Bureau of Economic Research，2005.

⑤ Swanson Eric T，Williams J C. *Measuring the effect of the zero lower bound on medium-and longer-term interest rates* [J]. *The American Economic Review*，2014，104（10）：3154 – 3185.

⑥ Williams J C. *Unconventional monetary policy：Lessons from the past three years* [J]. *FRBSF Economic Letter*，2011（31）：1 – 8.

⑦ Kiley M T. *The response of equity prices to movements in long-term interest rates associated with monetary policy statements：before and after the zero lower bound* [J]. *Journal of Money，Credit and Banking*，2014，46（5）：1057 – 1071.

⑧ Krugman P R. *Response to Nelson and Schwartz* [J]. *Journal of Monetary Economics*，2008，55（4）：857 – 860.

Kathryn，1998）[1]；也可以在一定程度上修复货币政策传导机制（Shiraka-wa，2002）[2]。Christiane Baumeister、Luca Benati（2010）以及 Martin Feld-stein（2016）等的研究表明，量化宽松政策在不同的国情背景下达到的政策效果是不同的[3][4]。也有学者认为"量化宽松"政策的作用有限，Michael Joyce（2012）对 2008 年金融危机后的量化宽松政策以及其他"非传统"货币政策的影响进行了评估，认为非常规货币政策在一定程度上能够使经济危机不再蔓延，但对于促进经济复苏的作用比较有限，还需要使用其他的调控方式与之相配合，还应将实施非常规货币政策的成本纳入考虑[5]。Leonardo Gambacorta、Mark Gertler 和 Peter Karadia（2011）认为金融危机期间中央银行实施的宏观审慎的非常规货币政策可以在一定程度上化解金融风险，中央银行和金融监管机构需要努力改善宏观和微观审慎框架[6]。

　　量化宽松货币政策对中央银行资产及私人部门的资产负债表产生了较大影响：使中央银行的资产负债表得以扩张，使收缩的私人部门的资产负债表得以部分抵销。不仅如此，由于量化宽松货币政策支持了特定行业的资产价格，因此也改变了中央银行资产负债表的结构（Bernanke，2004）[7]。Boris Hofmann 和 Gert Peersman（2014）通过构建 VAR 模型对非常规货币政策的宏观经济效应进行分析，认为在短期利率降为零时，中央银行资产负债表的增长会引起经济和价格水平的暂时性增长，能够在特定时期内避免经济出现断崖式的下跌，对于应对金融危机起到了积极的作用[8]。

① Krugman P R, Dominquez K M, Rogoff K. *It's baaack: Japan's slump and the return of the liquidity trap* [J]. *Brookings Papers on Economic Activity*, 1998 (2): 137 - 205.

② Shirakawa M. *One year under "quantitative easing"* [R]. Institute for Monetary and Economic Studies, Bank of Japan, 2002.

③ Baumeister C, Benati L. *Unconventional monetary policy and the great recession – Estimating the impact of a compression in the yield spread at the zero lower bound* [J]. *ECB Working Paper*, 2010 (1258): 1 - 52.

④ Feldstein M. *The Fed's Unconventional Monetary Policy: Why Danger Lies Ahead* [J]. *Foreign Affairs*, 2016 (95): 105.

⑤ Joyce M, Miles D, Scott A, et al. *Quantitative easing and unconventional monetary policy-an introduction* [J]. *The Economic Journal*, 2012, 122 (564): 271 - 288.

⑥ Gertler M, Karadi P. *A model of unconventional monetary policy* [J]. *Journal of Monetary Economics*, 2011, 58 (1): 17 - 34.

⑦ Bernanke B S. *Money, gold, and the great depression* [R]. Federal Reserve Board, Remarks by Governor Ben S. Bernanke At the H. Parker Willis Lecture in Economic Policy, Washington and Lee University, Lexington, Virginia, March, 2004 (2): 1867 - 1960.

⑧ Gambacorta L, Hofmann B, Peersman G. *The effectiveness of unconventional monetary policy at the zero lower bound: Across-country analysis* [J]. *Journal of Money, Credit and Banking*, 2014, 46 (4): 615 - 642.

值得注意的是，与传统上中央银行关注资产负债表的负债方相比，量化宽松货币政策所执行的大规模资产购买则着重关注中央银行资产负债表的资产方（Friedman，2015）[①]。尽管低利率可以促进就业、稳定经济，但也应注意，长期的低利率会使金融市场过度冒险，两者之间的关系较难平衡（Bernanke，2013）[②]。非传统货币政策仅是暂时性地缓解了经济陷入衰退，并不能解决经济增长的根本问题（Paul Krugman，2014）[③]。需要注意的是，"退出战略"是否清晰是货币政策能否得以成功的重要因素（Vasco Curdia & Michael Woodford，2009）[④]。2008 年金融危机已过去十年，美联储资产负债表大幅度扩张，如今经济渐已恢复正常，如何使资产负债表恢复常态被提上日程（Bullard，2017）[⑤]。因此，收缩资产负债规模在所难免，货币政策回归正常以后，利率将重新由市场来决定（Taylor，2018）[⑥]。

2008 年全球性金融危机之后中央银行创新采用的各种货币政策工具，主要目的是向市场提供流动性，刺激经济的复苏与发展。但各个国家的中央银行关于货币政策工具的创新并不完全相同，其实施效果还受到各国具体经济和金融环境的影响。对于我国来说，当前中国正规与非正规金融并存于金融市场的现状，使得货币政策工具的操作和传导变得益发复杂与不可控（马鑫媛、赵天奕，2016）[⑦]。李奇霖（2015）认为我国于 2008 年金融危机之后创新使用的货币政策工具在调节市场流动性与调整产业结构等方面均发挥了积极的作用，但政策效果尚未充分显现[⑧]。宋汉光（2016）通过构建门限向量自回归模型 TVAR 分析了数量型与价格型

[①] Friedman B M. *Has the financial crisis permanently changed the practice of monetary policy? Has it changed the theory of monetary policy* [J]. *Manchester School*，2015（83）：5 – 19.

[②] Bernanke B S. *Long – Term Interest Rates：a speech at the Annual Monetary/Macroeconomics Conference：The Past and Future of Monetary Policy* [R]. Sponsored by Federal Reserve Bank of San Francisco，San Francisco，California，Board of Governors of the Federal Reserve System（US），March 1，2013.

[③] Krugman P R. *The timidity trap* [N]. *The New York Times*，2014 – 03 – 21.

[④] Curdia V，Woodford M. *Conventional and unconventional monetary policy* [R]. Staff Report，Federal Reserve Bank of New York No. 404，2009（11）：1 – 63.

[⑤] Bullard J. *A Case for Shrinking the Fed's Balance Sheet* [J]. *The Regional Economist*，2017，25（2）：3.

[⑥] Taylor J B. *Alternatives for reserve balances and the Fed's balance sheet in the Future* [J]. *Hoover Institution Economics Working Paper*，2018（1）：1 – 13.

[⑦] 马鑫媛，赵天奕. 非正规金融与正规金融双重结构下货币政策工具比较研究 [J]. 金融研究，2016（2）：137 – 144.

[⑧] 李奇霖. 近年来全球主要央行新型货币政策工具梳理及总结 [J]. 债券，2015（12）：66 – 70.

的货币政策工具在应对不同经济趋势时的有效性，认为经济结构趋于向好时，价格型的政策工具对经济增长的调控作用更加明显，数量型的政策工具则对通货膨胀的调控作用较为显著①。胡育蓉、范从来（2015）则认为价格型政策工具的影响大于数量型政策工具②。高培亮（2015）指出我国央行应更加重视公开市场操作、再贷款等政策工具③。杨佳、段军山（2016）认为为适应经济发展的需要，货币政策工具仍需不断创新，例如，应该使利率走廊机制发挥更大作用④。

既有文献主要介绍了2008年金融危机后各国央行货币政策工具的创新，介绍了以量化宽松为代表的非常规货币政策实施的起源、作用机制及政策效果，并就量化宽松政策对发达经济体中央银行资产负债表的影响进行了讨论。国内学者就中国货币政策工具的创新及实施效果等进行了广泛探讨。这些已为本书的研究打下了很好的基础。然而，既有研究主要集中于对美联储等发达经济体央行的讨论，对2008年金融危机后中央银行尤其是中国人民银行货币政策工具创新与资产负债表变化的内在逻辑进行阐述的研究不多，进行国别比较的文献更加少见，本书将对此进行阐述。

第二节　金融危机后美联储货币政策工具创新

通常情况下，美联储运用公开市场操作进行日常调控，主要是对短期利率施加影响。2008年年底，主要发达国家短期利率降低至接近于零，经济陷入"流动性陷阱"，由于名义利率不能为负，中央银行无法对短期利率继续下调，无法刺激实体经济复苏，传统货币政策已失去操作空间（靳玉英、张志栋，2010）⑤。为防止经济陷入持续低迷，美国等主要经济体的中央银行只能寻求替代的"非传统"货币政策，影响最大的即是采用量化宽松政策工具对经济实施调控，近期美联储试图通过收

---

① 宋汉光. 经济结构调整背景下货币政策工具有效性分析 [J]. 浙江金融, 2016 (4)：9-16.
② 胡育蓉, 范从来. 货币政策工具的选择：利率双轨制和利率市场化 [J]. 经济评论, 2015 (4)：3-16.
③ 高培亮. 利率市场化对我国货币政策工具的影响 [J]. 财经科学, 2015 (4)：2-10.
④ 杨佳, 段军山. 利率走廊模式对我国的影响分析 [J]. 浙江金融, 2016 (5)：3-11.
⑤ 靳玉英, 张志栋. 非传统货币政策解析——以美国的该政策实践为例 [J]. 国际金融研究, 2010 (10)：10-20.

缩资产负债表规模来退出量化宽松的举动引起广泛的关注。本章将对金融危机前传统的公开市场操作及其作用机制、危机后创新的"量化宽松"政策工具及其作用机制进行阐述，以此说明量化宽松政策对美联储资产负债表产生的影响。

一、公开市场操作及其作用机制

在经济稳定繁荣的正常时期，美联储通过公开市场操作来影响超额存款准备金，由于超额存款准备金是基础货币的一部分，基础货币随超额存款准备金的增减而增减。美联储通过公开市场操作调整超额准备金将联邦基金利率维持在目标利率附近，借助美国发达的金融市场，引导长期利率改变，最终影响实体经济的收缩或者扩张。通常情况下，美联储在经济衰退期会通过购买短期政府债券的方式增加市场上的流动资金，增加的流动资金会造成联邦基金利率下降，同时影响短期国债利率、商业票据利率等其他短期利率的下降；短期利率再进一步传递到长期利率，引起购房贷款利率、汽车贷款利率、投资贷款利率等长期利率的下降，从而刺激居民消费和企业投资，促进实体经济发展。同理，经济过度繁荣时，则运用公开市场操作工具反向操作。公开市场操作是金融危机前美联储最重要的货币政策工具，如图5-1所示。

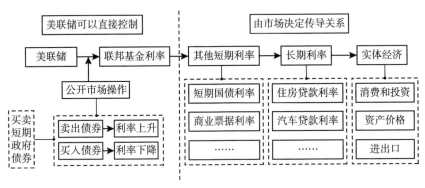

图 5-1　传统货币政策的作用机制

二、"量化宽松"政策及其作用机制

2008 年全球性金融危机之后，美国的联邦基金利率（短期利率）下降到零值附近，实体经济陷入"流动性陷阱"，传统货币政策失灵。美联储已丧失通过传统货币政策提振经济的空间，因此，美联储陆续推出三轮量化宽松政策（Quantitative Easing，QE）以恢复价格稳定和刺激实体经济增长。美联储"量化宽松"货币政策进程见表 5 - 1。

表 5 - 1　　　　　　　　　美联储"量化宽松"货币政策进程

阶段		时间	购买规模/亿美元				主要目的
			短期国债	长期国债	机构债券	MBS	
QE1		2008.11～2010.03		3000	1750	12500	降低长期利率，稳定金融市场情绪
QE2		2010.11～2011.06		6000			降低长期利率，避免通货紧缩
	扭曲操作 1	2011.09～2012.06	-4000	4000			降低长期利率（不增加基础货币供给）
	扭曲操作 2	2012.07～2012.12	-2670	2670			降低长期利率（不增加基础货币供给）
QE3		2012.09				400/月	降低长期利率，定向刺激房地产市场
	QE3 调整	2013.01	450/月			400/月	降低长期利率，定向刺激房地产市场
	QE3 淡出	2014.01	400/月			350/月	视实体经济状况逐步降低货币政策刺激力度

资料来源：根据美联储相关政策整理。

三轮量化宽松政策的共同特点在于：当短期利率降至为零、无法再降、原本有效的市场失效时，美联储放弃了既有的通过公开市场操作买卖短期债券、调控联邦基金利率（短期利率）的传统模式，而是通过购买长期债券，增加市场对长期债券的需求，直接引导长期利率下降，以此刺激实体经济复苏。其出发点即是考虑到在实际经济运行中，市场在进行投资决策时更为关心的是长期利率，如果能够直接降低长期利率，此时即使短期利率没变，仍然可以达到刺激经济的效果。"量化宽松"政策的作用机制如图 5 - 2 所示。

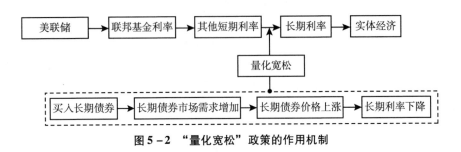

图 5 - 2 "量化宽松"政策的作用机制

可以看出，传统货币政策是中央银行通过公开市场操作影响短期利率，但由于对经济增长产生较大影响的是长期利率，要想实现货币政策最终目标，还需要短期利率向长期利率传导的渠道通畅。量化宽松货币政策的出发点即是放弃对短期利率的调控，通过直接降低长期利率的方式来刺激经济增长。长期利率对实体经济的作用主要体现在以下几个方面：一是影响消费和投资，长期利率的降低使家庭消费和企业投资的成本降低，消费和投资随之增长。二是影响资产价格，长期利率处于低位时，债券市场收益将会下降，资金流向股票和其他资产市场，从而推高资产价格，较低的长期利率对股票和房地产等资产价格具有支撑作用。三是长期利率变化会引起美元价格，也就是汇率的同向变化，汇率的变化将会影响进出口量。图 5 - 3 显示了 2007 年 8 月美国次贷危机爆发至今，美联储 10 年期国

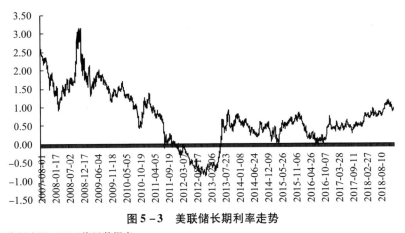

图 5 - 3 美联储长期利率走势

资料来源：Wind 资讯数据库。

债实际收益率（长期利率）走势，图 5－4 显示的是联邦基金利率（短期利率）走势：危机期间短期利率处于零值附近，长期利率被拉低以刺激经济增长。由金融危机期间各国货币政策的实践可知，量化宽松政策避免了经济陷入断崖式的下跌，起到了一定的积极作用。

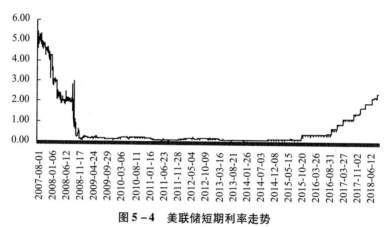

图 5－4 美联储短期利率走势

资料来源：Wind 资讯数据库。

值得注意的是，在第二轮量化宽松过程中，美联储进行了两轮"扭曲操作"。这是因为大规模量化宽松使基础货币增加，"扭曲操作"政策即是为了避免因基础货币激增而带来货币供应量急剧膨胀。"扭曲操作"政策的实施分为两步：第一步，即是传统的公开市场操作，美联储卖出短期债券，回笼基础货币；第二步，美联储用卖出短期债券所得的资金购买等量的长期债券，投放基础货币。"扭曲操作"货币政策的目的和"量化宽松"一样，都是为了提高市场对长期债券的需求，从而降低长期利率。因购买长期债券的资金来自卖出的短期债券，"扭曲操作"不会增加基础货币总量，不会对未来造成通胀压力。并且，中央银行在抛售短期债券的同时，购进长期债券，可压低短期债券价格，提高长期债券价格，从而对投资结构造成影响。美联储"扭曲操作"政策的作用机制如图 5－5 所示。

三、"量化宽松"政策对资产负债表的影响

量化宽松政策是对传统的公开市场操作重新构造的创新尝试。本质上

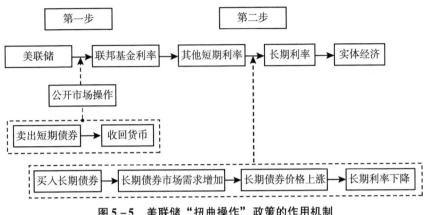

图 5 - 5　美联储"扭曲操作"政策的作用机制

看，量化宽松货币政策具有公开市场操作的基本特点，并未脱离公开市场操作的基本框架和运行机制，是在公开市场操作基础上增加了事前量化的指标，是对公开市场操作的创新和变革。量化宽松政策与公开市场操作的主要区别在于，公开市场操作可以根据经济运行的情况即时改变或者扩张或者收缩政策的方向；而量化宽松政策是事先宣布资产购买总额，通过前瞻性指引的方式刺激经济增长。尽管与公开市场操作相比，量化宽松缺乏了短期灵活性的特点，其投放的资金或许仅起到推动资产价格上涨的作用，并不一定会流向实体经济，但由于其投放的流动性在总量上非常巨大，能够在特定时期为经济注入强心剂。

综合上述分析可知，量化宽松政策对长期债券的大规模购买从两个方面影响了美联储的资产负债表。

（1）量化宽松政策使美联储资产负债表的"资产"项目大幅增加。量化宽松政策所购买的大规模的长期债券直接成为美联储资产负债表中的"资产"，因此经由三轮量化宽松，美联储资产负债表的资产总量发生了极大的扩张。不仅如此，美联储的资产结构也发生了变化，扭曲操作使得美联储短期资产被消耗殆尽，被长期资产取代。

（2）量化宽松使美联储资产负债表的"负债"项目大幅增加。与公开市场操作相似，量化宽松政策通过影响基础货币供应量来影响流动性供应，由于基础货币是中央银行的"负债"项目，美联储资产负债表的"负债"项目因此大幅度增加。由此可见，美联储现在的"缩表"举动，源于之前数轮的主动"扩表"行为，也就是我们常说的"量化宽松"政策。

尽管量化宽松货币政策在短期内能够实现迅速有效的调控效果，但长期来看，大规模资产购买将扭曲资产价格，会使得金融市场失灵，也可能引发金融风险，其对经济增长的促进作用有限。2008 年全球性金融危机过去已经 10 年，美国经济正积极复苏，通过收缩资产负债表来收缩量化宽松政策投放出去的大量流动性成为必然。

第三节　金融危机后中国人民银行货币政策工具创新

与发达经济体中央银行主要使用公开市场操作进行货币政策调控相比，中国人民银行除公开市场操作外，存款准备金、再贷款/再贴现政策仍然发挥着重要作用。2008 年金融危机后，中国人民银行对这三大货币政策工具均进行了一定程度的创新，对稳定市场预期和防范金融风险起到了积极作用。

一、存款准备金政策的创新

2008 年金融危机带来的宏观经济环境改变，国内流动性供需情况发生变化，中国人民银行在灵活开展公开市场操作的同时，频繁使用了存款准备金政策。2008 年 9 月开始，中国人民银行对大型金融机构和中小金融机构等不同类型的金融机构实行差别存款准备金率，存款准备金政策成为兼具结构性与一般性调整功能的货币政策工具。2011 年年初引入差别准备金动态调整机制，试图从宏观审慎角度逆周期地调节信贷投放，引导和激励金融机构自动保持稳健，提高金融机构的抗风险能力。2012 年和 2013 年对差别准备金动态调整机制的相关参数做出调整，目的在于更好地发挥机制作用。2016 年中国人民银行又将差别准备金动态调整机制升级成为宏观审慎评估体系 MPA，这一举措使得更多的金融活动和金融行为被纳入管理。差别准备金动态调整机制是我国货币政策调控方式的重大创新，将货币信贷和流动性管理的总量调节与宏观审慎政策相结合，极大丰富了存款准备金制度的政策内涵。

2014 年中国人民银行开始对"小微"企业和"三农"领域实施定向降准政策，主要是为了引导金融机构将资金配置到国民经济的重点领域、配置到国民经济发展的薄弱环节，发挥货币政策优化信贷结构的作用。2017 年 9 月 30 日中国人民银行又宣布对普惠金融实施定向降准政策，这次定向降准不仅覆盖了对"小微"企业和"三农"领域的贷款，还将政策延伸到脱贫攻坚和"双创"等其他普惠金融领域贷款，是对原有定向降准政策的拓展和优化。准备金政策的创新使货币政策能够在保持总量适度的基础上，适当发挥结构引导作用。

二、再贷款/再贴现政策的创新

2008 年金融危机后，在吸取发达经济体中央银行经验和教训的基础上，顺应中国经济结构调整的需求，中国人民银行于 2013 年初对贷款便利工具进行了创新，创设了常备借贷便利政策工具 SLF。常备借贷便利 SLF 以抵押的方式发放，发放对象主要是政策性银行以及全国性商业银行，SLF 能够满足金融机构期限较长的大额流动性需求，成为中国人民银行正常的流动性供给渠道。2014 年 4 月中国人民银行又创新设立了抵押补充贷款政策工具 PSL。抵押补充贷款 PSL 以质押的方式进行发放，发放目的主要是为了支持国民经济的重点领域、薄弱环节与社会事业的发展，PSL 通过对金融机构提供期限较长的大额融资，能够为棚户区改造等社会事业工程提供低成本、长期稳定的资金来源。2014 年 9 月中国人民银行创新设立了中期借贷便利政策工具 MLF。中期借贷便利 MLF 以质押的方式发放，发放对象主要是符合宏观审慎管理要求的商业银行以及政策性银行，中国人民银行以此为他们提供成本较低的中期融资。2017 年 1 月设立临时流动性便利工具 TLF 工具，为在现金投放中占比高的几家大型商业银行提供临时流动性支持。可以看出，中国人民银行创新设立的贷款便利工具能够引导经济结构调整。

三、公开市场操作的创新

受 2008 年金融危机影响，我国的国际收支情况发生了变化，长期双顺差的现象得到改变，贸易收支偶尔还会出现逆差。这些新的变化使得外汇占款的增长速度大大降低，国内流动性持续存在缺口，此阶段中国人民银行通过人民币公开市场操作净投放基础货币向市场注入流动性。根据经济发展情况的现实需要，中国人民银行对公开市场操作工具进行了完善，2013 年 1 月创新创设了短期流动性调节工具 SLO，成为公开市场操作的必要补充。SLO 便于中央银行在银行体系流动性出现临时性波动时相机运用，有助于促进金融市场的平稳运行，有助于稳定市场预期，对防范金融风险能够起到有效的作用。短期流动性调节工具 SLO 的设立将进一步增强中央银行流动性管理的灵活性以及主动性，对货币政策工具的丰富和完善也能起到积极的作用。中国人民银行自 2016 年 2 月 18 日起，建立了公开市场每日操作常态化机制，以每日一次的频率稳定开展 7 天期逆回购操作，进一步提高了流动性管理的精细化程度。

四、我国货币政策工具创新及对资产负债表的影响

尽管 2008 年金融危机后中国人民银行货币政策工具令人眼花缭乱，但整体思路是清晰的，即受金融危机的影响，我国通过外汇占款渠道供给的流动性趋于减少，中国人民银行货币政策工具的创新体现出货币政策调控由被动型向主动型调控转变的特征。货币政策工具创新的逻辑是清楚的，它们是依托存款准备金政策、再贷款/再贴现政策以及公开市场操作这些传统政策工具的基础发展起来的，是对三大传统货币政策工具功能的拓展和延伸，货币政策工具最基础、最根本的职能并没有发生改变。2008 年金融危机之后我国货币政策工具创新汇总见表 5 - 2。

表 5 - 2　　　　　金融危机后我国货币政策工具创新

货币政策工具	创新工具	作用
存款准备金	差别准备金动态调整机制	调控基础货币，促进结构调整、宏观审慎调节、引导资金流向
	定向降准	调控基础货币，促进结构调整、引导资金流向
再贷款/再贴现	常备借贷便利 SLF, 2013.01	调控基础货币，满足金融机构期限较长的大额流动性需求
	抵押补充贷款 PSL, 2014.04	调控基础货币，支持国民经济重点领域、支持国民经济薄弱环节、支持社会事业发展
	中期借贷便利 MLF, 2014.09	调控基础货币，提供中期流动性支持，促进降低社会融资成本
	临时流动性便利 TLF, 2017.01	调控基础货币，提供临时流动性支持
公开市场操作	短期流动性调节工具 SLO, 2013.01	调控基础货币，调节市场短期资金供给

2008 年金融危机后中国人民银行货币政策工具的创新可以从以下几个方面影响央行的资产负债表。

（1）再贷款/再贴现创新工具的频繁使用增加了中国人民银行资产负债表"资产"项目规模。金融危机前中国人民银行资产负债表中占比最多的"资产"项目是"外汇占款"，也是央行为市场提供流动性的主要渠道，但受危机的影响，我国外汇增长的速度有所放缓，市场流动性供给面临不足。此时央行推出 SLF、PSL、MLF、TLF 等再贷款/再贴现政策工具，满足了市场各个期限的流动性需求。这些货币政策工具的使用，对应到资产负债表中便成为"对其他存款性公司债权"项目，是使央行资产负债表"资产"项目增加的重要原因。

（2）创新货币政策工具的使用均能够引起基础货币的变动，从而影响央行资产负债表"负债"项目规模。其中，存款准备金工具的创新，使基础货币中通货所占比率和准备金存款所占比率发生变化，改变了基础货币运用的结构；再贷款/再贴现创新工具的使用在引起"资产"项目中"对其他存款性公司债权"变动的同时，也引起"负债"项目中"基础货币"的同向变动；公开市场操作的创新则增强了央行调整"基础货币"的灵活性。可以看出，这些创新货币政策工具的使用使得货币政策的主动性、精准性和有效性得到显著增强。

【专栏 5-1】

担保品管理框架与创新型货币政策工具

近年来，SLO、SLF、MLF、PSL 等新名词接连进入公众的视野，与存款准备金率、再贷款/再贴现率以及公开市场操作一样，它们都是中央银行的货币政策工具。尽管这些创新的货币政策工具性质上并不相同，例如，短期流动性调节工具 SLO 本质上是一种回购工具；常备借贷便利 SLF、中期借贷便利 MLF 和抵押补充贷款则是抵押贷款工具，属于广义再贷款。各种创新的货币政策工具的使用期限也不相同，但都能够对市场的流动性以及利率起到调节的作用。各创新型货币政策工具的简要介绍见表 5-3。

表5-3		创新型货币政策工具	
名称	全称	介绍	期限
SLO	短期流动性调节工具	正回购、逆回购	7天以内
SLF	常备借贷便利	抵押贷款	1~3个月
MLF	中期借贷便利	抵押贷款	3个月、6个月、1年
PSL	抵押补充贷款	抵押贷款	3~5年

近年来，创新型货币政策工具日益成为中国人民银行主动供给基础货币的渠道，考虑到采用信用方式提供再贷款会面临信用风险，从主要经济体中央银行的实践来看，中央银行以担保的方式提供融资是国际上更为通行的做法。目前我国的债券市场已经具备一定的深度与广度，这为我国主要采用担保方式向银行体系提供基础货币创造了条件，随着中国人民银行构建并逐步完善货币政策担保品管理框架以来，信用方式将逐步淡出。从国际经验来看，欧洲央行与日本银行采用的是单一担保品管理框架，这表示各种货币政策工具接受相同范围的担保品，可以简化中央银行对于担保品的管理，流动性供给也有较高的及时性和灵活性。但单一担保品管理也会提高中央银行风险管理的难度。美联储与英格兰银行采用的是多层次担保品管理框架，这表示各种货币政策工具不接受相同范围的担保品，操作相对复杂，但是在风险管理上有相对优势。

在中国人民银行的多层次担保品管理框架下，公开市场操作主要接受国债、政策性金融债等高等级债券作为担保品，再贷款、常备借贷便利、中期借贷便利和抵押补充贷款等工具则将担保品范围扩展至优质的信贷资产①。实践中，尽管广义再贷款政策工具的担保范围以从高等级债券扩展至优质的信贷资产，从风险控制的角度考虑，真正发挥作用的仍然是以政府债券为担保的抵押品。这使得真正支持"三农"、小微企业的中小型银行，很难真正成为广义再贷款的受益对象，这明显与这些创新型货币政策工具的设计初衷相违背。有鉴于此，中国人民银行于2018年6月1日发布消息，进一步扩大了中期借贷便利MLF的担保品范围，根本目的在于提高中小型银行申请广义再贷款的能力，使金融能够更好地服务"三农"以及小微企业。

---

① 中国人民银行货币政策分析小组. 中国货币政策执行报告2017年第四季度［R］. 北京：中国人民银行，2018-02-14.

第四节　央行货币政策工具与资产
负债表变化的中美比较

中央银行货币政策工具的动态演变总是与其所处的社会历史背景相匹配，与宏观经济形势和金融市场的发展阶段密切相关，目的是为实体经济的发展保驾护航。2008 年金融危机后中美两国央行均根据自身发展需要对货币政策工具进行了创新，资产负债表随之产生了相应的变化。由于中美两国央行面临的特定国情与所处的具体发展阶段并不相同，货币政策工具与资产负债表的变化也存在诸多差异。

央行货币政策工具的创新及运用均未脱离存款准备金政策、再贷款/再贴现政策以及公开市场操作三大传统工具，表 5 - 4 显示了 2008 年金融危机前后中美央行货币政策工具使用的主要变化。

表 5 - 4　　　　　危机前后中美央行货币政策工具使用

国家	时段	存款准备金政策	再贷款/再贴现政策	公开市场操作
美国	危机前	辅助工具	辅助工具	主要工具
	危机后	辅助工具	辅助工具	变形使用（量化宽松）
中国	危机前	辅助工具	辅助工具	日常使用
	危机后	相机调整	较为常用	日常使用

由表 5 - 4 可以明显看出，美联储于金融危机后对货币政策工具的创新运用，主要是受到零利率下限的束缚，因传统的政策工具无法发挥作用而作出的"非传统"的尝试。其使用的量化宽松政策是对公开市场操作的变形运用，目的在于放弃对短期利率的调控，通过直接引导长期利率下行来刺激经济增长。中国的市场利率走向良好，仍有较大幅度的操作空间，无须模仿美联储关于"非传统"货币政策的做法。我国央行货币政策工具的主要变化体现在增设了 SLF、PSL、MLF、TLF 等更加灵活的再贷款/再贴现政策工具方面，目的是为市场提供不同期限的流动性。存款准备金政策的创新，尤其是差别准备金动态调整机制被升级成为宏观审慎评估体系，显示出中央银行逆周期调节的宏观审慎政策意图，表明了中央银行维

护金融稳定的决心。

央行资产负债表"负债方"的主要项目是基础货币，尽管我国央行资产负债表的"负债"项目还有大量的政府存款等，中美两国央行的"负债"项目整体上差别并不大。除此之外，央行使用"负债"项目的货币政策工具，如发行"央票"来调节基础货币，会引起央行资产负债表"负债"项目"央票发行"与"基础货币"两个科目的一增一减，资产负债表规模并不会发生改变。中央银行资产负债表的差别主要体现在资产负债表的"资产"项目：美联储的"资产"项目相对简单，主要是央行购买的政府债券等各类资产；我国央行资产负债表的"资产"项目则相对复杂，除占据主要份额的外汇占款外，还包括"对其他存款性公司债权"等①。央行使用"资产"项目的货币政策工具，如 MLF 等调节基础货币，会引起央行资产负债表"资产"项目的"对银行债权"与"负债"项目的"基础货币"科目的同时增加，从而改变央行资产负债表的规模。本节将对 2008 年金融危机前后中美两国央行资产负债表的资产项目变化情况进行说明与比较。

一、美联储金融危机前后资本项目变化及分析

从表 5 - 5 显示的美联储主要资产项目可以看出，量化宽松政策使美联储资金使用情况发生了很大变化，主要体现在资产总量与资产结构两个方面。从资产总量方面看，危机期间美联储通过量化宽松政策向市场投放了大量货币，美联储的总资产从 2007 年 8 月次贷危机全面爆发时的 9075.6 亿美元扩张到 2017 年 8 月的 45134.05 亿美元，资产总规模扩张 4.97 倍，资产负债表急剧膨胀。与之相比，10 年间美国 GDP 增长仅为 1.32 倍，央行资产负债表的扩张速度远远超过了经济增长速度。在经济逐步恢复增长的当下，收缩过度膨胀的资产负债表是宏观经济政策回归正常化的合理选择。

从资产结构变化方面来看，尽管金融危机前后美元国债均为美联储的主要资产，但金融危机前美联储所持短期国债占总资产比重为 30.52%，金融危机后短期国债占总资产比重下降至零。这是量化宽松过程中美联储通过扭曲操作的方式卖出短期国债并用所得资金买入长期资产的结果。其

---

① 中国人民银行货币政策分析小组. 中国货币政策执行报告 2017 年第一季度 [R]. 北京：中国人民银行，2017 - 05 - 12.

购买的长期资产中，不仅包括长期国债，还包括大规模的抵押支持债券 MBS。这使得当前美联储资产负债表中抵押支持债券的比重上升至仅次于国债的比重，占总资产的 39.19%。相较于国债与联邦机构债券而言，抵押支持债券的风险较大，成为美联储"缩表"的重点。在经济恢复期如果能够将抵押支持债券等高风险资产从资产负债表中清理出去，将有助于恢复市场政策秩序，有利于美国走出经济危机。

表 5 - 5 美联储主要资产项目

时段	资产项目	金额/百万美元	占总资产比重/(%)
危机前 (2007 年 8 月)	总资产	907560.00	100
	国债	790802.00	87.13
	（短期债券）	(277019.00)	(30.52)
	（中长期债券）	(473378.00)	(52.16)
危机后 (2017 年 8 月)	总资产	4513405.00	100
	国债	2465195.00	54.62
	（短期债券）	(0.00)	(0)
	（中长期债券）	2337565.00	(51.79)
	抵押支持债券	1769026.00	39.19
	联邦机构债券	8097.00	0.18

注：数据来源于 Wind 资讯数据库。

二、中国人民银行金融危机前后资本项目变化及分析

由表 5 - 6 显示的中国人民银行主要资产项目可以看出，中国人民银行的资金使用情况在金融危机前与金融危机后发生了一些变化，可以由资产总量与资产结构两方面体现。从资产总量方面看，10 年间中国人民银行总资产规模扩张了 2.23 倍，中国人民银行的总资产从 2007 年的 154608.99 亿元人民币，扩张至 2017 年的 345025.62 亿元人民币。但由于同一时期我国 GDP 增长 2.89 倍，与之相比，可知中国人民银行资产规模的扩张速度处于合理区间。

从资产结构变化方面来看，尽管金融危机前后外汇占款项目均为中国人民银行的主要资产项目，但受我国国际收支情况变化的影响，外汇占款

占总资产比重已由金融危机前的 70. 37% 下降至金融危机后的 62. 36%。由于外汇占款是中国人民银行投放流动性的主要渠道，其占比下降会使中国人民银行流动性供给情况受到影响。为保持流动性中性适度和基本稳定，中国人民银行对再贷款/再贴现等政策工具进行了创新运用，体现在资产负债表上便是当前"对其他存款性公司债权"项目占中国人民银行总资产比重上升至 24. 90%，成为占比仅次于外汇占款的资产项目。

表 5 - 6　　　　　　　　　中国人民银行主要资产项目

时段	资产项目	金额/亿元人民币	占总资产比重/（%）
危机前 （2007 年）	总资产	154608. 99	100
	外汇占款	108793. 39	70. 37
	对其他金融性公司债权	16056. 81	10. 39
	其他资产	11841. 11	7. 66
危机后 （2017 年）	总资产	345025. 62	100
	外汇占款	215153. 03	62. 36
	对其他存款性公司债权	85906. 57	24. 90
	对政府债权	15274. 09	4. 43

注：数据来源于中国人民银行官方网站。

综合可见，中国人民银行与美联储的资金使用情况存在诸多差异，主要体现在以下两个方面。

（1）资产总量扩张倍数不同，反映出我国并不存在真正意义上的"缩表"需要。2007—2017 年的 10 年间，美国 GDP 增长 1. 32 倍，而美联储资产规模扩张 4. 97 倍；中国 GDP 增长 2. 89 倍，中国人民银行资产规模扩张仅 2. 23 倍。可以看出，美联储的资产规模扩张速度快于 GDP 增长速度，美联储收缩资产负债表是收缩过度充裕的流动性的需要，是美联储使货币政策回归常态的主动需求；中国人民银行的资产规模扩张速度慢于 GDP 增长速度，处于合理区间，2017 年第一季度中国人民银行"缩表"主要是受春节等季节性及财政收支等短期性因素影响进行的合理调控。中美央行资产负债表扩张与收缩的原因并不相同，不宜对"缩表"进行简单类比。

（2）资本项目内容与结构不同，体现出中美两国货币政策工具使用上的差异。美联储资产项目主要由债券等资产构成，而中国人民银行主要的资产项目则是"外汇占款"。这使得美联储的货币政策拥有较多的主动性，央行可以通过公开市场操作买卖债券对基础货币与流动性投放进行双向调节；中国人民银行因受外汇占款的制约，基础货币与流动性投放较为被动。2008 年危机前，美联储的主要资产是"国债"，危机时美联储通过量化宽松政策购买了大量的抵押支持债券，使得危机后"抵押支持债券"在资产项目中的份额大幅上升，如今美联储的"缩表"行为正是对"量化宽松"政策的逆向操作。中国长期保持的国际收支"双顺差"在危机后得到改变，中国人民银行资产项目中"外汇占款"由此下降，迫使货币当局改变基础货币的投放方式：从被动地依赖于外汇占款到主动地使用创新货币政策工具来提供流动性。金融危机之后创新出来的货币政策工具 SLF、PSL、MLF、TLF 等，即是央行投放流动性的新方式。这种主要针对政策性银行与商业银行等存款性金融机构发行的再贷款/再贴现等融资形成的债权，是一种中短期调节流动性的工具，这种流动性调节工具的大量使用，成为当前"对其他存款性公司债权"项目的比例在总资产中大幅提升的原因。

第五节　研究结论与政策建议

综合上述分析可以看出，央行货币政策工具的创新使用与资产负债表的扩张与收缩相互关联并且互为印证。随着宏观经济形势的变化，部分国家的中央银行开始考虑收缩资产负债表，但影响各国资产负债表变化的因素并不相同，不能够简单进行类比。美联储于 2008 年金融危机中采用"量化宽松"货币政策致使资产负债表大规模扩张，2017 年以来美联储采取的加息是为了提高短期利率，"缩表"则为了减持过多的抵押支持债券，从而提高长期利率。简单来说，美联储的加息与"缩表"行为可以看成是对"量化宽松"政策的逆向操作，目的是使"非传统"的货币政策回归"传统"，使货币政策顺应宏观经济的正常化并回归正常。

中国人民银行资产负债表变化的原因则与之不同。除去季节性及财政收支等短期因素的影响之外，中国人民银行资产负债表变化最为重要的原因是 2008 年金融危机后"外汇占款"的减少使基础货币的投放渠道发生了变化。尽管新增外汇占款下降可以使中国人民银行摆脱通过被动发行央行票据或者被动上调存款准备金率，以不断对冲流动性的困境，但是这也意味着中国运行了十多年的货币供应机制的失灵。在这种情况下，央行不断创新，创设了短期流动性调节工具 SLO、常备借贷便利 SFL、中期借贷便利 MFL、抵押补充贷款 PSL、临时流动性便利工具 TLF 等政策工具，为市场提供各种期限的流动性。经济转型时期，为使货币政策能够更好地发挥作用，提出以下几点建议。

（1）完善宏观审慎政策框架，为维持金融稳定创造条件。金融体系的过度顺周期性使金融体系具备了脱离实体经济、进而自我扩张的能力，其带来的跨市场风险传染会对宏观经济与金融稳定造成巨大冲击，成为引发金融危机的重要原因之一。正因如此，美联储的量化宽松在经济衰退期为市场注入大量的流动性，为宏观经济注入了一支强心剂，较好地维护了金融稳定；如今的"缩表"也是因经济有所复苏而进行的逆周期的操作，这些货币政策工具的创新与运用都符合宏观审慎原则。中国人民银行于金融危机后对货币政策工具的种种创新，尤其是将差别准备金动态调整机制升级成宏观审慎评估体系均是将货币政策与宏观审慎结合起来的实际举措。这表明，我国央行已经对金融体系的过度顺周期性问题给予了足够重视，未来还应在借鉴国际经验的基础上，设计完善宏观审慎政策工具及金融指标，通过维持金融稳定来支持实体经济发展。

（2）完善金融市场体系，为公开市场操作拓展空间。由美联储的资产负债表可知，其资产项目主要由债券构成，这使美联储可以很方便地通过公开市场操作对债券进行买卖，以此对基础货币进行扩张与收缩的双向调节。而我国央行资产负债表的资产项目主要是外汇占款，这使中国人民银行基础货币与流动性的投放受外汇占款制约，较为被动。公开市场操作是非常灵活的货币政策工具，对其自如运用可使央行的货币政策拥有更多主动性。公开市场操作依赖于高度发达的债券市场，尽管近年来中国债券市场已经快速成长，但债券发行的规模、品种以及期限结构、持有主体机构以及市场分割性等问题都限制了中国人民银行运用公开市场操作干预货币市场并进行利率引导的能力。因此，我国央行应对金融市场体系进行进一步完善，例如，积极促进债券市场产品创新、完善金融债券发行与管理制度、完善债券等金融市场的基础设施建设和统筹管理。

（3）探索利率走廊机制，为货币政策增添更多弹性。近年来我国央行对货币政策工具进行不断创新，这固然意味着中央银行把控和调节流动性的主动性在上升，但是较为频繁地使用这些创新的政策工具，会造成货币政策操作的碎片化，增大市场的波动性，这无疑对中央银行流动性调控能力以及预期管理能力都提出了更高的要求。因此，更加注重对公众预期进行引导的利率走廊机制无疑是很好的政策工具选择。利率走廊机制通过为利率设定上限与下限的方式为利率水平设置了一个目标区间，这使央行只需要对走廊的上、下限进行调整就可以将市场利率调整至目标利率附近。利率走廊机制将对利率的点调控变成区间调控，降低了央行流动性干预的交易成本、增强了货币政策的灵活性，比公开市场操作在控制短期流动性波动上拥有更加大的优势。将利率走廊机制与公开市场操作叠加使用有利于推动货币政策由数量型为主向价格型为主转变。

第六章

中国货币政策调控：
中介目标的选择

"十三五"期间，推动货币政策由数量型为主向价格型为主转变是我国宏观调控体系改革的重要内容之一，其关键在于货币政策中介目标由数量型指标向价格型指标的转变（马骏、洪浩、贾彦东等，2016），当前绝大多数市场经济国家均已实现了利率市场化并完成了这项转变[①]。我国金融体系与制度建立相对较晚，在中国人民银行开始重新思考货币政策时，发达国家央行已经进行了多次价格型和数量型中介目标的切换，这为转型期中国货币政策的制定提供了很好的借鉴。从中国的货币政策实践来看，自中国人民银行取消对商业银行信贷规模的直接控制、正式引入货币供应量作为货币政策调控的重要指标之后，货币供应量便是货币政策取向的风向标，也成为中央银行明确公布的货币政策中介目标。但是随着金融市场的深化发展、融资渠道的日益多元化，货币政策调控面临新的环境，继续将货币供应量作为货币政策中介目标使用，在可控性、可测性以及与最终目标的关联性等诸多方面，已不能够达到理想的效果。2018 年政府工作报告对 M2 的表述发生了变化，首次未对广义货币供应量 M2 设定增长目标，中央银行迫切需要确定更为合适的统计监测指标和货币政策中介目标。

2008 年全球性金融危机对货币政策理论与实践产生了深远的影响，由于金融危机爆发的原因之一是融资活动与实体经济相脱节，这使得金融统计信息缺失以及统计的制度性缺陷更加显现。中国人民银行于金融危机之后创新设计了社会融资规模指标，该指标的特点是反映整个金融体系对实

---

① 马骏，洪浩，贾彦东，等. 收益率曲线在货币政策传导中的作用 [J]. 北京：中国人民银行，2016（1）：1 - 60.

体经济的融资总量，目的是使金融统计数据能够及时反映经济运行情况，为各界防范经济风险、判断经济走向提供依据。社会融资规模指标的提出为我国数量型货币政策中介目标增添了一个新的选择。在复杂多变的经济形势面前，仅仅依靠数量型调控机制发挥作用是不够的，2015 年年底利率市场化改革在我国的初步实现已为利率等价格型指标发挥作用奠定了基础条件。银行间市场最具代表性的回购利率以及能够对债券及同业存单产品定价发挥重要基准作用的上海银行间同业拆放利率，均被寄希望能够在宏观调控中起到中介作用。本章将就现阶段中国数量型与价格型指标对货币政策最终目标的传导效应进行讨论，为中国货币政策中介目标的选择提供参考。

第一节 文 献 回 顾

货币政策中介目标是货币政策最终目标的先行指标，也是中央银行能够在适当时滞和精度下加以调控的经济变量，中央银行能否对货币政策中介目标进行恰当选择，是货币政策最终目标能否实现的重要因素。中央银行对货币政策中介目标的不同选择，即选择以货币供应量为代表的数量型目标还是选择以利率为代表的价格型目标，是区分不同类型货币政策框架的关键（马骏、纪敏，2016）[①]。对货币政策中介目标、货币政策的传导渠道进行测定，是研究货币政策传导机制的核心内容，对中央银行货币政策调控的实践有很强的现实指导意义（盛松成、吴培新，2008）[②]。货币政策中介目标应该如何选择，需要结合一国特定的经济与金融环境进行判断，以是否能够实现货币政策最终目标为依据。即使是同一个国家，在不同的发展阶段，经济环境也会发生变化，货币政策最终目标的侧重点将有所不同，中央银行应该根据宏观经济的变化对中介目标加以调整并运用。货币政策中介目标主要有数量型指标与价格型指标，前者主要以各个层次的货币供应量指标为代表，货币主义学派主张将其作为货币政策的中介目标；后者主要以利率指标为代表，凯恩斯主义认为利率是能够对总需求产生影响的关键变量。由发达国家货币政策的实践来看，货币政策中介目标

---

① 马骏，纪敏. 新货币政策框架下的利率传导机制［M］. 北京：中国金融出版社，2016.
② 盛松成，吴培新. 中国货币政策的二元传导机制——"两中介目标，两调控对象"模式研究［J］. 经济研究，2008（10）：37－51.

的演进并不是一帆风顺的，经历了货币数量与利率价格的多次切换与反复（伍戈、高荣婧，2015）[①]。发达国家金融市场较为完善，利率传导渠道较为畅通，他们的中央银行大多把利率作为货币政策的中介目标，传统上以货币供应量为中介目标的德国，现也开始将利率指标纳入检测范围。

我国利率市场化才初始完成，利率传导渠道尚不通畅，关于哪种指标能够被用来作为我国货币政策中介目标，目前主要有以下三种观点。第一种观点认为货币供应量指标仍然可用。潘锡泉（2015）通过构建状态空间模型进行了分析，认为现阶段我国利率市场化尚未充分完善，仍应将货币供应量作为中介目标，同时关注资产价格的波动，但不应操之过急地过度重视价格型的中介目标[②]。潘艳艳、赵昕、高璐（2016）的研究指出以货币供应量为代表的数量型中介目标在现阶段是合理的[③]。王璐、瞿楠（2016）的研究显示，尽管货币供应量指标的有效性有所下降，由于近年来货币政策的传导方式变得更加复杂化，利率还不具备成为货币政策中介目标的条件[④]。第二种观点认为社会融资规模指标具有货币供应量指标不可比拟的优势。其原因是社会融资规模指标与实体经济的联系较为密切，能够更好地反映金融支持实体经济的特征（汪洋、葛正灿，2013），但社会融资规模的统计口径尚有遗漏，该指标的有效性还需提高[⑤]。程国平、刘丁平（2014）的研究也支持了这一观点[⑥]。第三种观点认为我国应培育以利率为核心的价格型的中介目标。马理（2015）的研究显示，市场利率指标对货币政策最终目标的影响更加明显[⑦]。陈小亮、陈惟、陈彦斌（2016）认为中国人民银行应培育 Shibor 指标，利率指标成为货币政策中介目标是必然趋势[⑧]。邹薇、宋洁（2014）的研究进一步提出应该关注利

① 伍戈，高荣婧. 货币政策中介目标的量价演进：美联储的案例 [J]. 金融市场研究，2015（6）：84 - 92.

② 潘锡泉. 我国货币政策调控模式改变了吗？——基于不同货币政策中介目标的比较分析 [N]. 江汉学术，2015（4）：56 - 64.

③ 潘艳艳等. 我国货币政策中介目标的选择与再检验 [J]. 金融发展研究，2016（3）：36 - 40.

④ 王璐，瞿楠. 货币政策中介目标选择——基于金融创新和利率市场化的视角 [J]. 河北经贸大学学报，2016（3）：58 - 67.

⑤ 汪洋，葛正灿. 中国货币政策中介目标的选择——兼议社会融资总量指标的进一步完善 [J]. 金融与经济，2013（3）：37 - 41.

⑥ 程国平，刘丁平. 社会融资规模作为货币政策中介目标的合理性 [J]. 财经问题研究，2014（9）：54 - 57.

⑦ 马理. 社会融资规模是恰当的货币政策中介目标变量吗？——基于 SVAR 模型的数据分析与传导效果检验 [J]. 金融理论与实践，2015（3）：7 - 11.

⑧ 陈小亮等. 社会融资规模能否成为货币政策中介目标——基于金融创新视角的实证研究 [J]. 经济学动态，2016（9）：69 - 79.

率、汇率以及资产价格等价格型指标的变化①。上述研究均为本章的研究
奠定了良好的基础，本章将在既有文献的基础上对数量型指标和价格型指
标的有效性分别进行讨论，以期对现有研究进行补充和丰富。

第二节　宏观计量模型的基本结构与运用

　　传统的多元线性回归模型以及联立方程模型等经济计量方法，并不能
够为变量之间的动态联系提供严密的说明，1980 年西姆斯（C. A. Sims）
开创性地利用 VAR 模型对宏观经济中的因果关系进行了实证研究，"将系
统中每一个内生变量作为所有变量滞后值的函数，以此来进行模型构造，
将单变量自回归模型进行推广。成为由多元时间序列变量组成的向量自回
归模型，对宏观计量经济的发展作出了重要贡献"②。

　　向量自回归（Vector Autoregression，VAR）模型以多方程联立的形式
出现，系统内仅有内生变量的滞后期出现在等式右边。基本思路是，对模
型中所有内生当期变量的若干滞后值进行回归，估计出全部内生变量之间
的动态关系。一个不含外生变量的 VAR（p）模型的数学形式是

$$\boldsymbol{y}_t = \boldsymbol{\Phi}_1 \boldsymbol{y}_{t-1} + \cdots + \boldsymbol{\Phi}_p \boldsymbol{y}_{t-p} + \boldsymbol{\varepsilon}_t, \ t = 1, \ 2, \ \cdots, \ T \qquad (6-1)$$

$$\text{或 } \boldsymbol{\Phi}(L)\boldsymbol{y}_t = \boldsymbol{\varepsilon}_t, \ t = 1, \ 2, \ \cdots, \ T \qquad (6-2)$$

如果式（6-2）满足平稳性条件，则可以将其表示为无穷阶的向量动平均
形式［Vector Moving Average，VMA（∞）形式］

$$\boldsymbol{y}_t = \boldsymbol{\Theta}(L)\boldsymbol{\varepsilon}_t \qquad (6-3)$$

式（6-1）~式（6-3）中：$\boldsymbol{y}_t$ 是 k 维内生变量列向量，p 是滞后阶数，T
是样本个数。$k \times k$ 维矩阵 $\boldsymbol{\Phi}_1$，$\cdots$，$\boldsymbol{\Phi}_p$ 是待估计的系数矩阵。$\boldsymbol{\varepsilon}_t$ 是 k 维扰
动列向量，各扰动项相互之间可以同期相关，但扰动项与自己的滞后值并
不相关，扰动项与等式右边的变量也不相关。传统的 VAR 理论要求模型
中每一个变量是平稳的，非平稳时间序列需要经过差分，得到平稳序列再
建立 VAR 模型，但这样通常会损失序列所包含的信息。随着协整理论的
发展，只要各变量之间存在协整关系，对于非平稳时间序列也可以直接建

---

　　① 邹薇，宋洁. 基于金融创新的我国货币政策中介目标实证研究 [J]. 湘潭大学学报（哲
学社会科学版），2014（3）：51－55.
　　② 沈悦. VAR 宏观计量经济模型的演变与最新发展 [J]. 数量经济技术经济研究，2012
（10）：150－160.

立 VAR 模型，或者建立向量误差修正模型（Vector Error Correction Model，VECM）。相较于早期的结构性模型，VAR 模型具有以下优点：解释变量中不包含任何当期变量，只要样本足够大，不存在因参数过多产生模型不可识别问题；无须实现区分变量的内生性和外生性；让数据说明一切而无须以严格的经济理论为依据。

本章将根据所选取变量的数学特征，构建 VAR 模型，运用 ADF（Augmented Dickey Fuller）单位根检验来检验变量是否平稳、运用 JJ（Johansen - Juselius）协整检验来检验变量之间是否具有长期的均衡稳定关系、运用 Granger 因果检验来检验变量之间存在的因果关系，继而进行模型滞后期的选择以及稳定性分析，在此基础上进行脉冲响应分析、方差分解分析等，在严格的检验结果的基础上展开逻辑推导和理论演绎。本章将分别讨论数量型指标与价格型指标对货币政策最终目标的解释能力，为中国货币政策框架转型的理论与实践提供参考。

第三节　中介目标选择：基于数量型指标的讨论

近年来我国金融产品得到迅速发展，各种类型的融资工具涌现，大量的表外资产被创设出来，这些都使得非银行类金融机构的作用比以往要增强，也使影响货币供给的因素更加复杂，广义货币供应量 M2 目前仍然是我国官方公布的货币政策中介目标，其可测性、可控性以及与宏观经济的相关性已趋于下降。要对社会的融资状况进行完整体现，必须要将商业银行的表外业务、将非银行金融机构提供的资金、将直接融资情况都纳入统计范畴。社会融资规模概念应运而生，现已日益受到更多的关注和重视。与货币供应量指标是从金融机构的"负债方"进行统计不同，社会融资规模是从金融机构的"资产方"进行统计，即从金融市场的"发行方"进行统计的，社会融资规模与货币供应量是"同一硬币的两个面"。尽管如此，由于统计方式的不同，社会融资规模与货币供应量两项指标并不一致，本章将首先讨论 M2 与社会融资规模这两个数量型的指标在货币政策传导机制中的有效性。

《中华人民共和国中国人民银行法》明确阐述了我国货币政策最终目标是"保持货币币值的稳定，并以此促进经济增长"。本章选择反映物价水平的居民消费价格指数（Consumer Price Index，CPI）月度同比指数表示币值变化；由于 GDP 只有季度数据，选用季度数据会使样本空间不足，因为我国的经济增长主要由工业带动，工业增加值是与 GDP 相关度最高的宏观指标，反映了经济运行冷热，选用规模以上工业增加值（Industrial Value Added，IVA）月度同比指数作为经济增长指标；选择广义货币供应量 M2 与社会融资规模（Aggregate Financing to the Real Economy，AFRE）表示货币政策中介目标变量。对数据处理说明如下：①选取 2007 年 9 月至 2017 年 9 月十年间的 IVA、CPI、M2、AFRE 月度同比指数，对 4 组变量进行 X12 季节调整，消除季节影响，并取对数，克服可能存在的异方差现象。数据均来自 Wind 资讯数据库。②对 4 组变量进行 ADF 单位根平稳性检验，可知其均为一阶单整序列；在此基础上进行 JJ 协整检验，可知 4 组变量存在协整关系，即 IVA、CPI、M2 与 AFRE 之间具有长期的均衡稳定关系。因此可在此基础上进行 Granger 因果关系检验，Granger 因果关系检验结果见表 6-1。

表 6-1   Granger 因果关系检验

原假设	F 统计量	P 值	结论
M2 不能 Granger 引起 IVA	8.04273	0.0005	拒绝
IVA 不能 Granger 引起 M2	9.57194	0.0001	拒绝
AFRE 不能 Granger 引起 IVA	2.04903	0.1336	接受
IVA 不能 Granger 引起 AFRE	13.7809	4.E-06	拒绝
M2 不能 Granger 引起 CPI	0.80605	0.4491	接受
CPI 不能 Granger 引起 M2	9.70612	0.0001	拒绝
AFRE 不能 Granger 引起 CPI	0.15390	0.8575	接受
CPI 不能 Granger 引起 AFRE	14.8922	2.E-06	拒绝

由表 6-1 可以得出以下几点结论：①货币供应量 M2 与工业增加值 IVA 存在双向 Granger 因果关系，说明 M2 与经济增长水平相互影响。②工业增加值 IVA 是引起社会融资规模 AFRE 变化的 Granger 原因，反之则不然。说明经济增长会引起社会融资规模发生变化，而样本期间内社会融资规模对经济增长的传导渠道还未建立。③价格指数 CPI 是引起 M2 变化的 Granger 原因，也是引起社会融资规模变化的 Granger 原因，反之则不然。

说明 M2 与社会融资规模对 CPI 的变化均没有解释能力，与 CPI 之间的相关性出现了问题，其向价格水平 CPI 的传导渠道尚未形成，或者传导有阻滞。而价格水平 CPI 出现波动，货币当局会反过来对 M2 和社会融资规模进行调整。

由于 4 组经济变量之间存在协整关系及 Granger 因果关系，因此，具备建立 VAR 模型的基础条件。对模型的滞后期进行选择可知，应该建立 VAR（2）模型，可在此基础上进行脉冲响应和方差分解分析。

本章考察的是货币政策中介指标对政策最终目标的解释能力，因此考虑 M2 与 AFRE 对 IVA 和 CPI 的解释能力（见图 6 - 1）。

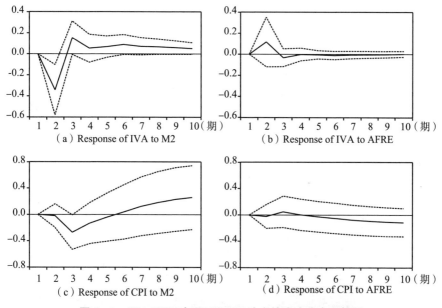

图 6 - 1 IVA/CPI 对 M2/AFRE 冲击的脉冲响应函数图

由图 6 - 1 可以看出，M2 的正冲击短期内会给经济增长带来负面影响，在第 2 期后开始回升，之后才对经济增长产生正面影响，其影响力在第 3 期达到峰值。社会融资规模的正冲击则在第 1 期便对经济增长起到拉升作用，在第 2 期达到峰值后影响力下降。但是 M2 与社会融资规模的正冲击对 CPI 产生负向作用则与经济理论预期不太相符，说明两个指标对物价水平缺乏反馈作用，这一点也可从 M2 与社会融资规模不能 Granger 引起 CPI 处得到证明。

由此可知，仅需针对 M2 与社会融资规模对 IVA 的影响进行方差分解。表 6 - 2 分析了广义货币供应量 M2 和社会融资规模冲击对 IVA 和 CPI 变动的贡献程度。第一列是冲击作用的滞后期间数（单位：月度），第二列、第三列表格内数字分别表示 M2 与社会融资规模冲击对 IVA 变动的贡献率（单位：百分数）。可以看出，样本期间内，M2 对经济增长变化的解释能力相对于社会融资规模来说较强一些。由于检验结果受 VAR 模型内方程设定顺序的影响，方程设定顺序靠后的社会融资规模指标变量的影响力可能会被低估。

表 6 - 2　　　　　M2 和社会融资规模冲击对 IVA 变动的贡献度

滞后期	GDP	
	M2	社会融资规模
1	0.000000	0.000000
2	6.678879	0.772359
3	7.850202	0.817653
4	7.959432	0.812896
5	8.188720	0.812078
6	8.586250	0.815675
7	8.835775	0.814702
8	9.049946	0.812570
9	9.208773	0.809636
10	9.311813	0.806597

基于实证结果，可以得到以下几点结论。

（1）M2 在货币政策传导机制中的有效性减弱。尽管 Granger 因果检验显示出 M2 与经济增长之间存在双向的因果关系，但由脉冲响应结果可知，M2 增加的初期并不会带来经济增长，由方差分解结果知 M2 对经济增长变动的贡献程度并不是十分强，这可能要归因于现阶段社会资金难以转化为有效投资。我国货币供应量分为 M0、M1 和 M2 三个层次，其中 M0 是流通中的现金；M1 由 M0 和单位活期存款两部分组成；M2 由 M1 和准货币（定期存款、储蓄存款和其他存款）共同组成，M0、M1 和 M2 的流动性依次递减。一般情况下，广义货币供应量 M2 很容易被转化为狭义货币 M1，M1 与 M2 总是能够同步增长，但近年来由于 M1 的增速较快，使 M1 与 M2 两者的增速差距拉大：一方面，由于 M1 的重要组成部分是企业的活期存款，表明企业没有找到合适的投资方向而将大量的资金放在活期存款账户；另一方面，由于定期存款利率较低，企业的资金可以留在活期存款账户以观望更好的投资渠道。尤其是近年来公众对参与证券投资和房地产投资有极高的收益预期，社会资金只会不断地流向虚拟经济部分和房地产部分，难以转化为实际有效的投资。这些使得 M2 指标与经济增长目标的相关性趋于减弱。

（2）社会融资规模的传导效应还未有效形成，但预期可成为拉动实体经济增长的强劲之源。由实证结果可知，社会融资规模对经济增长显示出正向的促进作用，这一点符合经济学理论预期；但 Granger 因果关系只显示出经济增长与价格水平对社会融资规模的单向因果关系，表明该项指标的传导效应现阶段尚未有效形成。社会融资规模指标是在对 2008 年全球性金融危机爆发原因的反思基础上诞生的，设计思路是为了弥补金融统计信息缺失以及统计的制度性缺陷，从全社会资金供给的角度反映金融对实体经济的支持，使金融统计数据能够及时反映经济运行情况，为各界防范经济风险、判断经济走向提供依据。社会融资规模指标即使是从世界范围来看，也是第一次将资产方的指标直接应用于货币政策的实践（盛松成、阮健弘、张文红，2016）。尽管作为创新的统计口径，社会融资规模指标没有将置换的政府债务等反映实体经济融资情况的项目计算在内，还有完善空间，但由于其反映的是整个金融体系对实体经济的融资总量，与实体经济之间存在更加密切的联系，社会融资规模指标预期可成为拉动实体经济增长的强劲之源。

由于样本期间内中国的消费价格指数整体上可以看作是稳定的，这能够解释为何 Granger 因果性检验显示 M2 与社会融资规模指标对 CPI 不能产生影响和作用；Granger 因果检验还显示出 CPI 是引起 M2 与社会融资规模变化的原因，这也正好说明了货币当局会根据物价水平的变化反过来调整货币数量，符合当前的实际情况。

第四节　中介目标选择：基于价格型指标的讨论

2017 年第二季度的《中国货币政策执行报告》中指出中国人民银行

下一阶段需要"进一步完善调控模式，强化价格型调节和传导"。因此，对价格型的货币政策中介指标进行培育与选择是非常有必要的。鉴于货币市场利率对社会资金供求关系有较高敏感性，能够对商业银行的资金成本产生直接影响，能够将资金余缺的信号传递给实体企业，影响实体经济的运行，美联储等主要中央银行大都将银行间同业拆借利率作为货币政策中介目标来使用。在我国，自 2007 年上海银行间同业拆放利率 Shibor 正式运行以来，人民银行一直在加强 Shibor 作为货币市场产品定价基准的推广，《中国货币政策执行报告》指出，Shibor 被认为能够"对债券及同业存单产品定价发挥重要的基准作用"。《中国货币政策执行报告》中同时指出，回购利率被认为是"银行间市场最具代表性"的利率。因此，本章将要讨论上海银行间同业拆放利率 Shibor 与银行间质押式回购利率 Repo 对货币政策最终目标的传导效果。

本章采用 VAR 模型对价格型指标进行分析。选择反映物价水平的 CPI 月度同比指数表示币值变化；选用规模以上工业增加值 IVA 月度同比指数作为经济增长指标；选择上海银行间同业拆放利率 Shibor 与银行间质押式回购利率 Repo 表示货币政策中介目标变量，Shibor 与 Repo 均为 7 天期利率。对数据处理说明如下：①选取 2007 年 9 月至 2017 年 9 月十年间的 IVA、CPI、Shibor 与 Repo 月度同比指数，对 4 组变量进行 X12 季节调整，消除季节影响，并取对数，克服可能存在的异方差现象。所有数据均来自 Wind 资讯数据库。②对 4 组变量进行 ADF 单位根平稳性检验，可知其均为一阶单整序列；在此基础上进行 JJ 协整检验，可知 4 组变量存在协整关系，即 IVA、CPI、Shibor 与 Repo 之间具有长期的均衡稳定关系。因此可在此基础上进行 Granger 因果关系检验，Granger 因果关系检验结果见表 6-3。

表 6-3   Granger 因果关系检验

原假设	F 统计量	P 值	结论
Shibor 不能 Granger 引起 IVA	7.62327	0.0008	拒绝
IVA 不能 Granger 引起 Shibor	0.97051	0.3820	接受
Repo 不能 Granger 引起 IVA	7.20820	0.0011	拒绝
IVA 不能 Granger 引起 Repo	0.83432	0.4368	接受
Shibor 不能 Granger 引起 CPI	5.52371	0.0051	拒绝

续表

原假设	F 统计量	P 值	结论
CPI 不能 Granger 引起 Shibor	1. 02816	0. 3610	接受
Repo 不能 Granger 引起 CPI	5. 49503	0. 0053	拒绝
CPI 不能 Granger 引起 Repo	1. 11301	0. 3321	接受

由表 6-3 可知，价格型指标 Shibor 和 Repo 均是引起 IVA 与 CPI 变化的 Granger 原因，说明两个价格型指标对货币政策最终目标都具有传导能力。由于 4 组经济变量之间存在协整关系及 Granger 因果关系，因此，具备建立 VAR 模型的基础条件，可在此基础上进行脉冲响应和方差分解分析。

本章考察的是货币政策中介指标对货币政策最终目标的解释能力，因此考虑 Shibor 与 Repo 对 IVA 和 CPI 的解释能力（见图 6-2）。

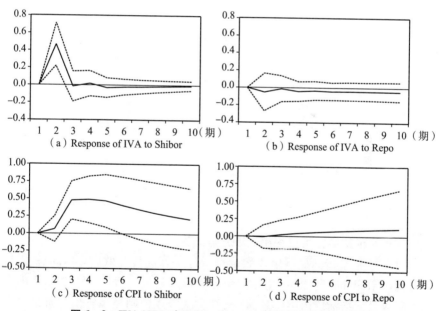

图 6-2　**IVA/CPI 对 Shibor/Repo 冲击的脉冲响应函数图**

由图 6-2 可以看出，Shibor 的正冲击短期内会给经济增长带来正面影响，在第 3 期以后负向影响才开始显现，这与经济理论认为利率与经济增长是负相关关系的预期有所不符；Repo 冲击对经济增长的影响则显示出明显的负相关性，符合经济理论预期。在 Shibor、Repo 与 CPI 的关系方面，均显示出较为微弱的正相关性，表示 Shibor 与 Repo 的正冲击会引起 CPI 略微轻微的同向变化。Shibor 与 Repo 冲击对 CPI 影响程度小，可以由价格在短期内呈现黏性特征得到解释。

表 6－4 显示出了 Shibor 与 Repo 冲击对 IVA 和 CPI 变动的贡献程度。可以看出，样本期间内，Shibor 对经济增长与价格水平变化的解释能力相对于 Repo 来说较强一些。但由于检验结果受 VAR 模型内方程设定顺序影响，方程设定顺序靠后 Repo 指标变量的影响力可能会被低估。

表 6－4 Shibor/Repo 冲击对 IVA/CPI 变动的贡献度

滞后期	IVA		CPI	
	Shibor	Repo	Shibor	Repo
1	0.000000	0.000000	0.000000	0.000000
2	11.81139	0.148602	0.156767	0.002920
3	11.67227	0.155703	5.044501	0.010698
4	11.67487	0.255594	7.465050	0.039141
5	11.71337	0.318602	9.037115	0.078620
6	11.72733	0.410888	9.876691	0.129881
7	11.73615	0.498556	10.35452	0.192061
8	11.73519	0.597214	10.62480	0.266678
9	11.72835	0.700203	10.77668	0.354426
10	11.71715	0.811365	10.85642	0.456268

基于实证结果，可以得出以下几点结论。

（1）价格型指标显示出比数量型指标更好的传导效应。Granger 因果性检验显示 Shibor 与 Repo 均能够引起货币政策最终目标 IVA 与 CPI 的变化，而数量型指标货币供应量 M2 与社会融资规模则显示不出与价格水平 CPI 的传导效应，甚至社会融资规模指标并不是引起 IVA 变化的 Granger 原因，其对经济增长 IVA 的传导渠道尚未畅通。这说明，在多年以及多方的努力下，对供求关系更加敏感、更具市场化特点的利率价格型指标的市场接受程度得到提高，已经能够在货币政策传导机制中发挥较好的作用，如果进一步深化培育，未来还将发挥更大、更好的作用。

（2）Shibor 与 Repo 对货币政策最终目标的传导作用并不相同。由脉冲响应函数图显示的传导效果来看，基于真实交易形成的 Repo 指标与 IVA 的负相关关系更加符合经济学理论预期，显示出更好的传导效果。之所以会产生这样的差别，需要对 Shibor 与 Repo 指标的形成机制进行分析。Shibor 指标的报价机制与国际最通行的伦敦同业拆借利率（London Inter-Bank Offered Rate，Libor）如出一辙，Shibor 值由具有权威性、代表性和社会影响力的报价行提供，是报价行根据资金供求情况、根据其对未来资金价格预期情况进行综合判断后报出的，一般来说，Shibor 指标能够充分发现市场价格，能够全面反映市场的流动性状况，具有较好的完整性和稳定性。但 Shibor 是基于报价形成的利率，并不是实际的交易利率，这是 Shibor 与基于真实交易形成的质押式回购利率的明显不同，质押式回购利率能够更好地反映实体经济对资金的实际配置状况。由此，可以理解 Shibor 与 Repo 传导效应会出现差异。

【专栏 6 –1】

上海银行间同业拆放利率

从国际经验来看，高度发达的市场主体对价格型指标的关注程度远远大于对数量型指标的关注程度，我国货币政策正处于由数量型调控为主向价格型调控为主的转型时期，健全市场化利率形成机制与传导机制，培育货币市场基准利率是十分有必要的。基于这种考虑，中国人民银行对 Libor 等国际基准利率进行借鉴，于 2007 年正式推出 Shibor，寄希望其能够成长为认可度高、应用广泛的货币市场基准利率。尽管 Shibor 是模仿 Libor 而设计的，但吸取了 2012 年被曝光的部分报价行操纵 Libor 报价的教训，进行了更加符合中国实际的改进，主要体现在：建立市场利率定价自律机制，使报价监管更加严格；引入报价考核机制，发挥对报价行的激励与约束作用。实践证明，这些改进在 Shibor 的培育与发展方面起到了重要的作用。

Shibor 的报价及计算方法与 Libor 相似，是由报价银行团报出的算数平均利率，报价银行实行淘汰制，因此并不是固定不变的，而是动态调整。2017 年 Shibor 的报价银行有：国家开发银行、工商银行、农业银行、中国银行、建设银行、交通银行、邮储银行、招商银行、中信银行、光大银行、华夏银行、兴业银行、浦发银行、民生银行、广发银行、北京银行、上海银行与汇丰银行（中国）。可以看出，Shibor 的报价银行均为信用等级较高的商业银行，它们是公开市场的一级交易商或者是外汇市场的做市商，是在中国货币市场上人民币交易相对活跃、信息披露比较充分的银行。报价银行将于每个交易日对 Shibor 的每一个期限品种进行报价，剔除最高与最低各 4 家银行的报价之后，对剩余的报价进行算术平均后得出的值，即为每一期限品种的 Shibor。目前，对社会公布的 Shibor 共有 8 个期限品种，分别为：隔夜、1 周、2 周、1 个月、3 个月、6 个月、9 个月及 1 年。Shibor 是单利，且是无担保的批发性利率。目前 Shibor 已被应用于货币、债券、衍生品等各个层次的金融产品定价，基准性显著提升。

第五节　研究结论与政策建议

综合上述分析可以看出，随着市场的不断深化和金融市场的不断创新，影响货币供给的因素变得复杂，M2 指标已经不能完全反映市场主体对实体经济的有效投资，因此 M2 指标与实体经济的关联性趋于减弱。社会融资规模是对数量型指标的改进，是对全社会流动性的衡量，更能够反映实体经济的融资需求，但其传导效应尚未有效形成，仍有完善空间，预期可成为拉动实体经济增长的强劲之源。结合发达国家央行的实践，数量型货币政策调控框架对中央银行的吸引力正在逐渐减小，主要国家的中央银行使用的都是价格型的货币政策中介目标、采用价格型的货币政策调控框架。转型期中国的金融市场尚处于动态发展阶段，利率市场化已初步实现，在现有数量型为主的货币政策调控框架基础之上，今后也应逐步发挥价格型调控机制的作用。本章的实证结果显示，价格型指标显示出比数量型指标更好的传导效应，基于真实交易形成的 Repo 指标显示出较好的传导效果。基于上述研究结论，本章提出以下几点建议。

（1）数量与价格指标并用，是当前我国央行的务实选择。中央银行货币政策中介目标选择的动态演变总是与其所处的社会历史背景相匹配，与宏观经济形势和金融市场的发展阶段密切相关，中央银行对货币政策中介目标的选择不应拘泥，可以根据经济形势发展的需要，进行灵活的选择。近年来我国货币政策调控框架呈现"双轨"特征，即价格型调控和数量型调控并存（纪洋、谭语嫣、黄益平，2016）。这是因为当利率水平偏离均衡太远时，会使数量型调控的难度增大，削弱货币政策的有效性，因此，数量型调控功能的实现需要价格型调控手段进行配合；而要使价格型调控功能得以增强，也需要借助数量型调控手段给予补充和强化。数量与价格相互支撑才能使货币政策更好地发挥作用。当数量型的指标能够发挥更好的传导作用时，就选择数量型的中介目标；当价格型的指标能够发挥更好的传导作用时，就选择价格型的中介目标。中国人民银行无论作哪种选择，都应该将其他指标列入参考。

（2）社会融资规模与 Shibor 指标仍需持续优化。社会融资规模指标自2010 年 11 月起才被研究并编制，其被投入使用的时间并不长。社会融资规模指标可以同时反映存量和增量，不仅涵盖了实体经济通过银行渠道获得的间接融资，还包括企业和个人通过证券、保险以及其他渠道获得的直接融资。随着我国金融市场的持续发展和金融创新的不断深化，私募股权基金、对冲基金等新的融资渠道将逐步增加，社会融资规模指标的涵盖范围有必要进一步优化。鉴于回购利率体现出较好的政策传导效果，应将其作为人民银行政策利率的组成部分，也应注意，经过多年的培育发展，Shibor 的基准性已越来越强，由于 Shibor 是基于报价形成的指标，只有确保报价的可交易性才能使 Shibor 与市场利率走势更加契合。此外，目前对社会公布的 Shibor 品种仅包括隔夜、1 周等 1 年期以内的短期利率，而市场主体在进行投资决策时更为关心的是长期利率。因此，还应畅通短期利率到长期利率的传导渠道，畅通长期利率到实体经济的传导渠道，强化中长期端 Shibor 在金融产品中的应用，并推动 Shibor 衍生产品在境内甚至在境外市场的发展。

（3）继续完善宏观审慎政策框架以支持实体经济发展。金融体系的过度顺周期性使金融体系具备了脱离实体经济进而自我扩张的能力，其带来的跨市场风险传染会对宏观经济和金融稳定造成巨大冲击，成为引发金融危机的原因之一。经济中顺周期的因素过多会使经济波动被放大，从而造成矛盾积累并积聚系统性风险。因此，应对金融体系的过度顺周期性问题给予足够重视，将货币政策与宏观审慎结合起来，"健全货币政策和宏观审慎政策双支柱调控框架"。社会融资规模指标将部分直接融资纳入统计范畴，关注的是全社会的融资状况，便是对宏观审慎原则的应用。宏观审慎政策为货币政策中介目标的设计、完善以及选择提供了思路：可以尝试为市场主体提供一个能够承受冲击的缓冲区间，货币政策中介目标不再盯住一个点，而是盯住某个更具弹性的目标区间。未来央行可通过构建利率走廊机制的方式，为货币政策设置一个利率的中介目标区间，以缓解潜在冲击，使金融体系能够更好地支持实体经济发展。

第七章

中国货币政策调控：
基于利率走廊机制的讨论

近年来中国人民银行发布的《中国货币政策执行报告》多次提到"探索构建利率走廊机制"，利率走廊机制在我国逐步为人所知。实践中，利率走廊机制是 20 世纪 90 年代发达国家央行货币政策工具的创新，当时许多国家的中央银行降低或取消了法定存款准备金率，所以中央银行无法通过调整存款准备金率对利率施以控制，便采用了显性的或者隐性的利率走廊机制，着重开展对利率水平的引导和调控，并取得了积极效果（马骏、纪敏，2016）[①]。这种货币政策工具在 2008 年全球性金融危机后得到了进一步的发展，例如：欧洲央行将"对称式"利率走廊机制转变为"地板式"利率走廊机制进行使用；日本央行采取了对存款准备金支付利率的做法，开启利率走廊机制，使用的也是"地板式"利率走廊机制；美联储在原有公开市场操作的基础上，通过对超额准备金支付利息的方式，使联邦基金利率受超额准备金率下限限制，使用了利率走廊机制的部分特征。可见，利率走廊机制已经成为当前中央银行货币政策调控的潮流，共同特点是不再强调公开市场操作政策工具的主要作用。相较于传统的"对称式"利率走廊模式，"地板"利率走廊机制于 2008 年金融危机以后更加盛行。发达经济体央行关于利率走廊机制的诸多实践为我国提供了借鉴，本章将对利率走廊机制与公开市场操作的基本原理进行阐述，对利率走廊机制的不同模式进行比较，在此基础上讨论中国应该采用怎样的利率调控方式。

---

① 马骏，纪敏. 新货币政策框架下的利率传导机制 [M]. 北京：中国金融出版社，2016.

第一节 文献回顾

有关利率走廊机制的研究是从对加拿大央行在"零准备金制度"下货币政策调控的分析框架中发展而来的，因此不少文献侧重解释利率走廊机制与商业银行存款准备金的关系（Whitesell，2006；Perez - Quiros & Mendizabal，2012）①②。当存款准备金率降低为零时，中央银行将无法对利率进行控制，实行了"零准备金制度"的央行放弃货币供应量调控而转向了利率的"走廊"机制。利率走廊机制使央行不需要进行频繁的公开市场操作，只需要对走廊的上、下限进行调整就可以将市场利率调整至目标利率附近（Clinton，1997）③。Berentsen 和 Monnet（2008）认为央行在执行特定的货币政策时，移动利率走廊并保持走廊宽度不变，与调整利率走廊宽度具有同等效果④。Martin 和 Monnet（2011）在 Berentsen 和 Monnet 构建的一般均衡模型基础之上，构建了 Lagos - Wright 分析框架，对公开市场操作与利率走廊机制进行了比较，认为利率走廊机制相较公开市场操作而言可以增加福利，但是单纯的利率走廊机制并不能实现有效的分配，最优的选择应该是利率走廊机制与公开市场操作相结合⑤。为此，中央银行可将公开市场操作定位为基础货币的管理工具和辅助性的流动性调节工具；利率走廊机制则主要被用来稳定短期市场利率（欧阳卫民，2008）⑥。

实际操作中，"对称"利率走廊机制与"地板"利率走廊机制是利率走廊机制的两个代表性表现，在两者之间还存在不同宽度的利率走廊模式。如果目标利率与利率走廊下限比较接近，实际上就近似于地板利率走廊机制，地板走廊机制使商业银行的准备金存款获得了与市场收益相同的报酬，能够促进金融系统的效率。地板利率走廊机制在 2008 年全球性金

① Whitesell W. *Interest rate corridors and reserves* [J]. *Journal of Monetary Economics*，2006，53（6）：1177 - 1195.

② Quirós G P，Mendizábal H R. *Asymmetric standing facilities：an unexploited monetary policy tool* [J]. *IMF Economic Review*，2012，60（1）：43 - 74.

③ Clinton K. *Implementation of monetary policy in a regime with zero reserve requirements* [J]. *Bank of Canada Working Paper*，1997（4）：1 - 15.

④ Berentsen A，Monnet C. *Monetary policy in a channel system* [J]. *Journal of Monetary Economics*，2008，55（6）：1067 - 1080.

⑤ Martin A，Monnet C. *Monetary policy implementation frameworks：A Comparative Analysis* [J]. *Macroeconomic dynamics*，2011，15（S1）：145 - 189.

⑥ 欧阳卫民. 可探讨让支付系统成为货币政策操作平台 [N]. 上海证券报，2008 - 10 - 30.

融危机之后被广泛采用，此时走廊下限即为目标利率，央行通过移动利率走廊下限即可调整目标利率，这使得中央银行能够在不改变目标利率的前提下调整准备金供给量（Keister，Martin & McAndrews，2008）[①]。可以看出，地板利率走廊机制能够实现利率政策与流动性政策相分离。非对称的利率走廊机制，可以被用来平滑商业周期的波动，将非对称的利率走廊机制与积极的流动性管理策略相结合，可使货币政策能够通过不同的渠道影响信贷和存款利率，这使得利率走廊机制可以被用来作为宏观审慎的政策工具（Binici M，Erol H，Kara A H et al.，2013）[②]。

利率走廊机制可以弱化基础货币数量与市场利率的关系，实现无货币数量变动的利率调控，这一特征很适合中国国情：一是2008年金融危机后中国贸易顺差的增速下降，外汇占款降低，基础货币的供给渠道发生了变化，在基础货币供给数量波动且预期不稳定的情况下，采取利率走廊机制是较好选择；二是受金融市场尤其是债券市场发展的制约，中国人民银行通过公开市场操作干预货币市场利率的能力相对有限，从货币政策干预能力的角度看，利率走廊机制无疑是一个很好的替代工具（范志勇，2016）[③]。由以上研究可以看出，利率走廊机制为我国货币政策由数量型为主向价格型为主的货币政策调控框架转变提供了很好的思路，中国可相机采用利率走廊机制。

第二节　"利率走廊"机制的国际经验

一、欧洲央行的实践

欧洲央行的利率走廊机制使用较早，1998年6月开始构建，1999年欧元诞生之后便正式启用。欧洲央行将利率走廊的上限设定为贷款便利工具（Marginal Lending Facility，MLF）的利率，走廊上限高于目标利率150

---

① Keister T, Martin A, McAndrews J. *Divorcing money from monetary policy* [J]. *Economic Policy Review*, 2008, 14 (2): 41 –56.

② Binici M, Erol H, Kara A H, et al. *Interest rate corridor: a new macroprudential tool?* [R]. Research and Monetary Policy Department, Central Bank of the Republic of Turkey, 2013.

③ 范志勇. 货币政策理论反思及中国政策框架转型 [M]. 北京: 中国社会科学出版社, 2016.

个基点；利率走廊的下限设定为存款便利工具（Deposit Facility，DF）的利率，走廊下限低于目标利率100个基点，可以看出，欧洲央行利率走廊的最初设计是不对称形式的。1999年4月欧元区降息，欧洲央行将利率走廊的宽度缩减至200个基点，目标利率被设定位于走廊的中间位置，这种对称的利率走廊机制一直持续到2008年全球金融危机。金融危机之后，欧洲央行又对利率走廊的宽度进行了调整，将走廊宽度缩减至100个基点，其目的是试图通过降低市场利率的波动性来支持宽松的货币政策。2009年初欧洲央行将利率走廊的宽度恢复至200个基点，随后走廊宽度又于同年5月被收窄至150个基点。2009年年中开始，欧元区基准利率已接近于零，此时的利率走廊机制近似于"地板"模式。欧洲央行利率走廊实践如图7-1所示。

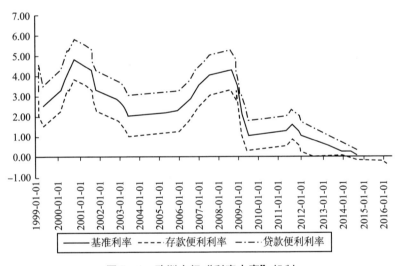

图7-1 欧洲央行"利率走廊"机制

资料来源：Wind资讯数据库。

由图7-1可以看出，2014年欧洲央行将存款利率下调为负，开始实行"负利率"政策。为维持利率走廊机制的日常运作，金融机构向欧洲央行申请贷款时需要提供抵押品，欧洲央行每周都会在其官方网站更新关于合格抵押品的具体种类和要求。总体来说，欧洲央行的合格抵押品可以分为可交易的证券类抵押品和不可交易的贷款类抵押品。可交易的证券类抵押品种类宽泛，不仅包括欧元区各国的中央政府债券和地方政府债券，也包括各种有担保的银行债券，甚至还包括无担保的银行债券、无担保的公司债券以及其他可交易证券；不可交易的贷款类抵押品主要有：定期存款、债权以及零售抵押债务工具等。欧洲央行针对不同等级的抵押品实行有差别的折扣率，再结合金融机构的信用评级，给予10%～65%不等的贷款折扣①。

二、日本央行的实践

日本中央银行采用互补借贷便利工具（Complementary Lending Facility，CLF）的利率作为利率走廊的上限，使用无抵押隔夜拆借利率作为目标利率，日本央行利率走廊的上限高于目标利率25个基点。日本中央银行起初并没有为利率走廊设定下限；2008年11月之后，日本央行为其利率走廊机制设定了下限，推出了互补存款便利（Complementary Deposit Facility，CDF）工具。互补存款便利指日本央行向超额准备金支付的利息，利率为0.1%。同时将无抵押隔夜拆借目标利率降至0.3%。2008年11月19日日本央行又将无抵押隔夜拆借利率降至0.1%，此时目标利率与利率走廊的下限持平，利率走廊机制转向"地板"模式。"利率走廊的地板模式能够使中央银行的流动性供给决策与利率决策实现分离"。② 尽管日本中央银行在金融危机以前没有为金融机构提供存款便利工具，但其在危机中对利率走廊设定了下限，这一措施的政策效果较为理想。究其原因，在于在日本货币市场进行交易的主体较为广泛，不仅本国的大、中、小银行均可以参与无抵押隔夜拆借，外资银行、证券公司、保险公司等金融机构也都能在隔夜拆借市场上通过无抵押的方式筹集到资金，这些市场交易主体都有资格使用存款便利工具。

三、美联储的实践

美联储并没有明确实行利率走廊机制，2008年金融危机以前，美联储不对金融机构的准备金存款支付利息，因此并不存在利率走廊的下限。金融危机以后，美联储通过大规模资产购买实施了"非传统"的量化宽松货币政策，这导致了银行存款准备金迅速增加，美国《金融服务监管救援

---

① 马骏，纪敏. 新货币政策框架下的利率传导机制［M］. 北京：中国金融出版社，2016.
② 鲁政委，李苗献. 中国利率走廊的经验宽度研究［J］. 新金融评论，2016（2）：57－71.

法》（*Financial Services Regulatory Relief Act*）授权美联储于 2011 年 10 月 1 日起对金融机构存款准备金支付利率，这相当于为利率走廊设定了一个下限。由于贴现率高于银行间市场利率，可以被看成是利率走廊的上限，目标利率即联邦基金利率。至此，"美国货币政策调控由传统上的主要依赖公开市场操作政策工具调控转变为附加利率下限与公开市场操作相结合的调控模式"。①

与其他国家不同的是，美国利率走廊机制的上限和下限都不够强硬。这主要是基于两个方面的原因：一方面，在美国现行法律下只有少数金融机构有资格从存储于美联储的准备金中获得利息，这导致美国准备金政策的使用受到限制。受制于此，不具备获取利息资格的商业银行会将资金以更低的利率拆借给同业，使得存款准备金率的利率下限功能无法体现。另一方面，金融机构对贴现窗口的使用，会向美联储或者是向市场传递其流动性管理不善的负面信号。基于这种考虑，金融机构往往会选择从同业拆入资金而不是从美联储窗口获得资金，这导致联邦基金利率会被推升到高于贴现率水平，因此贴现率也并不构成利率走廊的严格上限。尽管如此，在金融危机期间的"量化宽松"政策背景下，美联储所设定的利率走廊下限将最终帮助联邦基金利率锚定在联邦公开市场委员会设定的目标利率附近，实践过程中银行间市场的套利行为仍会使利率走廊上、下限对市场利率产生影响②。

第三节　短期利率调控：公开市场操作

利率实现市场化以后，中央银行可以通过引导货币市场基准利率的变动，使短端利率沿债券收益率曲线传递到长端利率，以此实现货币政策最终目标。为了使市场基准利率保持在合理区间并且有效稳定，中央银行通常可以采取两种方式：公开市场操作与利率走廊机制。本节将首先阐述公开市场操作的基本原理及其影响。

---

① 范志勇. 利率市场化条件下中国货币政策框架重构［J］. 北京：中国人民大学经济研究所，2014（7）：1 - 12.

② David Bowman, Etienne Gagnon, Mike Leahy. *Interest on excess reserves as a monetary policy instrument: The experience of foreign central banks*［J］. *Board of Governors of the Federal Reserve System International Finance Discussion Papers*, 2010（3）：1 - 47.

一、公开市场操作的基本原理

公开市场操作是各个国家的中央银行对基础货币进行调节，进而调节市场流动性的主要货币政策工具，不仅如此，中央银行通过公开市场操作还可以改变准备金的供给曲线，从而可以影响均衡利率的决定。图 7 - 2 中，横轴表示存款准备金数量，纵轴 i 表示货币市场利率。

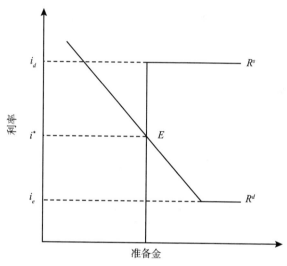

图 7 - 2　均衡利率的决定

由于商业银行可以选择将剩余资金以超额存款准备金的形式存入中央银行，获得无风险的利息收入，或者在拆借市场上借出获得收益。因此，商业银行对存款准备金的需求曲线可以被分为两个部分，由 R^d 表示。当银行间拆借市场利率高于超额准备金利率 i_e 时，拆借市场利率下降，表明商业银行持有超额准备金的机会成本将会降低，此时商业银行对超额准备金的需求量会增加。同样的道理，拆借市场利率上升，表明商业银行持有超额准备金的机会成本将会增加，此时商业银行对超额准备金的需求量会减少。在这种情况下，准备金的需求曲线 R^d 是向右下倾斜的。当拆借市场利率低于超额准备金利率 i_e 时，商业银行愿意无限增加其持有的超额准备金规模，不再愿意按照较低的利率水平在隔夜市场上放款。在这种情况下，准备金的需求曲线 R^d 是无限弹性的，即呈水平状态。

存款准备金的供给曲线由 R^s 表示，供给曲线可以被分为两部分。当拆借市场利率低于商业银行向中央银行借款的主要成本，即贴现率为 i_d 时，商业银行愿意选择在拆借市场上筹集资金，而不是向中央银行申请贴现贷款，此时商业银行向中央银行借入超额准备金的规模为零。这种情况下，准备金供给曲线呈垂直状态。当拆借市场利率高于贴现率 i_d 时，商业银行愿意在 i_d 的水平上增加借款，之后在拆借市场上以更高的利率将借款贷放出去进行套利。这种情况下，准备金的供给曲线 R^s 是无限弹性的，呈水平状态。当准备金的需求量等于供给量，即 $R^d = R^s$ 时，就实现了市场均衡，i^* 是均衡时的利率。如果利率高于 i^*，准备金的供给量大于准备金的需求量，形成超额供给，市场利率将会下跌到均衡时的 i^* 位置；如果利率低于 i^*，准备金的需求量大于准备金的供给量，形成超额需求，市场利率将会上升到均衡时的 i^* 位置。

二、公开市场操作的影响

公开市场操作会使准备金的供给数量发生变化，由于存款准备金是基础货币的一部分，基础货币随存款准备金的增减而增减，因此，公开市场操作能够决定市场流动性的增加或者减少，能够影响实体经济的扩张或者收缩。中央银行的公开市场操作影响存款准备金的供给曲线，具体表现为公开市场购买将增加准备金的供给量，供给曲线向右移动；公开市场出售将减少准备金的供给量，供给曲线向左移动。均衡的市场利率随供给曲线的移动而改变，形成新的均衡点。由于准备金需求曲线由向右下倾斜部分和水平部分组成，准备金供给曲线与之相交会出现两种情形。

图 7 - 3 显示了准备金供给曲线与需求曲线相交于需求曲线向右下倾斜部分时的情形。此时，公开市场购买推动准备金供给曲线从 R_1^S 右移至 R_2^S，均衡点从 E_1 移动到 E_2，利率从 i_1^* 下降到 i_2^*。同理可知，公开市场出售会推动准备金供给曲线向左移动，导致利率的上升。在这种情况下，中央银行通过公开市场购买或者公开市场出售，改变准备金供给的数量就可以使均衡利率水平发生改变。

图 7 - 4 显示了准备金供给曲线与需求曲线相交于需求曲线水平部分的情形。此时，公开市场购买推动准备金供给曲线从 R_1^S 右移至 R_2^S，均衡点从 E_1 移动到 E_2，利率保持不变，新的均衡利率 i_2^* 和旧的均衡利率 i_1^* 均与超额准备金率 i_e 相等。同理可知，公开市场出售会推动准备金供给曲

线向左移动，仍然不会引起利率的变化。因此，超额准备金率 i_e 成为货币市场利率的下限。在这种情况下，中央银行可以在不影响均衡利率变化的前提下，改变准备金的供给数量。

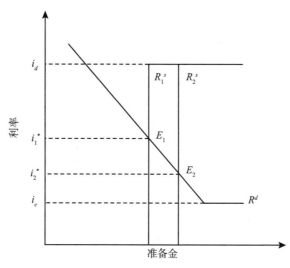

图 7 - 3　公开市场操作的影响（1）

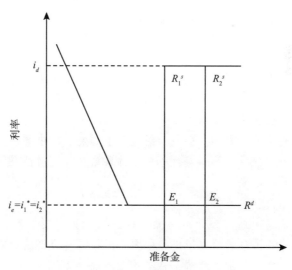

图 7 - 4　公开市场操作的影响（2）

由以上分析可以看出，中央银行运用公开市场操作工具可以灵活地对流动性供给进行扩张与收缩的双向调控。需要注意的是，对利率水平的控制还受到需求曲线的影响，需求曲线则取决于商业银行的意愿，不能由中央银行完全控制，流动性需求曲线与供给曲线共同作用才能够决定均衡利率水平。不仅如此，公开市场操作还依赖高度发达的国债市场，尽管近年来中国债券市场已快速成长，目前来看还存在以下问题：一是国债发行的规模、品种以及期限结构、持有主体机构、中央银行现券资产规模以及市场分割性等问题都限制了中国人民银行运用公开市场操作干预货币市场并进行利率引导的能力；二是通过买卖国债来改变基础货币的供应量，需要拥有足够深度与足够广度的国债二级市场进行配合，如果国债二级市场的空间不足，中央银行对国债的大规模购买或者出售将引发利率出现剧烈波动；三是受预算法约束，中国政府不便大量发行短期国债。除此之外，公开市场操作的精确程度取决于中央银行干预的能力和精确程度，即使在债券市场非常发达的美国，市场流动性需求的不确定性和变异性都会导致货币政策目标与市场流动性需求之间产生矛盾与冲突。因此，我国仅仅依靠公开市场操作来进行利率调控是不够的。

【专栏7-1】

我国的公开市场操作

我国人民币公开市场操作于1998年5月26日恢复交易，1999年以来加速发展，现在已经成为中国人民银行货币政策日常操作的主要工具。公开市场操作不但可以对银行体系的流动性水平进行调节，还可以对货币市场利率的走势进行引导。经过多年的发展，中国人民银行主要通过回购交易、现券交易和发行中央银行票据来对流动性及市场利率进行调节，公开市场操作的交易品种日益丰富。人民银行公开市场操作交易品种及操作内容见表7-1。

长期以来我国进行公开市场操作的主要手段是发行和回收央行票据，这是因为我国政府债券规模占中国人民银行总资产的比重较小，这使得公开市场操作可用的债券有限。有鉴于此，2003年3月22日中国人民银行创新发展了央行票据，自央行票据正式成为我国公开市场操作工具以来，即成为中国人民银行进行公开市场操作的主要选择。央行票据的适时推出能够起到以下作用：一是在我国外汇储备增长、急需在公开市场上卖出证券进行正回购交易对冲外汇占款增加的情况下，缓解了我国公开市场操作交易品种不足的困境；二是中央银行可以根据货币政策的需要，自主决定央行票据的发行规模、发行期限以及发行时间；三是由于央行票据的期限以短期为主，可以满足货币政策操作的短期性要求，能够使公开市场操作获得更高的灵活性和主动性。

表 7 – 1　　　　　　　　**中国人民银行公开市场操作交易品种**

交易品种	子类	操作内容	目的
回购交易	正回购	向一级交易商卖出有价证券	收回流动性
		约定在未来特定日期买回有价证券	投放流动性
	逆回购	向一级交易商购买有价证券	投放流动性
		约定在未来特定日期卖出有价证券	收回流动性
现券交易	现券买断	从二级市场买入债券	投放流动性
	现券卖断	在二级市场卖出债券	收回流动性
央行票据	发行央票	向商业银行发行央票	收回流动性
	央票到期	商业银行持有央票到期	投放流动性

很多年以来，央行票据发行与回收的主要目的是为了对冲外汇占款带来的巨大流动性，具有被动性特征。2008 年的全球性金融危机，使我国出口受到了影响，引致外汇占款增速放缓，表现为 2011 年以后央行票据发行量的下降，表明我国基础货币投放的主要渠道发生了改变。尽管新增外汇占款下降可以使中国人民银行摆脱被动发行央行票据或者被动上调存款准备金率，以不断对冲流动性的困境，但是这也意味着公开市场操作的主要交易品种发生了转换，运行了十多年的货币供应机制的失灵。好在自 20 世纪末以来，我国债券市场快速成长，国债、政策金融债券的规模都已显著扩大，银行间债券市场交易额高速提高，这为中国人民银行公开市场操作提供了大规模的货币政策操作工具，货币政策的自主空间因此将得以拓展，中国人民银行的货币政策工具仍将持续创新发展。

第四节　短期利率调控：利率走廊机制

利率走廊，也称为利率通道，其基本思路是：中央银行通过为商业银行提供存款便利工具与贷款便利工具，为利率设置下限与上限，将货币市场利率控制在目标利率附近（William Whitesell，2006）。当商业银行流动性充足时，可以按照存款便利工具的利率随时将存款存入中央银行，存款便利工具的利率就成为利率走廊的下限；当商业银行流动性不足时，可以按照贷款便利工具的利率随时向中央银行申请贷款，贷款便利工具的利率就成为利率走廊的上限。存、贷款便利工具的利差就是利率走廊的宽度。中央银行通过调节利率走廊的上限和下限，使货币市场利率向目标利率收敛，通过对短期利率的调控来实现货币政策最终目标。实践过程中，利率走廊机制主要有标准利率走廊和地板利率走廊两种模式，中央银行究竟采用哪种模式，视各国宏观经济发展形势的具体需要而定。本章将分别介绍这两种模式的基本原理。

一、标准利率走廊模式

标准利率走廊模式也称为"对称"利率走廊模式，是最早被使用的利率走廊机制。该模式下中央银行存、贷款利率与政策目标利率之间的差额相等，政策目标利率被保持在利率走廊的中心位置。较宽的利率走廊宽度对应较大的利率波动性，当市场上出现中央银行不可预期的流动性冲击时，利率走廊可以起到"自动稳定器"的作用。

图7-5中，横轴表示准备金量，纵轴表示货币市场利率。利率走廊上限表示中央银行承诺以此利率向市场提供无限的流动性，当拆借市场利率上升至走廊上限时，金融机构会选择向中央银行借款，而不会从同业市场或者其他渠道拆入资金，此时流动性需求曲线呈水平状态。下限表示中央银行承诺市场可以以此利率将任何多余的资金存入央行，当拆借市场利率降至走廊下限时，金融机构会选择将多余的资金存入中央银行，不会从同业市场或其他渠道拆出资金，此时流动性需求曲线同样呈水平状态。当拆借市场利率位于利率走廊上限与下限之间时，市场利率越高，金融机构对流动性的需求就越低；市场利率越低，金融机构对流动性的需求就越

高，此时流动性需求曲线呈现向右下方倾斜的状态。中央银行的目标利率处于利率走廊内。由于流动性供给由中央银行给定，是一个外生变量，因此流动性供给曲线垂直于横坐标。需求曲线与供给曲线的交点 E 表示均衡利率水平，E 点一定是在利率走廊之内的。E^* 点则表示流动性供给与流动性需求在目标利率实现均衡。

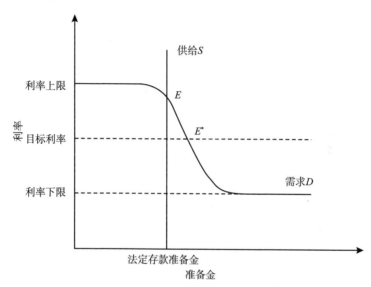

图 7 – 5 标准利率走廊模式

二、地板利率走廊模式

地板利率走廊模式是 2008 年全球性金融危机之后被更加广泛采用的模式，是对标准利率走廊模式的改进。地板利率走廊模式将政策目标利率设定为利率走廊的下限。实践中，如果存款便利工具的利率与目标利率非常接近，两者之间的宽度非常小，实际上就近似于利率走廊的"地板"模式（巴曙松、尚航飞，2015）。该模式下，中央银行为利率走廊设置的下限是超额存款准备金率，中央银行通过调整超额准备金率来控制货币市场利率。金融机构放贷利率不会低于该利率，利率走廊的下限也就成为政策目标利率，此时即使是中央银行运用公开市场操作来调整准备金的数量，也无法使市场利率发生改变。如图 7 – 6 所示，当中央银行流动性供给非常充足时，流动性供给曲线向右移动到利率走廊下限区域，此时利率走廊即转变为"地板"利率走廊模式。

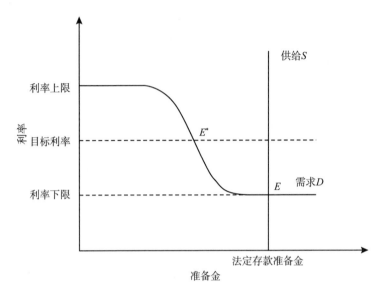

图7-6　地板利率走廊模式

三、标准利率走廊与地板利率走廊比较

与标准利率走廊模式相比，地板利率走廊模式有独特之处：①在地板利率走廊模式下，中央银行仅需通过调整利率走廊的下限就能改变政策利率，该过程无须改变货币供给，就可以实现货币数量与利率价格调控的分离。②在地板利率走廊模式下，中央银行可以根据需要增加或减少货币供给，而无须担心会引起市场利率的变化。这意味着在地板利率走廊模式下，中央银行可以获得两个独立的货币政策工具，即利率价格工具与准备金数量工具；可以使利率决策与流动性供给决策互不干扰，中央银行可以不借助公开市场操作，仅采用利率走廊政策工具就可以调控货币市场基准利率，货币政策操作的自由度得以增强。

2008年的全球性金融危机使发达国家普遍面临严重的流动性危机，鉴于地板利率走廊模式能够在不引起市场利率大幅度偏离政策基准利率的前提下，从容地向市场注入大量资金，该模式在本次金融危机之后被普遍采用。尽管地板利率走廊模式的优点非常明显，仍存在以下缺点：①地板利率走廊模式中，商业银行的交易对象主体是中央银行，这使得商业银行与商业银行之间的交易量减少，市场参与者检测对方信用度的激励也因此降低，金融市场的相关信息会由此发生缺失。②对准备金支付利息意味着中央银行会承担更高的利息支出负担，这增加了中央银行的货币政策操作的成本。③过度充裕的流动性可能会弱化市场纪律，从而会提高道德风险的发生概率。

四、公开市场操作与利率走廊机制

综合对公开市场操作与利率走廊机制的阐述可以看出，尽管公开市场操作与利率走廊机制是中央银行进行利率调控的不同工具，但两者并不矛盾，是相辅相成、相互支撑的。利率走廊机制的基本出发点是要弱化基础货币数量和银行间利率的关系，实现无货币数量变动的利率调控。在利率充分市场化、贷款便利工具（如贴现率）作为市场基准利率上限，存款便利工具（如超额准备金率）作为市场基准利率下限的情况下，公开市场操作与利率走廊机制的调控原理是一致的。与使用公开市场操作调控货币市场利率的传统做法相比，利率走廊机制在理论上具有能够准确调控短期利率锚、增强货币政策的告示效应等优势，还可以降低中央银行流动性干预的交易成本（申琳，2015）①。因此，两种货币政策工具叠加或许比单一使用公开市场操作或者单一使用利率走廊机制能够更加准确地完成货币政策传导、实现货币政策最终目标。在当前中国基础货币供给数量剧烈变动且预期不稳定的情况下，在公开市场操作政策工具之外，配合使用利率走廊机制可以增强货币政策调控的有效性。

由美联储货币政策调控的实践来看，美联储于 2008 年金融危机后在公开市场操作之外，使用了利率走廊机制的部分功能，将公开市场操作与利率走廊机制结合起来对经济进行调控。金融危机爆发后不久，美国的联邦基金利率降低至零值附近，经济陷入"流动性陷阱"，为减少金融危机的破坏性，美联储运用公开市场操作工具进行了大规模的资产购买，为市场投放了大量的流动性，但这也使得危机后美国基础货币规模急剧扩张，货币供应量水平大幅上升。为将货币供应量与联邦基金利率维持在金融危机之前的水平，美联储于 2008 年 10 月开始向超额存款准备金支付利息，

---

①　申琳."利率走廊"能降低短期市场利率波动吗［J］.财贸经济，2015（9）：61 - 73.

通过对准备金支付利息，美联储相当于为市场利率设置了下限，在这种情况下，美联储可以充分利用贷款便利工具向市场投放流动性。受到超额准备金率下限的限制，联邦基金利率不会下跌到超额存款准备金利率水平之下，在一定程度上能够实现货币数量与利率价格调控的分离，实际上使用了地板利率走廊机制的部分功能。这使得美联储可以继续通过公开市场操作对长期债券进行大规模购买，通过直接降低长期利率的方式刺激经济增长。

【专栏 7 –2】

超额存款准备金利率

存款准备金是金融机构存放在中央银行的资金，通常情况下，存款准备金由两个部分组成：法定存款准备金与超额存款准备金。法定存款准备金是法律规定存款类金融机构必须存放在中央银行的资金，这部分资金占金融机构存款总额的比例由中央银行决定，称为法定存款准备金率（Deposit Reserve Ratio）；超额存款准备金则是金融机构自己决定存放进中央银行的，是超过法定存款准备金的那部分存款，存放比例称为超额存款准备金率。存款类金融机构持有超额存款准备金的主要目的在于：支付清算、头寸调拨以及抵御风险。需要注意的是，存款准备金利率是与存款准备金率相区别的不同概念，存款准备金利率是中央银行对存款准备金支付的利息的利率，中央银行对法定存款准备金支付利息的利率称为法定存款准备金利率，对超额存款准备金支付利息的利率称为超额存款准备金利率。

由于对存款准备金支付利息会增加中央银行的运营成本，因此，传统上多数发达国家的中央银行并不对存款准备金付息。20 世纪 90 年代以后，加拿大、澳大利亚等国家取消了法定存款准备金的规定，实施零准备金制度。需要注意的是，零准备金并非无准备金，零准备金制度下，金融机构仍保留着在中央银行的清算账户，中央银行会对金融机构的清算资金余额支付利息，这实质上是中央银行对金融机构存入的超额准备金支付利率的行为。1999 年成立的欧洲央行对法定准备金部分不支付利息，但对日准备金的超额部分支付利息。英格兰银行于 2006 年起引入备用便利工具（Standing Facilities），也对存款准备金支付利息。2008年10月美联储宣布对法定与超额存款准备金付息的行为，已然成为货币政策的风向标。对超额存款准备金支付利息，也被看成是构建利率走廊机制的前提条件。

我国自1984年建立起法定存款准备金制度之后，一直对存款准备金支付利息。表7-2是中国人民银行对金融机构存款支付的利率。

表7-2　　　　　　　中国人民银行对金融机构存款支付的利率

日期	法定存款准备金利率/（%）	超额存款准备金利率/（%）
1996. 05. 01	8. 82	8. 82
1996. 08. 23	8. 28	7. 92
1997. 10. 23	7. 56	7. 04
1998. 03. 21	5. 22	5. 22
1998. 07. 01	3. 51	3. 54
1998. 12. 07	3. 24	3. 24
1999. 06. 10	2. 07	2. 07
2002. 02. 21	1. 89	1. 89
2003. 12. 20	1. 89	1. 62
2005. 03. 17	1. 89	0. 99
2008. 11. 27	1. 62	0. 72

由表7-2可以看出，我国的法定准备金利率与超额准备金利率一开始是统一的，之后出现了分化、统一、分化的反复。但也能看出两点规律：一是法定准备金利率整体上等于或高于超额准备金利率；二是无论是法定准备金利率还是超额准备金利率都呈现出逐步被下调的趋势。金融机构把剩余资金存入中央银行是没有风险的，因此，当超额准备金利率较高时，金融机构通常会选择将资金存入中央银行获得无风险的利息收益，而不是用于放贷进而支持实体经济发展。从这个角度来看，随着超额存款准备金利率的降低，金融机构从中央银行进行存款套利的机会

已逐步消失，货币政策的传导渠道得到畅通。在利率市场化情况下，超额存款准备金利率是中央银行基准利率体系中的重要指标，将成为货币市场利率的底线，其对于防止利率被过度"低调"具有其他政策工具所不可替代的作用①。

第五节　利率走廊机制的基准利率选择

无论是采用公开市场操作还是建立利率走廊机制，都需要有明确的货币市场基准利率作为前提条件，本节将构建计量模型对我国利率走廊机制基准利率的选择进行实证分析和讨论。我国目前还没有设定短端市场基准利率，从实际情况来看，同业拆借市场与债券市场构成了货币市场交易的主体，大量研究着力于探讨上海银行间同业拆放利率 Shibor 与全国银行间质押式回购利率 Repo 的基准地位。方意、方明（2012）认为 Shibor 比 Repo 具有更强的市场基准利率属性②，张晓慧（2011）指出 Shibor 是中国基准利率的努力方向③。柳欣等（2013）则认为 Shibor 目前仅能在隔夜利率市场中显示部分优势，Repo 则更加具备基准利率特征，并且 7 天期 Repo 是当前中国货币市场上表现最好的基准利率④。可以看出，学界普遍认为 Shibor 和 Repo 已经具备货币市场基准利率的特征，可以作为潜在市场基准利率的备选。但是关于 Shibor 与 Repo 孰优孰劣、隔夜利率与 7 天利率哪项指标是更好的选择，还未形成普遍共识。因此本节选择 Shibor 隔夜利率、Shibor7 天利率、Repo 隔夜利率以及 Repo7 天利率进行实证分析，找出最为合适的市场基准利率，以此推动中国利率走廊机制的建设。

一、模型基本结构

经济时间序列不同于截面数据存在重复抽样的情况，是一个随机事件

---

① 魏永芬. 我国是否应该取消存款准备金付息制度 [J]. 金融研究, 2006（2）: 52–60.
② 方意，方明. 中国货币市场基准利率的确立及其动态关系研究 [J]. 金融研究, 2012（7）: 84–97.
③ 张晓慧. 全面提升 Shibor 货币市场基准利率地位 [J]. 中国金融, 2011（12）: 23–25.
④ 柳欣，刘磊，吕元祥. 我国货币市场基准利率的比较研究 [J]. 经济学家, 2013（5）: 65–74.

的唯一记录，建模方法属于动态计量经济学的范畴。比较通常的方法是，使用时间序列的过去值、当期值以及滞后扰动项的加权和，以此建立模型来解释时间序列的变化规律。恩格尔（Engle，1982）研究时间序列的波动特征，最早提出了自回归条件异方差模型（Autoregressive Conditional Heteroscedasticity Model，ARCH 模型）[1]。自回归条件异方差模型的主要思想是扰动项 u_t 的条件方差依赖于它的前期值 u_{t-1} 的大小。ARCH（p）过程，可以写为

$$\sigma_t^2 = \alpha_0 + \alpha_1 u_{t-1}^2 + \alpha_2 u_{t-2}^2 + \cdots + \alpha_p u_{t-p}^2 \qquad (7-1)$$

但是当滞后阶数 p 较大时，无限制约束的估计常常会违背 α_i 都是非负的限定条件，这成为 ARCH 模型的实践难点。博勒斯莱文（Bollerslev，1986）考虑到式（7-1）是 σ_t^2 的一个分布滞后模型，对 ARCH 模型进行了修正和拓展，思路是用一个或两个 σ_t^2 的滞后值对许多 u_t^2 的滞后值进行替代，将 ARCH 模型发展成为广义自回归条件异方差模型（Generalized ARCH Model）[2]。在 GARCH 模型中，需要考虑条件均值与条件方差这两个不同的设定。标准的 GARCH（1，1）模型为

$$均值方程：y_t = x_t'\gamma + u_t \qquad (7-2)$$
$$方差方程：\sigma_t^2 = \omega + \alpha u_{t-1}^2 + \beta \sigma_{t-1}^2 \qquad (7-3)$$

式（7-2）称为均值方程。式（7-3）称为方差方程，其中 u_{t-1}^2 是 ARCH 项，表示用均值方程的扰动项平方的滞后对从前期得到的波动性信息进行度量；σ_{t-1}^2 是 GARCH 项，是上一期的预测方差。可以把 ARCH 模型看成是 GARCH 模型的特例，ARCH 模型在条件方差方程中不存在滞后预测方差的说明（σ_{t-1}^2），是一个 GARCH（0，1）模型。

资本市场的冲击往往表现出一种非对称效应（也称为杠杆效应），即波动对市场下跌的反应速度与对市场上升的反应速度并不一致。可以运用 TARCH 模型与 EGARCH 模型来描述这种非对称冲击，TARCH 模型与 EGARCH 模型是对 ARCH 模型的进一步拓展。TARCH（Threshold ARCH）模型由 Glosten、Jagannathan 与 Runkle（1993）提出[3]，Zakoian（1994）也作出了贡献[4]，

①　Engle R F. *Autoregressive conditional heteroscedasticity with estimates of the variance of United Kingdom inflation* [J]. *Econometrica: Journal of the Econometric Society*, 1982（50）：987 - 1007.

②　Bollerslev T. *Generalized autoregressive conditional heteroskedasticity* [J]. *Journal of Econometrics*, 1986，31（3）：307 - 327.

③　Glosten L R, Jagannathan R, Runkle D E. *On the relation between the expected value and the volatility of the nominal excess return on stocks* [J]. *The Journal of Finance*, 1993，48（5）：1779 - 1801.

④　Zakoian J M. *Threshold heteroskedastic models* [J]. *Journal of Economic Dynamics and control.* 1994，18（5）：931 - 955.

TARCH 模型的条件方差被设定为

$$\sigma_t^2 = \omega + \alpha u_{t-1}^2 + \gamma \times u_{t-1}^2 d_{t-1} + \beta \sigma_{t-1}^2 \qquad (7-4)$$

式中，d_{t-1} 是一个虚拟变量，当 $u_{t-1}^2 < 0$ 时，$d_{t-1} = 1$；当 $u_{t-1}^2 \geqslant 0$ 时，$d_{t-1} = 0$。只要 $\gamma \neq 0$，就存在非对称效应，即存在杠杆效应。当 $\gamma > 0$ 时，非对称效应的作用是使得波动变大；当 $\gamma < 0$ 时，非对称效应的作用是使得波动减小。

EGARCH（Exponential GARCH）模型由 Nelson（1991）提出，与 GARCH 模型相比，EGARCH 模型的估计式不需要施加任何限制，EGARCH 模型的求解过程更为简单、更加灵活[①]。EGARCH 模型的条件方程为

$$\ln(\sigma^2) = \omega + \beta \ln(\sigma_{t-1}^2) + \alpha \left| \frac{u_{t-1}}{\sigma_{t-1}} - \sqrt{\frac{2}{\pi}} \right| + \gamma \frac{u_{t-1}}{\sigma_{t-1}} \qquad (7-5)$$

式中，γ 系数是非对称项，α 系数是对称项，两者共同表示波动的杠杆效应。

二、实证研究设计

（一）数据选取

由于 Shibor 从 2007 年 1 月 4 日才开始正式运行，因此本节选取的样本范围是 2007 年 1 月 4 日至 2016 年 9 月 28 日。考查同一时期 Shibor 隔夜利率、Shibor7 天利率、Repo 隔夜利率、Repo7 天利率的数学特征（分别记为 Shibor1、Shibor7、Repo1 与 Repo7）。本节实证分析共选取 2432 个样本点。

（二）基本统计特征

对所选取的 4 组变量进行处理，得出 Shibor1、Shibor7、Repo1、Repo7 的基本统计特征见表 7-3。可以看出，无论 Shibor 还是 Repo，7 天利率均比隔夜利率的标准差要大，说明 7 天利率具有更大的波动性。此外，Shibor1 最大值与 Shibor1 最小值的差距最大，表明 Shibor 隔夜利率对市场反应最为敏感。

图 7-7 和图 7-8 分别描述了样本期间 Shibor1、Shibor7 与 Repo1、Repo7 的走势。由图 7-7 和图 7-8 可以看出：4 组变量的走势显示出一

---

① Nelson D B. *Conditional heteroskedasticity in asset returns：A new approach* [J]. *Econometrica：Journal of the Econometric Society*，1991，59（2）：347 – 370.

定的同步性特征，并于 2013 年 6 月 20 日同一天达到最高点，原因是 2013 年国内流动性紧缺，同年 6 月市场资金面呈现高度紧张状态，而此时中国人民银行坚持发行央行票据的实际举动使市场的货币宽松预期接连落空，市场于 6 月 20 日集中爆发，货币市场利率急剧上升。除此之外，7 天利率整体上比隔夜利率要高。

表 7 – 3 变量的基本统计特征

变量	Shibor1	Shibor7	Repo1	Repo7
均值	2. 3403	2. 9591	2. 3506	2. 9848
中位数	2. 1360	2. 8708	2. 1476	2. 8757
标准差	1. 0489	1. 2460	1. 0508	1. 2560
最大值	13. 4440	11. 0040	11. 7436	11. 6217
最小值	0. 8008	0. 8815	0. 8077	0. 8721

资料来源：Wind 资讯数据库。

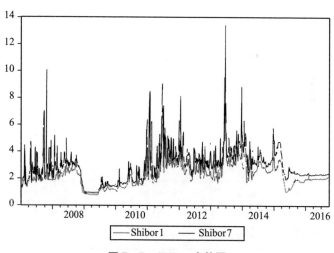

图 7 – 7 Shibor 走势图

（三）ADF 平稳性检验

本书采用 ADF 单位根检验法对 4 组变量分别进行平稳性检验。由 4 组变量的走势图可以判断其均为带常数项的时间序列。对序列原值的（1，

1，p）和（1，0，p）形式进行检验，可知 4 组变量都是平稳时间序列。ADF 检验结果见表 7-4。

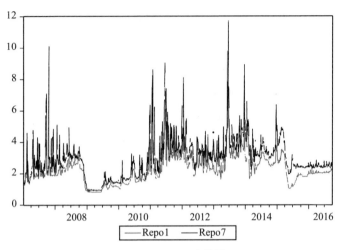

图 7-8　Repo 走势图

表 7-4　　　　　　　　　　　　　ADF 检验结果

变量		原值检验结果		
		ADF 值	P 值	结论
Shibor1	（1，1，p）	-8.4266	0.0000	平稳
	（1，0，p）	-8.2631	0.0000	平稳
Shibor7	（1，1，p）	-3.7340	0.0203	平稳
	（1，0，p）	-3.7099	0.0040	平稳
Repo1	（1，1，p）	-8.3384	0.0000	平稳
	（1，0，p）	-8.1654	0.0000	平稳
Repo7	（1，1，p）	-3.7780	0.0178	平稳
	（1，0，p）	-3.7292	0.0038	平稳

（四）ARCH 效应检验

由 4 组变量的相关图和偏相关图可知，4 组变量均可以建立 AR（1）模型。通过 AR（1）模型生成残差序列，可知 4 组变量均存在很强的波动集聚特征，也即条件异方差效应。残差序列如图 7 – 9 ~ 图 7 – 12 所示，可观察到有明显的波动"成群"现象。对变量进行 ARCH LM 检验，可知 4 组变量都具有波动聚集的 ARCH 效应。

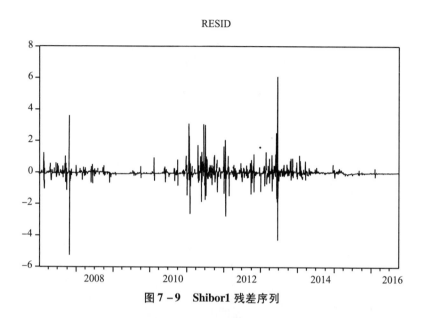

图 7 – 9　Shibor1 残差序列

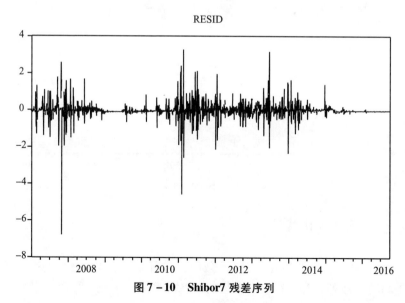

图 7 – 10　Shibor7 残差序列

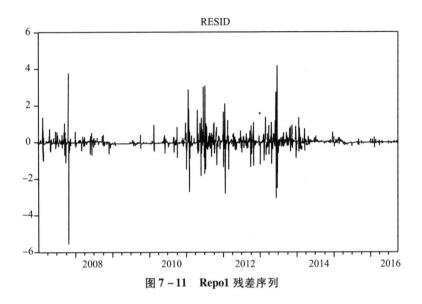

图 7-11　Repo1 残差序列

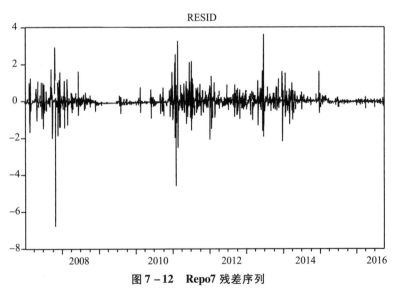

图 7-12　Repo7 残差序列

三、模型估计结果

经过 ADF 平稳性检验、ARCH 效应检验可知，本节所选取的 4 组变量是平稳时间序列，都存在波动聚集的 ARCH 效应。因此，可对 4 组变量分别建立 GARCH 模型、TARCH 模型和 EGARCH 模型来消除残差序列的条件异方差性。

（一）GARCH 模型构建与估计结果

表 7-5 是基于 AR（1）的 GARCH（1，1）估计结果。由均值方程可以看出，4 组变量 AR（1）项的系数非常接近，表示 Shibor1、Shibor7、Repo1、Repo7 四组时间序列数据的变化规律较为相似。由方差方程的 GARCH（1）系数可以看出，Shibor 和 Repo 的 7 天利率比隔夜利率更具波动集聚性。尽管 GARCH 模型能够解释 4 组变量的波动集聚性特征，但资本市场冲击往往表现出非对称效应，而 GARCH 模型无法解释正面消息与负面消息对市场产生的不对称冲击的杠杆效应，因此还需要建立非对称冲击的 ARCH 模型与 EGARCH 模型来进行下一步的分析。

表 7-5 GARCH 估计结果

变量	Shibor1	Shibor7	Repo1	Repo7
C	1.359123 (6.110223)	1.845276 (5.511409)	1.278096 (5.785789)	1.289227 (8.145534)
AR（1）	0.989110 (482.1348)	0.998553 (1302.949)	0.988333 (398.8038)	0.991357 (625.4457)
C	0.002571 (70.79018)	3.82E-06 (6.053362)	0.002634 (66.69724)	9.56E-05 (6.145647)
ARCH（1）	0.695283 (31.90398)	0.390512 (47.80032)	0.733445 (33.15794)	0.399819 (34.76985)
GARCH（1）	0.637107 (152.7973)	0.797940 (395.3978)	0.619586 (155.6437)	0.770629 (239.3936)
R^2	0.882165	0.899006	0.889278	0.899341
Log likelihood	789.6520	892.2512	770.1943	364.5206
AIC	-0.645008	-0.729347	-0.629013	-0.295537
SC	-0.633095	-0.717434	-0.617100	-0.283624
F 统计量	0.006788	1.932302	0.001489	1.101821

注：表中括号为 Z 统计量。

（二）TARCH 模型构建与估计结果

TARCH 模型能够描述非对称冲击的影响，估计结果见表 7-6。由均值方程可以看出，4 组变量 AR（1）项的系数非常接近，表示 Shibor1、Shibor7、Repo1 与 Repo7 四组时间序列数据的变化规律较为相似。由方差方程可以看出，4 组变量的杠杆系数项的系数 γ 均小于零，说明"好消息"能够比"坏消息"产生更大的波动，非对称效应的作用是使得波动减小。综合来看，无论对 Shibor 还是 Repo，好消息相对坏消息来说会带来更大冲击；并且好消息对隔夜利率的影响较大，而坏消息对 7 天利率的影响较大。

表 7-6 　　　　　　　　　TARCH 估计结果

变量	Shibor1	Shibor7	Repo1	Repo7
C	1.646646 (7.628517)	2.638204 (8.816804)	1.987097 (5.439391)	1.860146 (12.91044)
AR（1）	0.991335 (685.0537)	0.998711 (2380.372)	0.994807 (487.1689)	0.991073 (751.6509)
C	0.001791 (55.86174)	2.22E-06 (3.708553)	0.001884 (57.77917)	0.000128 (8.240383)
ARCH（1）	1.080595 (27.88299)	0.556000 (41.08230)	1.115809 (27.62063)	0.548549 (27.94530)
γ	-1.080532 (-28.11108)	-0.480210 (-34.24948)	-1.108136 (-27.52026)	-0.496611 (-24.10290)
GARCH（1）	0.701777 (193.0323)	0.824869 (414.6267)	0.691891 (202.3488)	0.805117 (258.8760)
R^2	0.882017	0.898993	0.888807	0.899440
Log likelihood	958.3214	1053.801	947.8983	496.4799
AIC	-0.782837	-0.861325	-0.774269	-0.403189
SC	-0.768541	-0.847029	-0.759973	-0.388894
F 统计量	0.002453	1.643826	0.000416	0.649678

注：表中括号为 Z 统计量。

（三） EGARCH 模型构建与估计结果

EGARCH 模型是描述非对称冲击影响的另一种形式，估计结果见表 7 - 7。由均值方程可以看出，4 组变量 AR（1）项的系数非常接近，表示 Shibor1、Shibor7、Repo1、Repo7 四组时间序列数据的变化规律较为相似。由方差方程的估计结果可以看出，4 组变量的 β 系数差别不大，说明 4 种利率波动的灵敏程度相似。4 组变量的 γ 系数都为正，说明好消息具有杠杆效应。其中，Shibor1 的 γ 系数值最小，表明 Shibor1 波动的杠杆效应不强，市场对好消息与坏消息表现出近以相等程度的理性反应，具有对称性，说明 Shibor1 的波动较为理性，其次是 Repo1；而 Shibor7 与 Repo7 的 γ 系数均大于 0.2，说明市场对好消息的波动反应明显强于坏消息，具有较强的好消息杠杆效应，表现出一定的非理性。ω 系数表示利率长期波动的平均值，Shibor1 的 ω 系数值最小，表明波动幅度最小，其次是 Repo1。

表 7 - 7　　　　　　　　　　EGARCH 估计结果

变量	Shibor1	Shibor7	Repo1	Repo7
C	3.924734 (213.3596)	2.841921 (13.61337)	4.542432 (5.049170)	2.282749 (12.40822)
AR（1）	0.992793 (19144.42)	0.997419 (1453.638)	0.998448 (2653.631)	0.992432 (903.1669)
ω	-0.082757 (-7115.912)	-0.226277 (-69.13780)	-0.107202 (-111.1091)	-0.239841 (-45.01319)
γ	0.012416 (51.44610)	0.307186 (50.43743)	0.131695 (62.69230)	0.267547 (32.70637)
α	0.142243 (166.6250)	0.195052 (38.76613)	0.170978 (112.7814)	0.213151 (34.06838)
β	0.977560 (14036.35)	0.990705 (1709.538)	0.989715 (2019.845)	0.981793 (1050.291)
R^2	0.881790	0.899119	0.888420	0.899373
Log likelihood	721.3394	1071.064	1162.545	518.2351
AIC	-0.588031	-0.875515	-0.950715	-0.421073
SC	-0.573735	-0.861219	-0.936419	-0.406777
F 统计量	51.49100	3.457774	3.927400	3.241836

注：表中括号为 Z 统计量。

四、实证结果分析

综合上述模型的估计结果可以得出以下几点结论：①无论是 Shibor 还是 Repo，隔夜利率的波动性均比 7 天利率要小，表示隔夜利率具有更好的稳定性。整体来看，Shibor 隔夜利率比 Repo 隔夜利率表现更为良好。②无论是 TARCH 模型还是 EGARCH 模型，结果都显示出来"好消息"能够比"坏消息"产生更大的利率波动，这说明"好消息"具有较强的杠杆效应。

需要注意的是，Shibor 与 Repo 相比，存在以下几点不足：①Shibor 是基于报价体系计算的利率，由于报价行没有成交义务，Shibor 利率无法全面反映市场实际成交情况；②当前以 Shibor 为基准利率的金融产品仍然较少，Shibor 在商业银行资产负债表中的应用所占比例仍然较低。而银行间质押式回购是市场实际交易的产品，并且由于其有债券作为质押担保，信用风险程度较小，更加接近于基准利率所要求的无风险利率性质。因此，整体来看，Shibor 隔夜利率与 Repo 隔夜利率均可以成为我国利率走廊机制的基准利率，央行可以进一步观察。

第六节　研究结论与政策建议

一、研究结论

利率能够较好地发挥价格调控经济及配置资源的作用，避免数量型指标内生性和难以准确控制的问题（何国华、吴金鑫，2016），中央银行对利率进行调控给予更多关注是非常有必要的[1]。鉴于利率走廊机制与公开市场操作是中央银行对短期利率进行调控的两种主要政策工具，本章对这两种货币政策工具的基本原理进行了解读，对利率走廊机制的两种模式进行了解释，得出以下结论。

（1）利率走廊机制与公开市场操作并不矛盾。由本章的分析可以看

---

① 何国华，吴金鑫. 金融市场开放下中国最优货币政策规则选择［J］. 国际金融研究，2016（8）：13 – 23.

出，公开市场操作与利率走廊机制均可对短期利率起到调控和引导的作用，但存在一定的差别：公开市场操作影响的是流动性供给曲线，在对流动性供给的数量与方向方面有较为明显的优势，但在均衡利率的决定方面则需要需求曲线的配合才能实现理想效果，而流动性需求曲线的特征则取决于金融机构的意愿。与之相比，利率走廊机制影响的则是流动性需求曲线，影响流动性需求曲线的上、下边界。与使用公开市场操作调控货币市场利率的传统做法相比，利率走廊机制在理论上具有能够准确调控短期利率锚、增强货币政策的告示效应等优势，还可以降低中央银行流动性干预的交易成本（申琳，2015）[①]。在利率充分市场化、贷款便利工具（如贴现率）作为市场基准利率上限、存款便利工具（如超额准备金率）作为市场基准利率下限的情况下，公开市场操作与利率走廊机制的原理是一致的。由此可见，公开市场操作与利率走廊机制并不矛盾，两者相互支撑、相辅相成。

（2）标准利率走廊模式与地板利率走廊模式视各国宏观经济发展形势的具体需要而定。利率走廊机制产生于 20 世纪 90 年代，主要发达国家和多数中等收入国家逐步放弃了数量型货币政策调控框架，转向以利率为中介目标的货币政策调控框架，或者放弃中介目标直接盯住通货膨胀率。由于利率走廊机制所调控的中介目标由原来的单一政策利率向利率区间转变，使得利率目标与其他目标能够更好地协调，不少国家采用利率走廊机制开展对利率的引导，这段时期的中央银行采用的是标准利率走廊模式。2008 年金融危机使发达国家的短期利率下降至零，经济陷入"流动性陷阱"，致使目标利率与利率走廊下限持平，标准利率走廊模式失去作用。鉴于利率走廊的地板模式"能够使中央银行的流动性供给决策与利率决策实现分离"（鲁政委、李苗献，2016）[②]，发达经济体央行转而采用了利率走廊的"地板"模式，目的是通过降低市场利率的波动性来支持宽松的货币政策。无论是利率走廊的标准模式还是地板模式，均有利于金融市场主体形成稳定的预期，能够更加及时、更加准确地对市场流动性的变化作出反应，实践中已收到良好的效果。

二、政策建议

需要认识到，中国的利率走廊机制还在不断尝试过程中，尚有许多困

---

① 申琳．"利率走廊"能降低短期市场利率波动吗［J］．财贸经济，2015（9）：61-73.
② 鲁政委，李苗献．中国利率走廊的经验宽度研究［J］．新金融评论，2016（2）：57-71.

难需要克服：①现阶段存在的汇率市场波动、股市和债市波动等流动性干扰与冲击因素使得我国短期利率的波动性较大，中国的基准利率体系尚未有效形成。②中央银行能够控制的仅仅是短期利率，长期来看，还应构建各短期利率之间，以及短期利率至长期利率的传导机制，增强货币市场与资本市场之间的有效传导功能。③由于软预算约束的存在，融资主体对利率并不太敏感，这容易造成市场流动性的过度膨胀，因此货币数量调控工具与手段仍然十分必要。尽管如此，仍然可以预见，利率走廊机制将在未来中国货币政策调控中扮演重要角色。鉴于中国人民银行已将"探索利率走廊机制"作为下一阶段的货币政策思路，通过研究本章给出以下政策建议。

（1）将利率走廊机制与公开市场操作相互配合使用。利率走廊机制与公开市场操作是中央银行对短期利率进行调控的两种主要货币政策工具：利率走廊机制以中央银行的预期利率为基础，更加注重对公众预期进行引导，能够降低中央银行流动性干预的交易成本；公开市场操作则以市场供求理论为基础，对流动性实行供求调节。由于公开市场操作依赖于高度发达的国债市场，公开市场操作的效果取决于中央银行干预的能力和精确程度；利率走廊机制将对利率的点调控变成区间调控，增强了货币政策的灵活性，比公开市场操作在控制短期流动性波动上具有更加大的优势，因此，我国仅仅依靠公开市场操作来进行利率调控是不够的。利率走廊机制与公开市场操作两种货币政策工具叠加比单独使用能更加准确地完成货币政策传导、实现货币政策最终目标，也有利于推动货币政策由数量型为主向价格型为主转变。

（2）我国现阶段可探索构建标准利率走廊机制。中国人民银行于2008年金融危机之后创新使用的常备借贷便利SLF旨在为地方法人金融机构按需足额提供短期流动性支持，SLF利率现已公开化，正在逐步发挥利率走廊上限的作用；在存款准备金制度建立之初，中国人民银行就一直对超额存款准备金支付利息，我国超额存款准备金率长期保持稳定，实际上可成为货币市场利率的下限；Shibor利率与Repo利率经过多年的培育，已具备基准利率的特征，这些已为我国构建利率走廊机制提供了很好的基础。尽管地板利率走廊机制能够实现利率决策与流动性供给决策互不干扰、可以使货币数量与利率价格实现某种程度的分离、增强货币政策调控的自由度，但是考虑到"地板"模式是在发达经济体短期利率下降至零，无法再降的背景下推出，这与我国国情存在明显差异。因此，现阶段我国无须采用"地板"模式，构建利率走廊的"标准"模式更加有利于对利率水平进行引导与调控。

（3）我国央行应加强与市场的沟通，进行预期管理。利率走廊机制将对利率的点调控变成区间调控，其告示效应可以防止出现因预期利率飙升而囤积流动性的倾向，一定程度上使用了"前瞻性指引"政策工具。"前瞻性指引"即通过公开承诺来向公众提供稳定的政策预期，使市场能够更好地理解中央银行的政策取向，这种新型的货币政策工具已逐渐被更多经济体的中央银行所接受。尽管1984年我国才正式建立中央银行制度，但货币当局行使货币政策的独立性与日增强，信息公开及与公众沟通的意愿非常明显，某种意义上可以认为，货币政策的精髓便是管理预期。现阶段仓促地引入"前瞻性指引"工具未必合宜，但增加央行货币政策信息沟通的频率和内容，有计划、有步骤地做好预期管理不仅有利于营造良好的货币金融环境，而且还有利于提高货币政策的有效性。

第八章

中国货币政策调控：
基于通货膨胀目标制的讨论

主要发达国家货币政策框架由数量型向价格型转型的实践主要有两种方式：一种是选择由泰勒规则决定的短期政策利率作为货币政策中介目标；另一种是放弃货币政策中介目标直接盯住国内的通货膨胀率，实行通货膨胀目标制（Inflation Targeting）。通货膨胀目标制是一个追求长期价格稳定的货币政策框架，目前已被新西兰、加拿大、英国、瑞典、以色列等二十多个国家采用，取得了较好的政策效果。当前我国利率市场化已初步完成，货币政策亟须由数量型为主向价格型为主转变，尽管学界对通货膨胀目标制的有效性还存在分歧，考虑到货币供应量与货币政策最终目标的相关性日益下降，而以政策利率为基础的新货币政策框架尚未形成，通货膨胀目标制仍然是一个值得我国了解的货币政策框架。

第一节 文献回顾

通货膨胀目标制是一个以保持较低和平稳的通货膨胀率为目标的货币政策框架，其在货币政策工具与最终目标之间不再设立中介目标，是对传统货币政策框架的重大改变。通货膨胀目标制的主要特点是公开宣布一个或多个时限内官方通货膨胀率的数值目标或区间目标，同时承认稳定的低通货膨胀率是货币政策的首要长期目标（伯南克，2006）[1]。Friedman

---

① ［美］伯南克. 通货膨胀目标制：国际经验［M］. 孙刚，等译. 大连：东北财经大学出版社，2006.

（1956）认为，相对于经济增长与就业稳定等诸多目标，货币政策最重要的长期目标是控制通货膨胀[①]。实行通货膨胀目标制相当于为货币政策提供了一个"名义锚"，通货膨胀目标制的"名义锚"短期内能够应对不可预料的冲击，长期内能够使经济处于理想的区域，这使得通货膨胀目标制能够把货币政策与经济中长期相联系，又无损于中央银行应对短期经济冲击的能力。在通货膨胀目标制"名义锚"牢固确立的情况下，实施通货膨胀目标制的国家相当于为货币当局在制定货币政策时施加了约束、强化了责任、改善了决策者与公众之间的沟通。因此，如果公众能够理解并接受通货膨胀制的"名义锚"，政策效果将变得非常有效（Haldane，1995）[②]。

　　汇率目标制、货币目标制与通货膨胀目标制均为历史上曾经出现过的货币政策规则（卢宝梅，2009）[③]。中央银行向公众承诺未来将会按照某一个规则来实施货币政策，则该规则就成为一种承诺机制，可以规避中央银行的机会主义行为，能够降低中央银行的失信成本。实践中，通货膨胀目标制大多是在通货膨胀率处于较低时期引入的，如瑞典在1931年脱离金本位制后实行了"价格稳定标准"，使其在20世纪30年代经济得以良性发展，而未陷入大萧条时期其他国家所经历的严重通货紧缩局面。可以看出，运行良好的通货膨胀目标制在防范过度通货膨胀的同时，也能够防范经济陷入通货紧缩的风险，换句话说，通货膨胀目标制为通货膨胀率设定上限的同时也可以设定下限。正因如此，通货膨胀目标制使货币政策具备了高透明度、高独立性和高灵活性等特点（Mishkin，1999）[④]。

　　可以看出，通货膨胀目标制是一个"受约束的相机抉择"的政策框架，结合了传统上赋予规则与相机抉择的某些优点，在硬性规则的约束与相机抉择方法的灵活性之间达成妥协。"相机抉择"指中央银行在短期经济干扰下，仍然能够保持产出稳定和就业灵活，还能够对经济结构变化和决策效益给予充分关注；"受约束"指相机抉择是建立在中央银行对调控通货膨胀以及通胀预期保持承诺的基础之上的。在"受约束的相机抉择"

[①]　Friedman M. *Studies in the Quantity Theory of Money* [M]. Chicago：University of Chicago Press，1956.

[②]　Haldane，Andrew G，ed. *Targeting Inflation：A Conference of Central Banks on the Use of Inflation Targets Organised by the Bank of England* [R]. Bank of England，1995 March 9 – 10.

[③]　卢宝梅. 汇率目标制、货币目标制和通货膨胀目标制的比较及其在我国的应用的探讨 [J]. 国际金融研究，2009（1）：69 – 80.

[④]　Mishkin F S. *International experience with different monetary policy regimes* [J]. *Journal of monetary economics*，1999，43（3）：579 – 605.

的政策框架下，通货膨胀目标制能够稳定通胀预期，避免经济出现不必要的波动，从而稳定金融与经济。尽管通货膨胀率是通货膨胀目标制关注的唯一目标，但灵活的通货膨胀目标制在出现供给冲击时，允许通货膨胀目标值出现偏离，有利于稳定产出（Svensson，1997）[1]。

中央银行在实施货币政策的过程中普遍存在前瞻性的特点（Clarida et al.，1998），中国也不能例外[2]。但由于中央银行的政策规则未必总是会向理性预期的均衡收敛，因此，对前瞻性规则进行合理设计是非常有必要的，能够避免或将出现的不确定性等问题（Evans & Honkapohja，2002）[3]。我国货币政策存在较强的盯住通胀和产出缺口目标的倾向，盯住通胀缺口表现得尤为明显，反映出中国的货币政策取向具有明显的治理通胀的偏好（陈创练等，2016）[4]。卞志村与高洁超（2014）认为灵活的通货膨胀目标制能够成为我国最优并且有效的货币政策实现形式，可以促进经济平稳与协调发展[5]。何国华与吴金鑫（2016）认为目前是实施通货膨胀目标制的较好时期，这是因为在金融市场开放程度较低时盯住国内通货膨胀率，货币政策目标单一并且明确，能够在不出现过度调整的情况下实现经济的均衡发展[6]。对通货膨胀的治理是当前大多数国家的重要宏观管理目标之一[7]，因而对通货膨胀目标制的研究是十分有必要的。

第二节　通货膨胀目标制的国际经验

20 世纪 90 年代初，通货膨胀目标制逐渐取代汇率目标制和货币目标制而成为许多国家维持长期价格稳定的货币政策框架。其中新西兰、加拿

① Svensson L E O. *Inflation forecast targeting：Implementing and monitoring inflation targets* [J]. *European economic review*，1997，41（6）：1111 – 1146.

② Clarida R，Galı J，Gertler M. *Monetary policy rules in practice：Some international evidence* [J]. *European Economic Review*，1998，42（6）：1033 – 1067.

③ Evans G W，Honkapohja S. *Adaptive learning and monetary policy design* [J]. *Bank of Finland Discussion Papers*，2002（29）：1 – 34.

④ 陈创练，等. 时变参数泰勒规则及央行货币政策取向研究 [J]. 经济研究，2016（8）：43 – 56.

⑤ 卞志村，高洁超. 适应性学习、宏观经济预期与中国最优货币政策 [J]. 经济研究，2014（4）：32 – 46.

⑥ 何国华，吴金鑫. 金融市场开放下中国最优货币政策规则选择 [J]. 国际金融研究，2016（8）：13 – 23.

⑦ Evans G W，Honkapohja S. *Adaptive learning and monetary policy design* [J]. *Bank of Finland Discussion Papers*，2002（29）：1 – 34.

大、英格兰、瑞典等发达国家率先采用了通货膨胀目标制，使本国通货膨胀维持在较为稳定的状态，较好地促进了实体经济的发展。20 世纪 90 年代末以色列、智利、巴西、捷克、波兰、南非等新兴市场经济国家也相继开始实行通货膨胀目标制。由中央银行关于通货膨胀目标制的实践来看，呈现出不同的特点：新西兰、加拿大、英格兰、瑞典等国的中央银行采用的是典型的通货膨胀目标制；德国和瑞士的中央银行虽然宣布了实施通货膨胀目标制，但仍然不放弃监控货币供应量指标，实行的是货币目标与通货膨胀目标混合的货币政策框架；美国于 2008 年全球性金融危机之后则采用隐含的通货膨胀目标制，体现出更高的灵活性。

一、典型的通货膨胀目标制

（一）新西兰储备银行的实践

新西兰是世界上第一个正式采用通货膨胀目标制的国家。新西兰目前采用的货币政策框架是依据 1989 年《新西兰储备银行法》设立的，于 1990 年 1 月 1 日正式生效，《新西兰储备银行法》要求新西兰储备银行（新西兰的中央银行）以维持价格总水平稳定为货币政策的目标。之所以有这样的规定，是考虑到设置多重目标会使货币政策以近乎随意性的方式发生变化，多重目标很大可能上将降低货币政策的透明度和可信度。除此之外，如果要求新西兰储备银行与政府机构在维持就业稳定等方面进行合作，也会降低中央银行的独立性。因此，新西兰除维持价格总水平稳定以外，并没有设立其他货币政策目标。实践证明，当货币政策有足够的透明度时，中央银行的货币政策理念便能够被公众理解，中央银行的信用度和灵活度实际上将会得到增强。

在对通货膨胀目标制的设计上，新西兰储备银行将通货膨胀目标设置成一个区间而不是一个点，该区间的中间点被设置在零值之上，货币政策的长期目标被设置为高于零的通货膨胀率。就区间宽度来看，新西兰的通货膨胀目标是一个相对较窄的目标区间，这种做法会带来一定的政策控制难度，即中央银行很难把通货膨胀率一直保持在一个非常狭窄的目标区间内，通货膨胀率偶尔会出现宽幅的波动。就目标的时间区域来看，被设置为一年。因此，为了实现通货膨胀目标区间的稳定，中央银行需要及时对货币政策工具进行调整，这会带来货币政策工具的选择与运用不稳定等问题。尽管如此，新西兰的通货膨胀目标制能够使通货膨胀率从持续较高的、波动的状态转变为持续较低的、稳定的状态，能够促进实体经济增长，仍然被认为是高度成功的。

（二）加拿大银行的实践

加拿大于 1991 年开始采用通货膨胀目标制，加拿大通货膨胀目标制的主要特征体现在以下几个方面：①加拿大的通货膨胀目标制是在加拿大银行把促进价格稳定作为货币政策长期目标后逐渐发展起来的，并不是正式立法的结果，因此，加拿大的通货膨胀目标制在某种程度上具有非正式性。但是随着时间的推移，通货膨胀目标制由政府与中央银行联合决定与公布，便具有了官方性质。②加拿大的中央银行严格恪守对透明度的承诺，格外注重对公众利益的高度责任，在政府与公众之间，更明显地倾向于对公众和金融市场负责。因此公众能够正确区分价格水平的暂时性冲击与趋势通货膨胀之间的区别，使暂时性冲击对经济的影响得以减少。③加拿大的通货膨胀目标制以汇率和短期利率的加权平均数作为信息变量与短期目标，把实际产出增长率与波动纳入货币政策执行的考虑范围，既重视价格的稳定，也关心短期产出与就业目标，运转非常灵活。这种灵活性基于中央银行与各方的良好沟通和对透明度的承诺，使中央银行可以在经济受到意外冲击、通货膨胀目标失守时仍然能够很好的运转。④加拿大的通货膨胀目标不是盯住一个点，而是被确定为一个区间，中央银行既强调目标区间的底部，也强调目标区间的顶部。通货膨胀目标制的下限与上限受到同样的重视，有助于稳定由总需求变化所带来的产出波动，因此加拿大通货膨胀目标制的政策效果较为理想，其减弱而不是增强了经济周期。

（三）英格兰银行的实践

英国于 1992 年宣布采用通货膨胀目标制，英国通货膨胀目标制的主要特征体现在以下几个方面：①与加拿大经历了试验和讨论过程、以渐进的方式实行通货膨胀目标制不同，英国采用通货膨胀目标制是由 1992 年 9 月的外汇危机引发的，主要目的在于为市场提供一个可供选择的"名义锚"，重建货币政策的可信度。②与具有相对独立性的加拿大银行不同，通货膨胀目标制从 1992 年 10 月引入到 1997 年 5 月英格兰银行获得独立性期间，英格兰银行没有单方面操纵货币政策工具的权利，对货币政策几乎没有独立的控制权，其作用仅限于对过去的通货膨胀情况进行评估以及未来的通货膨胀情况进行预测。③与加拿大银行设定通货膨胀区间不同，英国于 1997 年 5 月以后，取消了最初设定的通货膨胀上下限，将通货膨胀目标用一个点来表示。

英国的通货膨胀目标制与加拿大的相似之处主要体现在以下几点：①通货膨胀目标制下的货币政策比较灵活，能够对产出和就业的波动作出反应，能够进行短期的相机抉择。②受 1997 年 5 月前弱势地位的影响，英格兰银行持续地努力与公众交流以建立政策的可信度，将实施通货膨胀目标制的努力集中于跟公众沟通货币政策目标、对价格稳定作出承诺等方面，这是英国通货膨胀目标制的核心所在。英格兰银行对透明度的关注以及对货币政策可靠性的解释也正是英格兰银行的成功所在，其设计出的通过《通货膨胀报告》与公众交流的独创方法已被其他承诺实施通货膨胀目标制的中央银行仿效。

（四）瑞典银行的实践

瑞典银行管理委员会于 1993 年 1 月发表声明，从 1995 年起把消费者价格指数的年增长率控制在 2%，并允许上下波动各 1 个百分点。可见瑞典的通货膨胀目标被设定在一个比较窄的区间，在其他条件相同的情况下，通货膨胀目标区间越窄，公众对中央银行通货膨胀目标的承诺认可程度越高，较窄的区间可以显示出中央银行维持物价稳定的决心。与其他国家相比，瑞典中央银行更加注重货币政策的灵活性，主要体现在以下几个方面：①瑞典中央银行有意地推迟通货膨胀目标制开始实行的时间。②基于短期内货币政策灵活性与透明度之间存在替代关系的考虑，瑞典的通货膨胀目标制并不十分强调货币政策的透明度。③只要不影响对未来通货膨胀的预测，瑞典中央银行会忽略掉即期汇率对通货膨胀的暂时性影响。此外，瑞典定期发表《通货膨胀报告》对财政政策制定者及公众施加影响。

二、德国与瑞士央行的混合目标制

德国与瑞士以保持长期的价格稳定和货币币值稳定为目标，对内实行盯住货币供应量的货币目标制，通过使用货币供应量作为货币政策中介目标，来实现控制通货膨胀、维持币值稳定的目的。实际上，德国与瑞士两国央行采用的是货币目标制与通货膨胀目标制的混合机制，主要特征体现在以下几个方面：①中央银行不受货币主义传统教条的限制、不拘泥于弗里德曼的不变货币供应量增长率单一规则，允许货币供应量在较长时间内拥有超调或是低调的空间，允许货币供应量增长率可以较大的偏离目标值[①]。②货币目标制与通货膨胀目标制共同作为中央银行与公众沟通的工具，表明了中央银行与公众沟通的强烈愿望以及对政策策略的强力承诺，增强了货币政策的透明度，是中央银行责任感的体现，能够较好保证长期的价格稳定。尽管在制度安排上德国与瑞士存在一些不同之处，如德国采用区间货币目标，而瑞士采用点目标，但其采用货币目标制的根本目的均在于维持长期的价格稳定，这已经体现出通货膨胀目标制的主要特征。德国与瑞士中央银行采用的混合目标制成功体现了灵活性与透明性两个要点，在实践过程中取得了良好的效果。

三、美联储的隐含目标制

2008 年全球性金融危机之前，美联储主要采用基于规则的货币政策调控框架，即运用泰勒规则，依据经济增长及通货膨胀历史数据与目标值的缺口来决定联邦基金利率[②]。泰勒规则是由约翰·泰勒对 1987—1992 年美国联邦储备体系的实际货币政策进行经验研究后提出的，其政策含义是联邦储备基金的名义利率（Federal Funds Rates，美国银行间隔夜拆借利率）要顺应通货膨胀率的变化，以保持实际均衡利率的稳定性[③]。泰勒规则的一般表述为

$$i_t - \pi_t = R + \alpha(\pi_t - \pi^*) + \beta\left(\frac{Y_t - Y^*}{Y^*}\right) \qquad (8-1)$$

式中，i_t 为名义短期利率；π_t 为实际通货膨胀率；R 为均衡短期实际利率；α 表示通货膨胀率偏离目标值的权重，β 表示产出缺口偏离目标值的权重，且 $0 << \alpha << 1$，$0 << \beta << 1$。根据泰勒的研究，在美国联邦储备基金利率对通货膨胀缺口的反应系数为 0.5，对产出缺口的反应系数为 0.5，通货膨胀目标值为 2%。因此，泰勒公式应用于美国的表达形式为

$$i_t - \pi_t = R + 0.5(\pi_t - 2) + 0.5\left(\frac{Y_t - Y^*}{Y^*}\right) \qquad (8-2)$$

---

① 卢宝梅. 汇率目标制、货币目标制和通货膨胀目标制的比较及其在我国的应用的探讨 [J]. 国际金融研究，2009（1）：69 - 80.

② 陆晓明. 美联储利率决策框架的变化、困境及未来发展 [J]. 国际金融，2016（9）：61 - 66.

③ Taylor J. B. *Discretion versus Policy Rules in Practice* [J]. *Carnegie - Rochester Conference Series on Public Policy*，1993（39）：195 - 214.

实践中，泰勒规则在很多情况下都表现良好，尤其是格林斯潘时期，实际的联邦基金利率与泰勒规则规定的利率是密切相关的。1994年开始，美联储便遵循泰勒规则来设定联邦基金利率，实践证明，美联储利率决策具有相对确定性、稳定性以及可预测性。

2008年金融危机之后，美联储利率决策框架发生了改变，伯南克任美联储主席时期曾对传统泰勒规则作出几次修正；耶伦时期的美联储则改变了基于规则的决策模式，更倾向于采用相机抉择的方法，这使得美联储的货币政策更加具有自主权衡的特征。无论是金融危机以前还是金融危机之后，通货膨胀都是美联储的法定货币政策目标，追求一个较低并且稳定的通货膨胀目标能够为货币政策提供"名义锚"。美联储认为个人消费支出平减指数（Personal Consumption Expenditure Price Deflator，PCE）能够更加稳定、更加全面地衡量美国的通货膨胀情况，PCE于2002年被美联储采纳作为衡量通货膨胀的关键指标。联邦公开市场委员会将由核心PCE定义的目标通胀率设定在2%，可以认为，美联储采用的是一种隐含的通货膨胀目标。

综上所述，通货膨胀目标制为货币政策实践提供了一个有用的政策框架，各个国家的中央银行在设计政策制度时存在诸多差异，执行通货膨胀目标制的具体情况也因国家而异，差异性主要体现在以下几个方面：①就是否采用货币政策中介目标存在差别。大多数采用通货膨胀目标制的国家将货币政策目标直接盯住通货膨胀"名义锚"，而德国和瑞士在盯住通货膨胀目标之外，同时采用货币供应量作为中介目标。②就盯住何种通货膨胀指标还未达成共识。一些国家采用公众熟悉的CPI指标，还有一些国家为避免供给冲击对经济的暂时性反应而采用扣除一些项目（如能源、食品）的CPI指标，也有国家两种指标同时采用。③就透明度与灵活性的取舍存在差异。由于货币政策的灵活性与透明度往往不可兼容，一些国家重视灵活性而放弃部分透明度，一些国家则相反。折中的方案是选择相对简单、广为人知的指标以明确通货膨胀目标，但目标越明确，中央银行则需要对偏离目标的情况作出更为复杂的解释。

尽管各个国家的通货膨胀目标制存在差异，但仍然显示出趋同性的特征。成功的通货膨胀目标制通常把握两个要点：灵活性与透明度。即实施通货膨胀的中央银行既能够对产出和就业作出反应，进行短期的相机抉择，又注重货币政策决策者与公众之间的沟通。尽管通货膨胀目标制不可能降低由高通货膨胀向低通货膨胀过渡的成本，但它可以通过增加货币政策的透明度以增强货币政策决策者的责任感，对中央银行维持长期价格稳定有一定帮助。灵活性与透明度在所有国家的货币政策制定与实践中都起到重要作用。此外，通货膨胀目标制的一个普遍惯例是对长期通货膨胀目标与短期通货膨胀目标进行区分，通过调整短期目标接近长期目标的速度，降低通货膨胀的实际成本，以此在保持对长期价格稳定承诺的同时得以减少产出波动①。实行通货膨胀目标制国家的公众对通货膨胀的预期较低，即使发生通货膨胀也会很快稳定下来；通货膨胀目标制前瞻性的特点可以减弱货币政策顺周期的程度，实践证明即使在经济扩张周期中通货膨胀率也没有出现反弹。稳定的低通货膨胀可以促进长期经济增长，通货膨胀目标制可以与财政政策、结构改革政策一起为经济繁荣创造良好的环境，是一个具有前景的货币政策框架。

第三节　中国货币政策调控通货膨胀的困境

理论上，高通货膨胀不仅会使社会的整体经济福利下降、人们生活状况恶化，还会重新分配社会财富，使债务人受益并使债权人受损，严重损害正常的经济信用关系。与过高的通货膨胀率相比，过低的通货膨胀率会阻碍经济的增长。从这个意义上说，价格的持久稳定是经济得以持续稳定增长的重要前提②。基于这一理念，建立一个以追逐价格稳定为目标，让经济在较低并且稳定的环境下运行的货币政策框架，逐渐成为经济学界与中央银行的共识，通货膨胀目标制成为被普遍认可的能够成功实现价格稳定目标的货币政策框架。2008 年全球性金融危机以后经济下行压力加大、各国经济走势出现分化、国际收支不平衡以及外部经济的干扰进一步降低了中国现有货币政策的有效性和灵活性。从国内的情况来看，经济结构失衡，大量流动性的注入未能缓解实体经济萎靡的状态，以货币供应量为中介目标的货币政策有效性被极大削弱。在这样复杂的背景下，探讨通货膨胀目标制的有效性将为我国货币政策的制定提供有益的借鉴③。但应认识到，当前中国实行通货膨胀目标制存在困境，主要体现在以下几个方面。

---

① Svensson L E O. *Inflation targeting*: *some extensions* [J]. *Scandinavian Journal of Economics*, 1999，101（3）：337 – 361.

② Fischer S. *The role of macroeconomic factors in growth* [J]. *Journal of Monetary Economics*, 1993，32（3）：485 – 512.

③ 苏治，胡迪. 通货膨胀目标制是否有效 [J]. 经济研究，2015（6）：74 – 88.

一、多元化货币政策目标使得货币政策操作厚此薄彼

由于经济高速增长不等于经济高速发展，一味地追求经济增长或将带来投资依赖、环境恶化、利率汇率等金融改革受阻碍等一系列问题，最终结果是恶化长期经济发展。追求年度经济增长率本身就带有计划经济的特征。近年来学术界逐渐形成共识，即认为经济增长本身并不是目的，而是创造资源来实现改善教育、就业、环境、安全等系列社会目标的手段，经济增长应以提高社会福利为目的。《中华人民共和国中国人民银行法》第3条明确规定了我国货币政策最终目标是"保持货币币值的稳定，并以此促进经济增长"，可见我国货币政策的主要目标首先是保持物价稳定，其次才是经济增长。但在实际的货币政策操作过程中，我国的货币政策具有多重目标性，除了要兼顾经济增长、充分就业、物价稳定和国际收支平衡四大政策目标之外，还要配合财政政策扩大内需、保持人民币汇率稳定、防止资产价格泡沫和防范金融风险。在实际执行过程中价格稳定目标过多地让位于保增长、保就业目标。在2008年金融危机发生时，货币政策明显偏重于刺激经济增长与维持就业稳定，这使得CPI与PPI指数在危机后的几年间发生了较大波动。

货币政策的多元目标之间往往也会发生冲突，引发因政策信号混乱而带来的经济波动。为此，自2011年以来中国货币政策从为应对全球金融危机而采取的"适度宽松"转变为"稳健"，近几年及今后一段时期的经济工作目标也调整为"保增长、调结构、管理通胀预期"，并强调"把稳定价格总水平放在更加突出的位置基础上"，而"抑制通货膨胀是当前稳健货币政策的首要任务"。2016年10月28日中央政治局会议分析研究当前经济形势和经济工作，指出"要坚持稳健的货币政策，在保持流动性合理充裕的同时，注重抑制资产泡沫和防范经济金融风险"。2017年党的十九大报告中提出我国应"健全货币政策和宏观审慎政策双支柱调控框架"。这些都意味着中央已经把遏制通货膨胀以及资产价格泡沫放在一个尤为重要的位置，显示出政府非常明确地加强调控的政策意图。从某种意义上来说，遏制过于充沛的流动性、管理好通货膨胀预期将成为中央银行货币政策的重要目标。

二、双重"名义锚"角色使货币政策调控顾此失彼

"名义锚"是对一国货币价值的限定，在货币政策操作框架中设定

"名义锚"可以限定货币的对内价值或对外价值，能够避免价格发生大幅度波动，"名义锚"对一国货币政策调控的成功实施起着重要的作用①。尽管我国目前的货币政策没有明确公布"名义锚"变量，但是在具体的操作过程中货币供应量及汇率在一定程度上同时起着"名义锚"的作用，双重"名义锚"增加了政策的模糊性，使中央银行在维持汇率稳定和实现价格稳定之间经常陷入两难境地，为货币政策带来不确定性：一方面，中央银行必须根据国内的经济状况随时调节货币供应量，保证其有一个适度的增长率，以便维持物价稳定；另一方面，中央银行又必须通过货币政策来干预外汇市场以维持外汇市场出清和汇率稳定，这样做又难免会对货币供应量产生影响。

2008 年金融危机之前，中央银行更多地倾向于维持汇率的稳定，这直接导致了我国连年贸易收支顺差和人民币持续升值预期下的外汇占款激增以及基础货币的扩张，在一定程度上助推了货币投放量，加大了通货膨胀压力。在双重"名义锚"的操作框架中，尽管某些冲销式干预的措施可以在短期内解决物价稳定或汇率稳定面临的问题，但难以实现价格的长期稳定。2008 年金融危机之后，我国的外汇占款增速下降，市场又面临流动性缺失的问题，或可引致通货紧缩现象，为此中国人民银行创新设计了常备借贷便利等货币政策工具为市场提供流动性。由于双重"名义锚"顾此失彼的天然缺陷，货币政策应向单一"名义锚"转型，通货膨胀目标兼具反映对内、对外价值双重特征，2009 年以来"管理通货膨胀预期"被中国人民银行定为政策策略重点，2010 年被首次纳入国家宏观调控目标，因此通货膨胀目标制成为我国货币政策由双重"名义锚"向单一"名义锚"转型的可行选择。

三、社会融资规模作为货币政策中介目标的有效性有待验证

中国人民银行自 1996 年采用货币供应量作为货币政策的中介目标以来，较长时期内，我国货币政策重点监测、分析的指标和调控中间目标是广义货币供应量 M2 和新增人民币贷款，在某些年份，新增人民币贷款甚至比 M2 受到更多关注。但随着金融市场的不断发展、金融创新的不断深入、融资结构的不断变化，货币供应量 M2 的可控性、可测性逐渐下降，已不能准确反映实体经济的融资规模，其与产出和物价水平之间的相关性

---

① 余霞民. 双重名义锚下中国货币政策操作的困境［J］. 上海金融，2007（1）：39 – 42.

也逐渐降低，以广义货币供应量 M2 作为货币政策中介目标的有效性遭到了质疑。2008 年为应对金融危机冲击，从"管理浮动"的人民币汇率机制里释放出大量货币，是人民银行主动超发货币的例外操作。长期以来，因贸易顺差与热钱涌入而发行货币的货币发行机制使中国人民银行被动超发货币的压力变大。

2008 年金融危机之后，外汇占款增速放缓使中国人民银行摆脱了被动投放基础货币的束缚，但也使广义货币供应量 M2 的增速低于预期，如 2016 年 9 月 M2 增速为 11.5%，低于该年年初设定的 13% 的目标。2010 年中央经济工作会议首次提出"社会融资总规模"概念，中国金融宏观调控逐步尝试以社会融资规模指标作为货币政策的中介目标。由于社会融资规模指标在统计口径中包含了企业债券融资和股票融资，该指标的引入能够促使中国人民银行更加关注资产价格的波动。并且，社会融资规模与广义货币供应量 M2 相比，与国民生产总值 GDP 的关系更为紧密，但社会融资规模的可测性是否也较具优势，尚需进一步探讨。由此可见，我国的货币政策需要适时调整，且这种调整应是货币政策运作框架的调整而不是货币政策手段的变更。这种政策框架的调整不仅是对短期宏观经济政策目标的一次及时修正，从长远来看更是对长期背离真实政策目标做法的深刻改变。从上述国外实践经验与理论研究来看，通货膨胀目标制对我国也具有较强的借鉴意义。

第四节　通货膨胀目标制在我国的适用分析

与财政政策目标多重并容易受制于政府部门不同，货币政策能够根据宏观经济的变化即时调整，是最具灵活性的宏观政策工具。然而货币政策在协调经济增长与价格稳定之间也存在力不从心之处：宽松的货币政策在驱动经济增长的同时容易诱发通货膨胀；紧缩的货币政策抑制了经济过热，但又往往容易引发通货紧缩与经济增速下滑[①]。可见货币政策在协调经济增长与价格稳定这两个目标之间并不能够两者兼顾。综合已有的诸多研究，学术界普遍认为长期稳定的低通货膨胀能够缓解可能带来不稳定的资本流动、预防过度投资、遏制经济泡沫的发展，有利于促进宏观经济的稳定，可以促进经济的长期增长，能够进一步提高社会福利。鉴于通货膨胀目

---

① 马草原，李成. 国有经济效率、增长目标硬约束与货币政策超调［J］. 经济研究，2013（7）：76 - 89.

标制已在包括新兴经济体在内的国家发挥了稳定通胀预期"名义锚"的良好作用，通货膨胀目标制为我国货币政策调控提供了一个有益的参考框架。

实施通货膨胀目标制的优点主要体现在以下几个方面：①可以减少公众对中央银行个别政策措施的注意，把公众的注意力引向关注中央银行对货币政策操作的长期策略上来。有助于引导公众关注货币政策能够做什么，而不是关注它不能做什么，这无疑能够增加货币政策实施效果的稳健性。②实施通货膨胀目标制可以倒逼中央银行增强货币政策透明度，一方面透明度的增加能够为市场提供更多关于货币政策历史、现状及政策思路的信息，减少公众因试图猜测中央银行下一步行动而付出的成本，使公众能够更理性地对未来作出规划，从而提高社会经济效率。另一方面，透明度的增加能够减轻金融与经济的不确定性，有助于消除货币政策的人为化特征，能够使中央银行与公众的沟通更为通畅，有利于政策意图的实现。③通货膨胀目标制能够提高中央银行灵活应对经济冲击以及面对金融不稳定的能力，使中央银行能够在不牺牲稳定通货膨胀的长期目标的前提下实现货币政策意图。一旦中央银行展现出这种能力，并且公众已经意识到稳定通货膨胀对经济增长的好处，公众将非常愿意接受这一方法。除此之外，实行通货膨胀目标制有增强货币政策实施效果的稳健性、倒逼货币当局提高货币政策透明度、提高中央银行灵活应对经济冲击的能力等诸多优点，是一种较好的货币政策框架。

通货膨胀治理是中国宏观经济管理目标之一，未来的货币政策应该尽量避免牺牲国内平衡、过度追求外部平衡的做法，实行通货膨胀目标制可以解决我国货币政策目标多元而造成的货币政策有效性不足等问题。采用通胀目标制主要需要具备两个前提条件：一是中央银行有较强的货币政策独立性；二是中央银行愿意并且有能力放弃盯住汇率等其他目标。此外，还需要高度的政策透明性、稳定而健全的金融体系、较高质量的通货膨胀预测技能等一些延伸条件。尽管已有学者研究认为我国实施通货膨胀目标制的条件还不成熟，但是一个国家并不需要满足所有条件才能引入通货膨胀目标制（Matter，2005）①。发达经济体与新兴经济体的货币政策实践均已证明，即使是在一些条件并不完全满足的国家中，通胀目标制仍能够运行得相当好。我国现已基本具备了实行通货膨胀目标制的基本条件，主要体现在以下三个方面。

---

① Matter W D I T. *Does inflation targeting work in emerging markets* [J]. *World Economic Outlook*, 2005（9）：161 – 186.

一、我国中央银行货币政策的独立性正逐步增强

我国的现代中央银行制度是随 1984 年 1 月 1 日中国人民银行专门行使中央银行职能而建立起来的。1995 年 3 月颁布的《中华人民共和国中国人民银行法》（以下简称《中国人民银行法》）首次以国家立法形式确立了中国人民银行作为中央银行的地位，标志着我国现代中央银行制度正式进入法治化发展的新阶段。2003 年修订的《中国人民银行法》，明确规定了中国人民银行的中央银行职能、禁止中央财政向银行透支、避免财政赤字化等重要事项，这些规定降低了财政妨碍独立货币政策的可能性，在一定程度上保证了我国中央银行的独立性。只是《中国人民银行法》中还规定了"中国人民银行在国务院领导下，制定和实施货币政策"；"中国人民银行就年度货币供应量、利率、汇率和国务院规定的其他重要事项作出的决定，报国务院批准后执行"，表明我国货币政策的最终决定权在政府，中央银行的独立性受政府的制约。

尽管如此，在实践操作中，中国人民银行提交的关于货币政策的制定与实施方案一般都能得到国务院的顺利批准及有力支持，政府对货币政策进行干预的程度正在逐步减弱。不仅如此，从开放经济的视角来看，货币政策独立性指货币当局能够不受国外经济因素干扰，能够自主对国内因素进行反应，根据本国意愿制定货币政策[①]。由于中国金融业对外开放程度较小，无论是依据"一国货币政策独立性、汇率稳定性、资本完全流动性不能同时实现"的"三元悖论"，还是认为"在资本高度流动条件下，富有弹性的汇率制度可以增强货币政策独立性"的"二元悖论"，都可以认为，我国的货币政策受外界影响较小，独立性较强。这些都表明，在货币政策的执行方面，中国人民银行有着较强的自主性。

二、较为弹性的汇率机制为中国人民银行放弃汇率目标提供了可能

按照 IMF 公布的分类来看，中国汇率制度的演变可以分为四个阶段：

---

① Obstfeld M, Shambaugh J, Taylor A. *The Trilemma in History: Tradeoffs among Exchange Rates, Monetary Policies, and Capital Mobility* [J]. *Review of Economics and Statistics*, 2005, 87 (3): 423 – 438.

第一阶段是亚洲金融危机到 2005 年 7 月 21 日，这段时期我国采取的是钉住美元汇率的"传统钉住"式汇率制度，人民币与美元维持固定汇率大于 6 个月，但允许出现一个小于或者等于 ±1% 的波动区间。第二阶段是 2005 年 7 月 21 日至 2008 年 8 月，这段时期我国采取的是小幅调整中间汇率的"爬行钉住"式汇率制度，人民币中间汇率可以按照固定速率进行小幅调整，或者可以根据国别间通胀率之差等指标进行调整，但调整规则需要事前公布，这一阶段的汇率制度没有波动区间或者允许极小的波动区间存在。第三阶段是 2008 年 8 月至 2010 年 6 月，这段时期受金融危机影响，人民银行出于稳定经济形势的目的，采取钉住美元的"稳定安排"，即汇率稳定下来后，在至少 6 个月内要使其变化幅度不超过某个 2% 的区间。第四阶段是 2010 年 6 月之后，人民银行逐步扩大人民币汇率双向浮动幅度，采取"类爬行安排"式的汇率制度，中间汇率可以升值或者贬值，但至少 6 个月内即期汇率对中间汇率的波动区间不得超过 2%。2015 年 8 月 11 日，中国人民银行宣布实施汇率形成机制改革，主要内容包括参考收盘价决定第二天的中间价、日浮动区间为 ±2%，这是人民币汇率形成机制迈向浮动的重要一步。

金融学理论认为实施固定汇率制的国家会将货币政策目标从属于汇率目标，使中央银行在追求通货膨胀率等其他名义变量时变得无效。如果一个国家实施的是爬行钉住汇率等固定汇率制的变相形式，则将放松固定汇率的限制，使汇率目标能够与通胀目标并存，前提是这种目标足够清晰明确，并且中央银行的行为能够表明通胀目标在两者发生冲突时处于优先地位[1]。这为我国实行通胀目标制提供了良好的理论依据。就上述我国汇率制度的演变过程来看，除 2008 年全球性金融危机期间短时间的"稳定安排"之外，人民币汇率的波动显示出人民币朝着更富弹性的人民币汇率形成机制方向发展，这为我国实行通胀目标制提供了很好的条件。

三、我国货币政策已具有相对较强的透明度与灵活性

货币政策信息越透明，公众信息搜寻与判断信息的成本越低，有助于公众正确理解货币政策意图、形成理性通胀预期，货币政策透明度是通货膨胀目标制能否顺利实施的关键。自 1995 年《中国人民银行法》正式实

---

① 艾洪德，武志. 发展中国家通货膨胀目标制货币政策的适应性分析 [J]. 国际金融研究，2005 (8)：57 - 61.

施以来，我国一直致力于增强货币政策透明度的建设。1999 年 6 月起，中国人民银行每季度均召开货币政策委员会会议，会后公布会议决议。2001年第 1 季度起，中国人民银行货币政策司向社会发布《货币政策执行报告》，报告内容主要包括：货币信贷概况、货币政策操作、金融市场运行、宏观经济形势即货币政策趋势等方面。同年，中国人民银行官方网站正式启用，公众可以随时关注、查询、下载货币政策各个方面的信息。2002 年起，按照国际货币基金组织的《货币与金融统计手册》，中国人民银行对货币统计制度进行了修订，并开始向公众发布货币供应量、资产负债主要指标和信贷收支等金融统计资料。此外，中国人民银行的主要官员还经常通过各种会议演讲、访谈等渠道透露金融形势分析观点及政策意图等。尽管披露力度较之已采用通货膨胀目标制的国家还有差距，仍然能够看到人民银行强化政策信息披露的努力与决心。

尽管相对于发达国家的中央银行，中国人民银行成立较晚，但其运用货币政策工具对经济进行调控的方法益发灵活。尤其是 2008 年全球性金融危机后，面对复杂多变的国内外宏观经济形势，中国人民银行运用各种"定向""微调""不对称"货币政策手段来实现货币政策目标，货币政策的灵活性体现得愈发明显，体现出手段多样、方式灵活、内容丰富、对象分层并且精准的特征。2016 年第二季度《中国货币政策执行报告》指出，下一阶段我国货币政策的思路是"保持灵活适度，适时预调微调，增强针对性和有效性，做好供给侧结构性改革中的总需求管理，为结构性改革营造中性适度的货币金融环境，促进经济科学发展、可持续发展"。值得一提的是，货币政策这种灵活性，也带来了众多过程选择的不确定性，其带来的干扰或将抵消货币政策主要目标的实现。因此，今后还应继续实施稳健的货币政策，将货币政策灵活性保持在适度范围内。

由以上分析可以看出，在中国实施通货膨胀目标制具备一定的合理性。尽管实施通货膨胀目标制尚有部分条件未能满足，但我国已具备实行这一货币政策框架的基本条件，如中央银行独立性逐步增强、汇率机制更富有弹性、货币政策的透明度与灵活性已经具备等。还应看到，尽管我国金融体系还不够健全，但至少稳健；尽管我国还缺乏较高质量的通货膨胀预测技能，但可以在实践中得以提高，且并不是所有实施通胀目标制的国家都能表现出色。根据已经实施通货膨胀目标制国家的经验来看，各国的中央银行在货币政策实施之初大都并不完全具备所有条件。通货膨胀目标制是否可行以及是否能够有效实施，关键在于货币当局和政府的积极推动以及坚定的决心，只要中央银行政府坚持对通胀目标负责的态度积极作为，就可以赢得公众的信任；只有货币政策拥有了公信力，引导和稳定公众通胀预期的政策目标才能够实现。

第五节　研究结论与政策建议

一、研究结论

每一次经济波动都会对物价水平带来较大影响，2008年金融危机后我国物价水平发生了较大波动，仅一年多时间，CPI当月同比指数由2008年2月的8.70%一路降至2009年7月的–1.8%，降幅达10.5%；又于2011年7月升至6.45%，升幅达8.25%。此后CPI当月同比指数呈向下波动趋势，2014年8月以来的大部分时间均位于1%～2%的低位波动区间。从全球范围来看，2016年全世界仍处于通货紧缩的波动区间，过低的通货膨胀率对应的是低增长、低投资、低贸易、低资本流动，表明全球经济在较低水平运行。这一两年来各国的经济复苏情况又出现了分化，通货膨胀率也体现出不同。管理通货膨胀预期应成为我国货币政策的重要目标，通货膨胀率处于低位时恰好是引入通货膨胀目标制的适当时机，由以上分析可以看出，通货膨胀目标制能够为我国管理通货膨胀预期、实现货币政策从数量型为主向价格型为主转变提供良好的借鉴。

本章的研究认为，通货膨胀目标制是一种以保持较低和平稳的通货膨胀率为目标的货币政策框架，通货膨胀目标制的"名义锚"短期内能够应对不可预料的冲击，长期内能够使经济处于理想的区域。经济增长与价格稳定目标不能完全兼顾的特征决定了将通货膨胀作为货币政策唯一目标的合理性。当前中国货币政策数量型中介指标有效性尚待检验，货币政策价格型中介指标尚未培育成熟，采用货币政策工具与最终目标之间不需设立中介目标的通货膨胀目标制或许是一个可以参考的选择。由国际经验来看，各国通货膨胀目标制在制度设计上存在诸多差异，但整体上仍然显示出趋同性特征，维持长期稳定的低通货膨胀有利于经济的稳定和发展，能够起到较好的政策效果。我国中央银行独立性逐步增强、汇率机制更加富有弹性、货币政策已拥有一定程度的透明度与灵活性，具备了实行通货膨胀目标制的基本条件。当前中国甚至是全球范围内较低水平的通货膨胀率也为中国引入通货膨胀目标制提供了良好的时机。

无论中国未来是否实施通货膨胀目标制，均需注意以下四个要点。

（1）需要理性认识中央银行的目标独立性与工具独立性。通常情况下，中央银行的独立性可以体现在两个方面，即目标独立性与工具独立性。拥有目标独立性的中央银行可以自由设定货币政策目标，拥有工具独立性的中央银行可以自由确定货币政策工具。一般可以认为，货币政策目标在一定程度上受制于中央政府，中央银行较少会拥有绝对的目标独立性。尽管如此，由于中央银行对于选用何种货币政策工具或者货币政策工具组合来实现货币政策目标，拥有最佳的信息和最专业的知识，中央银行应享有工具独立性。

（2）需要妥善设计短期和中长期通货膨胀目标。尽管通货膨胀目标制的主要特征是关注长期价格稳定，在实际操作中还需关注产出、就业和汇率等经济运行的各个方面，因此设计通货膨胀目标制的一个关键问题是决定在短期和中长期通货膨胀目标之间应有怎样的灵活度。通过设定短期通货膨胀目标的路径，使之逐渐接近于中长期通货膨胀目标，中央银行可以实现在维持长期价格稳定的前提下使产出和就业不遭受损失。与此同时，还应设计由于经济冲击使通货膨胀偏离理想水平之后，允许实际通货膨胀率趋向于目标值或者目标区间的时间长度。

（3）需要妥善决定采用通货膨胀目标制的时机。尽管各国采用通货膨胀目标制的目的是为了维持长期价格稳定，预防过度的通货膨胀或者通货紧缩。实践来看，采用通货膨胀目标制的国家一般并不会在通货膨胀上升之时进行操作，它们往往会在通货膨胀率较低的时候采用这一货币政策框架。这种时机的选择是建立在中央银行已经确立其反通货膨胀的可信度的基础之上的，赋予了新机制能够持久的可能性，因此才是有利的。只有公众认识到低通货膨胀可以实现，并且能够实现经济增长，才能够愿意接受通货膨胀目标制。

（4）需要妥善决定采用点目标还是区间目标。由国际经验来看，各个国家的中央银行对通货膨胀目标的选择并不相同，主要存在通货膨胀点目标以及区间目标的差异。点目标或者较窄的区间目标更能够传递中央银行对维持价格长期稳定的承诺，但这将降低中央银行对于或可发生的不可预期事件的反应能力，降低中央银行的灵活性。较宽的目标区间赋予了中央银行较大的灵活性，但其相对弹性的设计会降低货币政策的透明度，较难体现出中央银行的责任感。因此，对通货膨胀的目标形式进行正确选择是非常重要的。

二、政策建议

对于中国是否应该实施通货膨胀目标制，或者怎样实施通货膨胀目标制，可以给出以下建议。

（1）分阶段、有过渡地推行通货膨胀目标制。尽管从中长期来看，货币数量目标对中央银行的吸引力不断减小，但短期内由于金融市场不发达等结构性原因，完全基于价格型的货币政策调控体系不可能一蹴而就[①]。由于通货膨胀目标制关注的是实现长期价格稳定目标，而现阶段价格型中介指标尚未培育成熟，价格型传导机制并不通畅，我国可在推行通货膨胀目标制时设置实施过渡期。在过渡期内中国可以借鉴德国经验，同时宣布货币数量目标与通货膨胀预期目标，实行"混合的通货膨胀目标制"，并允许货币数量目标的适当偏离以保证这一货币政策框架的灵活性。在经济转型时期，中央银行应使货币政策与当时的金融经济形势相匹配，货币政策制定者在使用货币数量工具的同时，也可以使用利率价格工具调节经济，实行货币数量和利率价格兼顾的货币政策混合规则，使货币数量与利率价格同时发挥作用，未来逐步转向使用价格型指标，这与追求长期价格稳定的通货膨胀目标制并不违背。

（2）为在中国实施通货膨胀目标制提供政策保障。一是逐渐增强中央银行独立性、提高中央银行对宏观经济的分析预测能力、提高中央银行独立制定与执行货币政策的能力。具体来说，可放宽国务院对中央银行制定和实施货币政策的审批权限，使中央银行在制定政策时主要依赖于其专业知识，更少受政府制约；使货币政策工具多样化，较多采取灵活操作手段定向调节流动性等。二是逐渐增强人民币汇率形成机制的弹性，逐渐降低汇率作为货币政策"名义锚"地位的重要性。可考虑在过渡期内采用汇率爬行区间的方式，按爬行的中心平价设定区间，并针对资本流入与流出造成的汇率升贬值压力逐步放宽爬行区间宽度，为实行通货膨胀目标制积累经验。三是确立并对外公布货币政策和汇率政策的主从地位，避免出现为维持汇率稳定而被动超发或收缩货币的政策行为，逐步强化通货膨胀作为货币政策唯一"名义锚"的主导作用。四是中央银行应采取多种形式、运用多种手段增加与公众的交流沟通，增强货币政策透明度，定期公布政策

---

① 伍戈，连飞. 中国货币政策转型研究：基于数量与价格混合规则的探索［J］. 世界经济，2016（3）：3-25.

的制定意图以及实施成效，减少信息的多面性和矛盾性，更好地引导市场预期，增强政策当局的公信力。除此之外，还应进行技术准备和技能培训，增强通货膨胀的预测水平。

（3）引入和推行核心通货膨胀指标，有效管理通货膨胀预期。由于公众会根据预期提前对名义工资、名义利率等作出同步调整，完全预期到的通货膨胀并不会扭曲资源配置，不会产生社会福利损失；与之相反，如果通货膨胀未被预期到，则会引起实际经济变量的波动，带来资源错配、扭曲收入分配。换句话说，未被预期到的通货膨胀会对宏观经济产生实质性的损害，对经济带来较大冲击[①]。因此，通货膨胀目标制是建立在中央银行对调控通货膨胀以及通货膨胀预期保持承诺的基础之上的。这首先就要求有一个科学有效的通货膨胀指标，引入和推行核心通货膨胀指标是非常必要的。由于综合通货膨胀率覆盖范围较广，容易受到经济冲击的影响而产生波动，往往不能代表通货膨胀的整体趋势，因此，测算和公布核心通货膨胀指标是大势所趋。基于这一理念，很多学者倡导的核心通货膨胀指标现已成为国外多家中央银行监控的重要指标。通货膨胀的调控和治理，合理、客观地衡量价格基本趋势和调控成效的指标是必不可少的，建议在我国当前已有 CPI 指标的基础上，剔除一些容易遭受外生冲击影响的商品价格，构建核心通货膨胀指标，以便更加有效地衡量与经济长期增长趋势相关的价格变动，提高中央银行货币政策的有效性。应该认识到，货币政策能够调控的是核心通货膨胀而不是综合通货膨胀，无论我国近期内能否引入通货膨胀目标制，核心通货膨胀指标都应尽快被引入和推行。

[①] 张明. 未预期通货膨胀现象研究评述 [J]. 经济学动态, 2016 (5)：138 - 148.

第九章

中国货币政策调控：
基于"负利率"政策的讨论

2008 年全球性金融危机后期，因经济复苏进程的不同，各国央行的货币政策也出现了分化。中国人民银行经历了金融危机爆发时短暂的"适度从紧"和"从紧"的货币政策、危机持续期间"适度宽松"的货币政策之后，从 2011 年开始使货币政策趋于"稳健"。2016 年年底中央经济工作会议之后，人民银行正式将货币政策的取向调整为"稳健中性"，即将货币政策维持在不松不紧的中性态势。在经历了将近十年的宽松货币政策之后，美联储于 2017 年 6 月宣布了缩减资产负债表计划的路线图，并配合启动加息进程，逐步收缩因金融危机期间实施"量化宽松"政策而投放的巨额流动性。与中美中央银行货币政策正常化步伐不同的是，至 2014 年中期，欧洲共有 4 个经济体的中央银行：丹麦国家银行（Danmarks Nationalbank，DN）、欧洲中央银行（European Central Bank，ECB）、瑞典银行（Sveriges Riksbank，SR）和瑞士国家银行（Swiss National Bank，SNB）实施了"负利率"政策（Negative Interest Rate Policy，NIRP），2016 年日本银行（Bank of Japan，BoJ）也宣布实施全面的"负利率"政策。"负利率"政策打破了学术界和商业界关于"零利率下限"的共识，这种非常规的货币政策究竟是在现有货币政策框架内的创新，还是货币政策的误入歧途，"负利率"政策的实施效果如何，对我国是否有借鉴价值，都有待我们去认知。

第一节　文　献　回　顾

Irving Fisher 于 1896 年首次提出"零利率下限"理论，认为当名义利率下降为负数时，公众会持有现金而不是借出货币，此时利率的下降将无法对经济起到刺激作用[1]。这一观点得到了包括 Keynes（1957）在内的多数经济学家的认同[2]。在此基础上，Summers（1991）和 Fischer（1996）提出，中央银行应该将年度通胀率维持在 3% 左右，才能为名义利率维持在零利率下限以上留出足够的空间[3][4]。德国经济学家 Silvio Gesell（1916）提出对现金征税（Gesell Tax，格赛尔税）的设想，成为首个"负利率"政策的支持者[5]。"负利率"政策则打破了名义利率为零的约束，换句话说，"负利率"政策使零利率对中央银行来说已经不再是具有约束力的利率下限。Buiter 和 Panigirtzoglou（1999）对格赛尔的思想进行了拓展，通过构建宏观动态模型，论证了格赛尔税能够避免经济陷入"流动性陷阱"[6]。Marvin Goodfriend（2000）认为在零利率下限约束下，要想对经济起到提振作用，中央银行有三个解决方案：一是运用公开市场操作工具对长期债券进行购买，即"量化宽松"政策；二是向财政部门寻求财政支持；三是对存款准备金进行征税，也就是使名义利率为负[7]。

从实施"负利率"的五大央行的货币政策实践来看，其基本逻辑是：对金融机构在中央银行的存款便利实施名义负利率，使超额存款准备金的

①　Fisher I. *Appreciation and interest: a study of the influence of monetary appreciation and depreciation on the rate of interest with applications to the bimetallic controversy and the theory of interest* [R]. American Economic Association, 1896.

②　Keynes John Maynard. *The general theory of employment, interest, and money* [M]. 2nd. London: Mcmillan Publishers Limited, 1957.

③　Summers L. *Panel discussion: price stability: How should long-term monetary policy be determined* [J]. *Journal of Money, Credit and Banking*, 1991, 23（3）: 625 – 631.

④　Fischer S. *Why are central banks pursuing long-run price stability?* [J]. *Achieving price stability*, 1996（2）: 7 – 34.

⑤　Gesell S. *Die Natürliche wirtschaftsordnung, available in English as the natural economic order* [M]. London: Peter Owen Ltd, 1916.

⑥　Buiter Willem, Nikolaos Panigirtzoglou. *Liquidity traps: how to avoid them and how to escape them* [J]. *Working Paper*, 1999（7）: 1 – 69.

⑦　Marvin Goodfriend. *Overcoming the zero bound on interest rate policy* [J]. *Journal of Money, Credit and Banking*, 2000, 32（4）: 1007 – 1035.

利率成为基准利率的下限（周莉萍，2017）①。换句话说，实施"负利率"政策的中央银行对金融机构存放的超额存款准备金不再支付利息，而是向其收取一定的费用，如此可以在降低中央银行持币成本的同时增强其对金融周期的应对能力。可见，零利率已经不再是中央银行政策利率的技术下限，"负利率"已经成为可供中央银行选择的货币政策工具（许道文等，2017）②。由于各国的货币政策框架不同，"负利率"政策的操作方式主要有两种：一是以欧洲央行和瑞典央行为代表的，将利率走廊机制中的存款便利利率下调为负；二是以丹麦央行和日本央行为代表的，对金融机构在中央银行的存款实施差别化的负利率（符瑞武，2017）③。尽管"负利率"是一种创新的货币政策工具，适度的"负利率"对货币市场利率的传导机制与正利率并无不同，负利率也会对长期利率和高风险利率产生影响。但孙国峰和何晓贝（2017）认为，存款利率的零下限会阻碍负利率的传导，这可能是欧洲和日本"负利率"的政策效果不够显著的重要原因。只有在存款利率能够顺畅通过零利率下限的条件下，中央银行才能够通过实施较大幅度的"负利率"政策来应对通缩型的经济衰退④。

从"负利率"政策的实施效果来看，主要有正反两个方面的观点。正面来看，"负利率"政策迫使金融机构通过信贷渠道将资金投入实体经济，对提振公众的通胀预期有一定的效果；"负利率"政策阻止了短期资本的涌入，能够对本币币值的稳定起到一定的作用。也应看到，"负利率"政策存在较大的风险，持续的"负利率"对银行的盈利性会造成破坏（Borioc，2016）⑤。不仅如此，"负利率"还可能削弱保险公司、养老基金等长期负债机构的稳健性，对其商业模式造成严重的挑战⑥。由于"负利率"政策释放出来的流动性未必会像中央银行预期的那样被投入实体经济，其对经济增长的刺激作用较为有限，对解决因结构性问题导致的通货紧缩问题更是力不从心。因此，"负利率"政策是否能够成功，关

---

① 周莉萍. 全球负利率政策：操作逻辑与实际影响 [J]. 经济学动态，2017（6）：132 – 142.

② 许道文等. 五大经济体负利率政策启示 [J]. 中国金融，2017（19）：54 – 56.

③ 符瑞武. 全球发达经济体负利率政策实验：操作机制、传导效果与政策启示 [J]. 郑州大学学报（哲学社会科学版），2017（11）：73 – 78.

④ 孙国峰，何晓贝. 存款利率零下限与负利率传导机制 [J]. 经济研究，2017（12）：105 – 118.

⑤ Borio C. *Uneasy calm gives way to turbulence* [J]. *BIS Quarterly Review*，2016（3）：1 – 14.

⑥ Borio C，Gambacorta L，Hofmann B. *The influence of monetary policy on bank profitability* [J]. *International Finance*，2017，20（1）：48 – 63.

键在于能否有效增加贷款需求和贷款供给（范志勇等，2017）①。有学者认为，"负利率"政策是一种金融压抑，扭曲了资金的价格（Siegel & Sexauer，2017）②。这个观点可以从瑞典和瑞士实施"负利率"政策引起房价等资产的泡沫化发展之处得到印证。"负利率"目前仅在欧元区等范围较小的区域内发挥作用，尚不明白其是否能够在其他市场条件下被应用（Bech，Morten & Aytek Malkhozov，2016）③。尽管"负利率"实施的时间较短，并且自实施以来一直备受争议，但上述研究已为"负利率"政策的实践提供了理论依据。

第二节　"负利率"政策的国际经验

自 2009 年瑞典中央银行对银行存款实施的"负名义利率"引发中央银行"负利率"政策的开端以来，丹麦央行、瑞士央行、欧洲央行相继跟进。2016 年日本央行宣布全面实施"负利率"政策，标志着"负利率"政策在全球的进一步深化。尽管这五个经济体的中央银行在"负利率"政策的执行方法上略有不同：瑞典和欧元区的中央银行规定对金融机构在中央银行的准备金不再支付利息，反而需要金融机构支付费用，这种费用是对所有超额准备金征收的；丹麦、瑞士、日本的中央银行则把对金融机构在央行的准备金分为各个层级，仅对部分层级的准备金执行"负利率"，采取分级利率政策。实施分级利率政策的中央银行在分级方法上也有所不同：丹麦央行通过划分定期存款和隔夜存款来实施分级利率；瑞士央行则采用基于活期存款余额门槛的分级利率④。可以看出，丹麦央行和瑞士央行采用的均为基于存款额度的两级利率。日本央行则设置了三级利率体系，即对基础余额部分使用 0.1% 的正利率，对宏观附加余额部分使用零利率，对政策利率的余额部分使用 -0.1% 的负利率。分层利率政策更加灵活，保证了银行的利润率，在一定程度上能够降低政策的实施成本。

---

① 范志勇，冯俊新，刘铭哲. 负利率政策的传导渠道和有效性研究［J］. 国际货币评论，2017（5）：93-105.

② Siegel L B, Sexauer S C. *Five Mysteries Surrounding Low and Negative Interest Rates*［J］. *The Journal of Portfolio Management*，2017，43（3）：77-86.

③ Bech M, Malkhozov A. *How have central banks implemented negative policy rates?*［J］. *BIS Quarterly Review*，2016（3）：31-44.

④ 王宇哲. 负利率时代：政策创新与宏观风险［J］. 国际经济评论，2016（4）：115-127.

由各国中央银行的实践来看，实施"负利率"政策的目的主要体现在两个方面：一是抑制通货紧缩。即通过对超额存款准备金收费的方式来迫使商业银行对外提供贷款，刺激消费和投资，促进经济增长，提升公众的通胀预期。瑞典央行和欧洲央行的主要目的即是提升价格水平，它们所实施的"负利率"政策可以被看成是对"量化宽松"政策的补充。同样的也有日本央行。二是缓解本币升值压力。丹麦和瑞士是小型经济体，并且都不是欧元区国家，它们的货币长期盯住欧元，与欧元一样实行固定汇率制度。丹麦克朗与瑞士法郎在欧洲债务危机期间面临巨大的升值压力，由于货币升值会使本国的出口竞争力受到巨大影响，实施"负利率"政策能够在一定程度上阻止本币对外升值①。丹麦和瑞士央行实施"负利率"政策的主要目的是维持汇率的稳定。各国中央银行"负利率"政策的实践见表9-1。

表9-1　　　　　　　　中央银行"负利率"政策的实践

国家	阶段	内容	目标
瑞典	2009.07~2010.09	隔夜存款利率下调到-0.25%	预期通货膨胀目标
	2014.07	重新引入负利率政策	
	2015.02	下调回购利率至负值	
	2016.02	回购利率从-0.35%下调至-0.5%	
丹麦	2012.06~2014.04	7天存款利率下调至负值，对在央行超过一定额度的存款施加负利率	阻止本币对外升值
	2014.09	定期存款利率下调至-0.75%	
瑞士	2014.12	引导政策利率降至负利率区间	阻止本币对外升值
欧元区	2014.06	存款便利利率下调至-0.1%	预期通货膨胀目标
	2014.09	存款便利利率下调至-0.2%	
	2015.12	存款便利利率下调至-0.3%	
	2016.03	存款便利利率下调至-0.4%	
日本	2016.02.16	对在央行部分存款利率设为-0.1%	预期通货膨胀目标

---

① Bech M, Malkhozov A. *How Have Central Banks Implemented Negative Policy Rates* [J]. *BIS Quarterly Review*, 2016（3）：31-44.

第三节　"负利率"政策的传导机制

由本章第二节五大中央银行"负利率"政策的实践来看，"负利率"政策的表现形式可谓多样。瑞典央行与欧洲央行使用的是利率走廊机制，对利率走廊的下限进行下调，直接将政策利率调为负值；丹麦央行与日本央行设置了分级利率体系，对金融机构在中央银行的存款实施了差别化的负利率；瑞士央行则同时使用了利率走廊机制与分级利率体系来实施"负利率"政策（符瑞武，2017）[①]。整体而言，分层设计的利率体系更为精准，但也给予了用户套利空间，政策效果较难评估。尽管如此，中央银行"负利率"政策的实质却是相同的，"负利率"所说的利率是金融机构缴存中央银行的超额存款准备金比率，换句话说，"负利率"政策即是中央银行对商业银行的超额存款准备金征收负利率。从各国央行实施"负利率"政策的目的及实践结果来看，丹麦央行与瑞士央行以稳定汇率为目的的政策目标相对容易实现，欧洲央行等以通货膨胀为目的的政策目标则相对难以实现。究其原因，主要是因为政策目标的不同，"负利率"政策的传导机制会有所差异，带来的政策效果也不尽相同，本节将对此进行解释。

对于丹麦与瑞士这种资本账户开放、利率和汇率均已市场化的国家来说，实施"负利率"政策降低了中央银行的超额存款准备金率，这首先会引起银行间市场利率的下降，其他的短期利率也会同步降低。国内利率的下降意味着本国金融资产对投资者的吸引力降低，短期资金会从本国流出，国际市场上对本国货币的需求将会减少，在供求关系的作用下，本国货币在国际市场上的价格会下降，换句话说，本币会贬值。从本国货币在国际市场上的供给视角来看，国内利率的下降会降低企业的贷款成本，信贷数量随之增加，体现在外汇市场上，则是本国货币供给的增加，在供求关系的作用下，本国货币在国际市场上的价格会下降，换句话说，本币会贬值。由此可见，对于丹麦与瑞士这样的小型经济体来说，只要银行间市场利率能够随"负利率"政策所调控的利率同向变动，"负利率"政策对于阻止本币对外升值将是非常有效的，其传导机

[①]　符瑞武. 全球发达经济体负利率政策实验：操作机制、传导效果与政策启示 [J]. 郑州大学学报（哲学社会科学版），2017（11）：73 – 78.

制如图 9 - 1 所示。

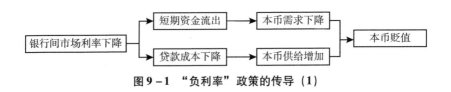

图 9 - 1　"负利率"政策的传导（1）

对于欧元区与日本等大型经济体来说，如果仅仅是出于维持汇率稳定的目的而实施"负利率"政策，也会起到较好的效果。但如果是出于提振本国的通货膨胀预期考虑，"负利率"政策的传导机制则较为间接并且复杂，政策效果将不甚明朗。实施"负利率"政策降低了中央银行的超额存款准备金率，超额准备金率的降低将引起商业银行的信用扩张，使基础货币与货币乘数变大，这将引发货币供应量的成倍增长。至于货币供应量的增加是否能够引起投资需求、消费需求的增加，从而体现为实体经济的增长，还是被投入至虚拟经济，在银行体系内空转，这是"负利率"政策是否能够提振公众通胀预期的关键。如果大量的流动性进入了实体经济，转化为企业部门的实际投资、公众部门的实际需求，将会促进生产和就业，能够提高价格水平和促进经济增长。如果大量的流动性只是在股市、债市等金融市场中谋求较高的收益，不但会推高资产价格、提高金融危险，对拉动经济增长与提振通胀预期并无益处。因此，以通货膨胀为目的的"负利率"政策的实现，依赖于金融机构是否能够将银行间市场利率的变化传递至实体经济，其传导机制相对复杂，如图 9 - 2 所示。

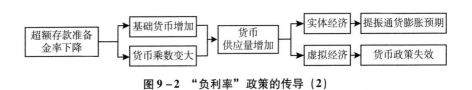

图 9 - 2　"负利率"政策的传导（2）

整体来看，"负利率"政策对于稳定汇率的传导机制较为直接，政策效果较好；对于提振通货膨胀目标的传导机制则较为间接，政策效果较为不确定。换句话说，政策传导过程越短，"负利率"政策对政策目标的影响越明显；反之，政策传导过程越长，"负利率"政策对政策目标的影响越微弱。值得注意的是，对欧元区与日本而言，其实施的"负利率"政策实际上是继"量化宽松"之后的进一步宽松，是对"量化宽松""负利率"以及"前瞻性指引"政策的综合运用。这些非传统的货币政策使经济进入了一个较长时期的低利率环境，最终目的都在于创造出更多的流动性，并使这些流动性进入实体经济并创造出实际的生产力，预防经济陷入通货紧缩周期。在这样的情况下，很难区分到底是哪一种政策工具起到了作用。

【专栏 9 – 1】

"前瞻性指引"政策工具

"前瞻性指引"（Forward Guidance）是中央银行与公众进行沟通的重要货币政策工具。在 2008 年金融危机之后发达经济体政策利率下降至零下限、传统货币政策失效时，"前瞻性指引"政策显得尤为有用。"前瞻性指引"政策之所以能够发挥作用，主要是基于以下逻辑：首先，经典的新凯恩斯主义模型认为产出缺口与通货膨胀水平是由长期利率决定的；其次，如果中央银行能够对未来的政策行为给予可靠的承诺，就能够对长期利率进行调控。因此，在短期利率位于零利率下限时，中央银行可以通过调控公众对短期利率的预期来调控长期利率，对产出和通胀率施加影响①。美联储在 2008 年金融危机之后就使用了"前瞻性指引"政策工具来防止经济滑坡，公众将自己对货币政策的预期与联邦公开市场委员会的"前瞻性指引"政策保持一致，事实证明，"前瞻性指引"在传达中央银行政策意图，稳定经济方面产生了较好的效果②。"前瞻性指引"与大规模资产购买的"量化宽松"政策相结合，成功的阻止了美国经济陷入"流动性陷阱"，为如今美国货币政策恢复正常化奠定了基础。

---

① Williams J C. *Unconventional monetary policy*：*Lessons from the past three years* ［J］. *FRBSF Economic Letter*，2011（31）：1 – 8.

② Bernanke B S. *Opening remarks*：*monetary policy since the onset of the crisis* ［R］. In Proceedings：Economic Policy Symposium Jackson Hole，2012.

　　使用"前瞻性指引"政策的中央银行不仅限于美联储，欧洲央行、日本央行等在 2008 年金融危机中也使用了这个政策工具。他们均采用了开放式指引（Open-ended Guidance），开放式指引向公众提供了未来政策走向的明确信息，即表明了政策利率维持现有水平的时间。借助"前瞻性指引"政策工具，中央银行能够帮助公众预测中央银行的政策，中央银行能够对与政策有关的利率传导路径进行解释，并阐明随之可能出现的多种情况。在此基础上，货币当局能够帮助公众理解各种情况下的政策前景①。实际上，"前瞻性指引"并不是 2008 年金融危机的创新，早在 20 世纪 90 年代，实施通货膨胀目标制的一些小型经济体就通过定期发布利率未来走势预测的方式，开始使用定量的"前瞻性指引"政策工具②。由此可见，"前瞻性指引"是中央银行进行预期管理的重要工具。由于"前瞻性指引"表明了中央银行关于未来货币政策的立场，明确了未来政策利率的走向，因此，其能够降低金融变量对于宏观经济信息的敏感程度，减少预期利率的波动性，在一定程度上能够缓解经济的不确定性。

　　尽管从理论上来说，"前瞻性指引"政策是中央银行进行预期管理的重要工具，具有告示性的作用，能够增强货币政策的有效性。但"前瞻性指引"是否能够发挥作用，还依赖于公众对政策的接受能力和理解能力以及中央银行的公信力。对公众来说，如果他们并不能够准确的理解中央银行的政策意图，货币政策的有效性将会大大降低；对中央银行来说，并不总是能够跟公众之间建立清晰的沟通，更有甚者，当其所承诺的货币政策应当被执行时，中央银行并不总是能够信守承诺。政策目标是否能够被实现，除了取决于中央银行和公众两个方面的反应，还受制于其他各种未知因素与潜在风险。因此，"前瞻性指引"并不是一个能够对宏观经济进行调控的万能药。"前瞻性指引"往往需要和"量化宽松"等其他政策工具相互配合才能够发挥作用，其政策效果较难评估。

---

　　① Woodford M. *Forward guidance for monetary policy*：*Is it still possible*？［EB/OL］. （2008 – 01 – 17）. ［2018 – 09 – 21］. https：//voxeu. org/article/forward-guidance-monetary-policy-it-still-possible.

　　② 杨秀萍. 前瞻性指引的国际实践与启示［J］. 西南金融，2017（5）：32 – 37.

第四节　"负利率"政策在我国的适用分析

综合上述研究可以看出，尽管各国中央银行实施"负利率"政策的目的并不相同，但其政策实施的背景均具有以下特点：一是增长极度乏力以至于经济面临持续的通缩压力；二是央行已经使用各种宽松政策，并且收效甚微。由这两点可以看出，"负利率"政策是中央银行在非常时期的非常选择。尽管"当前经济运行稳中有变，面临一些新问题新挑战，外部环境发生明显变化"，但中国"经济保持了总体平稳、稳中向好态势"。换句话说，"负利率"政策目前离我们还很遥远。尽管如此，我们仍然可以在发达国家中央银行实施"负利率"政策的理论与实践基础之上，对"负利率"在中国的适用性，即对"负利率"是否可以成为我国货币政策工具的备选项进行讨论，这对于扩大我国货币政策的操作空间有利无弊。理论上来看，我国具备实施"负利率"政策的若干可行性，这主要从以下几点可以看出。

（1）实施"负利率"政策的国家，主要依赖于以银行为中心的金融体系。这些国家的中央银行对超额存款准备金征收负利率，是希望通过这一方式提高商业银行在中央银行的存款成本，促进商业银行将更多的资金投放至信贷市场，以此来降低企业和家庭贷款的成本，从而推动贷款需求、刺激投资消费，最终盘活实体经济，预防宏观经济陷入进一步的萧条。可以看出，商业银行是将流动性投放至实体经济促进真实的增长，还是流入虚拟经济促进泡沫的产生，成为"负利率"政策能否取得效果的重要环节。因此，"负利率"政策能够取得成效，需要实施"负利率"的国家的金融体系主要由银行系统来进行传导。中国目前的金融体系，是以银行为中心的，这是中国能够适用"负利率"政策的原因之一。

（2）实施"负利率"政策的国家的中央银行，均实施存款准备金政策。与公开市场操作能够对经济进行即时性微调的货币政策工具相比，存款准备金率的变化会对宏观经济产生倍数的放大或者缩小的作用。因此，存款准备金率的变化是央行宽松或者是紧缩政策的重要指示器，频繁调整会引起公众对中央银行货币政策取向的诸多猜测，并不宜日常性使用。因此，在中央银行传统的三大货币政策工具当中，存款准备金率是较不常用的，甚至，有些国家的中央银行已不再使用这个工具。"负利率"政策的实施，依赖于中央银行对超额存款准备金率的调控能力，并不适用于实行了零准备金制度的国家。欧洲央行与瑞典央行更是将超额存款准备金率作为其利率走廊的下限。一直以来，中国人民银行将存款准备金作为其较常实用的政策工具，超额存款准备金率长期保持稳定，这是中国能够适用"负利率"政策的原因之二。

应该注意的是，下述因素将制约"负利率"政策在我国的实施效果。

（1）我国利率政策和汇率政策相互分离，利率向汇率的传导渠道还不够通畅。实施"负利率"政策的中央银行的一个主要目的是稳定汇率，由上述分析可知，其政策传导机制较为直接，传导过程较短，因此能够起到较好的政策效果。值得一提的是，丹麦和瑞士的"负利率"政策之所以能够取得成效，与他们均为小型经济体，并且都是高度开放的经济体不无关联。更为重要的是，他们国内的利率政策向汇率政策的传导渠道是十分畅通的，即利率的变化能够引起汇率的迅速联动。从这一点来看，我国长期以来并没有对利率与汇率的协调给予足够的重视。主要体现在两个方面：一是我国利率长期实行双轨制，近年来利率市场化才初始形成。二是尽管我国自1994年以来便实行"以市场供求为基础的、单一的、有管理的浮动汇率制度"，这使得利率与汇率之间的联动成为可能，但当经济的国内需求与国外需求发生冲突时，我国的货币政策一直是将满足国内需求放在首位，这在维持中国货币政策独立性方面具有明显的优势，但是也使得利率与汇率的传导关系变动微弱，甚至是相互分离。

（2）与发达经济体的中央银行货币政策目标较为单一相比，我国的货币政策目标实际上较为复杂多元。实施"负利率"政策的欧洲央行、瑞典央行与日本央行，实施的是单一的通货膨胀目标制；而丹麦央行与瑞士央行的货币政策目标也很明确，即维持汇率的稳定。与之相比，我国的货币政策目标则并不十分清晰明朗。《中国人民银行法》将我国的货币政策目标规定为"保持货币币值的稳定，并以此促进经济增长"，事实上，经济的增长容易引发通货膨胀，经济的下滑容易引发通货紧缩。这表明中央银行在协调经济增长与价格稳定这两个政策目标之时并不能够两者兼顾。更何况，我国的货币政策在实际操作过程中往往还兼顾其他各种因素，中央银行需要配合财政部来稳定国内经济运行，在面临外部冲击时，还需要守住不发生系统性金融风险的底线，在非常时期采取一些应急措施。货币政策目标的多元及不够明确，将影响"负利率"政策的实施效果。

【专栏 9-2】

我国的货币政策目标

不同国家在不同历史时期面对的经济状况不同，货币政策的最终目标也各不相同，即使是同一个国家在不同的历史时期，也会因经济结构和经济条件的不同而选择不同的货币政策最终目标。我国货币政策最终目标以 1995 年《中国人民银行法》颁布为分水岭，可分为两个阶段。

第一阶段是 1995 年之前，探讨关于是否实行双目标制。通常认为货币政策最终目标大体上有四个，即稳定物价、充分就业、促进经济增长和平衡国际收支。四个目标既有一致性，又有矛盾性，要同时实现四个目标是非常困难的，因此就涉及如何选择的问题。关于货币政策最终目标的选择主要有三种理论：一是单目标论，认为货币政策只能选择单一目标为最终目标，并且对究竟是选择稳定物价还是经济增长作为货币政策唯一目标存在争议；二是双目标论，认为货币政策的目标不应该是单一的，而应该同时兼顾稳定物价和经济增长双重目标，只偏重某一目标不仅不可能在长期经济运行中实现该目标，对国民经济的稳定协调发展也是不利的；三是多目标论，认为不能只以一个或两个目标作为货币政策最终目标，而应该在总体上兼顾各个目标，在不同时期以不同的目标作为相对重点。此阶段我国货币政策目标主要是"发展经济与稳定币值"的双目标制，此目标被认为是我国需长期坚持的一项基本政策。尽管如此，这一阶段学术界关于货币政策单、双、多目标的争论一直持续，但为《中国人民银行法》第三条法定目标的诞生打下了理论基础。

第二阶段是 1995 年之后，货币政策最终目标的明确。在对当时宏观经济形势进行分析、判断和总结历史经验的基础上，1995 年颁布了《中国人民银行法》，其中第三条明确规定："货币政策目标是保持货币币值的稳定，并以此促进经济增长"。这一目标不同于过去所争论的单一目标、双目标与多目标制，既规定了"稳定币值"的第一属性，又明确了经济增长的最终目的，界定与理顺了稳定货币与发展经济的主辅地位以及两者间的内在联系。该目标适应发展市场经济的内在要求，兼顾了我国这一阶段的发展困难，符合国际货币政策最终目标选择的一般规律和发展惯例，宣告了三种代表性观点主导的货币政策最终目标争议时代的结束。尽管从法律条文上看，我国货币政策的最主要目标是保持物价稳定，其次才是经济增长。但在实际货币政策操作中，我国货币政策除了要兼顾经济增长、充分就业、物价稳定和国际收支平衡四大政策目标之外，还要配合财政政策扩大内需、保持人民币汇率稳定、防止资产价格泡沫和防范金融风险，并且在实际执行过程中价格稳定目标过多的让位于保增长与保就业目标。由于多元化的货币政策目标易使货币政策操作厚此薄彼，近年来还出现了不少关于在我国实施通货膨胀目标制的探讨。

第五节　研究结论与政策建议

一、研究结论

（一）"负利率"政策的有利作用

"负利率"政策是部分发达经济体在 2008 年金融危机之后，宏观经济处于长期低增长、低通胀、低就业的情况下，由中央银行进行的非传统操作，是非常时期的非常举措。尽管金融危机的发生并不是常态，从较长的经济周期来考虑，"负利率"这种非传统的货币政策或将是不可避免的。未来全球经济再次遭遇到通缩性衰退时，或者，在自然利率较低时，中央银行可以将"负利率"政策纳入货币政策工具箱，"负利率"政策或可成为重要的应对工具。因此，对"负利率"政策进行研究是非常有必要的。客观上，"负利率"政策能够起到以下有利作用。

（1）"负利率"政策一定程度上改善了融资环境。中央银行通过对超额准备金收费的方式，成功迫使商业银行将多余资金投向贷款和债券，这在客观上能够改善企业以及居民的融资环境。理论上，如果流动性能够有效地投入至实体部门，"负利率"政策可以稳定实体经济，提高总产出水平，这对于维护金融稳定以及避免通缩性的经济衰退是非常重要的。从这个意义上看，"负利率"政策能够帮助经济陷入萎靡的国家走出低谷。但这仅仅是理论上的设定，实践中应认识到，资本总是逐利的，较长时期推行"负利率"政策又不对金融机构的资金投向进行监控的话，或可产生资金配置的扭曲，如果金融机构将资金用于高风险资产的配置，则会催生资产泡沫，引发金融风险，这就有违"负利率"政策的初衷了。因此，对金融机构资金的流向进行监督和控制将是十分有必要的。

（2）"负利率"政策一定程度上稳定了货币币值。对于利率已经完全市场化、利率向汇率传导渠道畅通的小型开放型经济体来说，利率的变动会引起汇率的变动，"负利率"政策传导机制简单并且直接，如果是出于维持货币币值稳定的政策目的，效果较为明显。丹麦与瑞士央行的"负利率"实践已经说明了这一点。但是维持本国货币汇率的稳定，即在经济衰退期维持本币对外不升值，存在一定的风险，主要体现在两个方面：对外来说，维持本币不升值是一种"以邻为壑"的做法，或将引发货币战争；对内来说，维持本币不升值增加了投资者投资于实体经济的成本，投资者更加倾向投资于收益更高的资产，比如房地产等行业，然而这并不是"负利率"政策的初衷。需要注意的是，"负利率"政策在稳定币值方面的作用，在实践中被证明成功的两个国家均为小型经济体，其对中国这样的大型经济体是否会起到作用，尚存在未知。

（二）"负利率"政策的不足

由以上分析可以看出，"负利率"政策虽然对于改善融资环境、稳定货币币值能够起到一定的作用，但也有诸多不足之处，体现在以下几点上。

（1）"负利率"政策会降低商业银行的利润。2008年金融危机之后，商业银行出于规避风险的本能，会出现惜贷的集体行为，这将使实体部门的投资受到限制，对金融危机起到加重甚至是恶化的作用。这种商业银行个体的理性行为造成了整个经济部门的集体非理性，宏观经济必然陷入恶性循环，短期内复苏无望。在这种情况下，中央银行通过对商业银行超额准备金收费的方式，提高了商业银行在中央银行的存款成本，迫使其为市场投放流动性。只是，长期的"负利率"将使得商业银行，尤其是中小型商业银行对企业的存贷款利差缩小，压缩其最主要的盈利空间，损害商业银行的利润。更有甚者，强迫商业银行进行资金投放的举措，会使商业银行出于追逐更高收益的目的，将资金投资于风险更高的行业，甚至是在资本市场上进行投机，这种行为会对金融安全和稳定造成负面的影响。从这个角度来看，"负利率"政策是否实施、实施期限是多长，均需要中央银行权衡利弊，作出理性的选择。

（2）"负利率"政策强化了经济运行的不确定性。从国内层面来看，"负利率"政策下商业银行为了追逐更多的利润，可能投资于收益更高但是风险更大的资产；实体部门或者为了避免名义损失，或者只顾短期的回报率，也可能追求更具风险性的资产。资金并不能够像中央银行设想的那样流入实体经济，得不到最优的配置，风险性反而增强。从国际层面来看，"负利率"政策的实施会使投资者对各国利率政策捉摸不定，直接导致国际套利活动复杂化，加大投资或者是投机风险。其结果便是中央银行对投资者的投资策略无法进行准确的判断，影响其对外汇市场的控制。经济的不确定性增强。更进一步，市场对于"负利率"政策何时退出，以及如何退出也抱有种种揣测，其将作出何种反应也存在诸多的未知，政策的不可预期性从一定程度上增强了经济运行的不确定性。

二、政策建议

综合以上分析可以看出，学术界的普遍共识是不能够依赖以"负利率"为代表的强刺激政策。对我国而言，宏观经济总体平稳并且稳中向好，目前可用的货币政策工具较多，降准的空间也很大，政策利率为正且在全球属于中高位水平，并不需要实施"负利率"政策。但是，吸取发达经济体"负利率"政策的经验与教训，为货币政策增添一个新的备选工具，无疑是有利的。这需要货币当局做到以下几点。

（1）注重货币政策的内外平衡，始终保持货币政策的独立性。当前的国际经济形势错综复杂，美国通过加息和收缩资产负债表来推进货币政策正常化，引起其他国家和经济体的中央银行在决定与美国保持同步还是继续实施宽松政策之间徘徊。美国的货币政策正常化客观上对我国施加了收紧的压力，但 2018 年以来扑朔迷离的中美贸易战使得中国的货币政策随时有向宽松调整的可能。从国内情况来看，尽管我国经济运行平稳，但供给侧改革仍在持续推进，宏观经济仍然存在"去产能、去库存、去杠杆、降成本、补短板"的压力。在国内外的双重挑战之下，要照顾到对外经济均衡又保持对内经济均衡，是非常有必要的。但由于维持对外经济与对外经济同时均衡是比较有难度的，当两者发生矛盾时，应把国内经济的均衡放在首位。根据"不可能三角"理论，一个国家不可能同时实现资本自由流动、汇率稳定以及货币政策的独立性，这时保持货币政策的独立性可能是最为重要的选项。

（2）疏通利率向金融市场的传导机制，疏通利率向汇率的传导机制。政策利率是否能够传导至实体经济是"负利率"政策能否成功的关键，事实上，这也是中央银行的利率政策是否有效的重要衡量标准。与欧盟、日本等实施"负利率"政策的经济体相似的是，中国的货币政策主要也是依赖银行体系进行传导的；与实施"负利率"政策的经济体相区别的是，目前中国的利率市场化改革才基本完成，价格型调控机制正在构建中，政策利率由金融市场向实体经济的传导渠道尚不够畅通。尽管我国的政策利率较高，并不需要实施"负利率"政策，但是疏通利率向金融市场的传导机制有利于提高金融资源配置效率，更有利于资金流向实体部门。这就需要央行采取一系列措施来推定金融市场建设，例如：推动债券市场发展、加快统一资产管理业务监管标准等。不仅如此，当前我国利率向汇率的传导机制也不畅通，我国仍然处于渐进放松资本管制和推动汇率市场化的进程中，在利率政策与汇率政策之间谋求平衡，才能够实现经济的内外均衡。

（3）财政政策与货币政策相配合，实现较好的政策效果。尽管欧洲央行实施了"量化宽松"与"负利率"政策，经济复苏进程仍然缓慢；反观美国，在几轮"量化宽松"政策之后，经济逐渐走出2008年金融危机的影响，货币政策回归正常。之所以产生这样的差别，一个重要的原因便是，美联储在实施"量化宽松"的基础上，还实施了诸如大规模减税等积极的财政政策。欧元区国家的货币政策由欧洲央行统一制定，但财政政策方面却各自为政，过度依赖非传统的货币政策对经济进行强刺激，只能起到事倍功半的效果。换句话说，宽松的货币政策如果没有积极的财政政策相配合，在金融危机爆发时及后危机时代，往往可能无功而返。对中国来说，中国人民银行与财政部均为国务院的组成部门，虽然分工不同、各司其能，但同属国务院领导，在沟通与协调方面具有天然的优势。实际工作中，中国人民银行在保持货币政策独立性的同时，与财政部积极沟通，使货币政策与财政政策相互配合，才能服务于宏观经济稳定发展、稳中向好的大局。

（4）注重货币政策的预期管理，加强与公众的沟通。2008年全球性金融危机使各国深刻地认识到防范金融风险的重要性，纷纷将守住不发生系统性风险作为宏观经济政策的底线，这需要强化中央银行与市场之间的沟通，避免产生市场对中央银行政策的误读。事实上，央行沟通已经受到包括中国在内的各国央行的高度重视。中国人民银行定期发布的《中国货币政策执行报告》《中国金融稳定报告》是公众了解央行政策的重要渠道，涵盖了中国人民银行与市场进行沟通的各种丰富信息。中国人民银行网站还有"在线访谈"等专栏，负责对中国人民银行的政策进行解读。中国人民银行的种种努力，隐含了"前瞻性指引"的诸多要素，均为其注重预期管理的体现。相对于私人部门而言，中央银行是政策的制定方，具有比较大的信息优势，央行实施预期管理需要做到以下几点：①增加与市场沟通的渠道，重视沟通的规律性，公众能够多途径稳定的获得信息有利于稳定市场预期；②确保央行信息的准确性，这是央行与市场进行有效沟通的前提，提高央行的研究能力与专业水平是央行信息准确性的保证；③通过循序渐进的方式与市场进行沟通，减少货币当局对经济的不必要干扰。

第十章

本书结论与政策建议

2008 年的全球性金融危机对世界经济产生了重要的影响，改变了各国经济的发展进程，这种改变对发达经济体来说尤为明显，其中央银行大都面临"零利率下限"的约束，此时传统的货币政策失效。为防止经济陷入"流动性陷阱"，各个国家的中央银行进行了种种尝试，对货币政策工具进行了诸多创新、对货币政策中介目标进行了诸多调整。2008 年的金融危机过去已经 10 年，中央银行创新出来的货币政策工具，如何通过中介目标的桥梁作用，传递至实体经济；中央银行的种种努力，是否对宏观经济起到了正面的效果，其所释放出来的大量流动性，是否能够形成真正的经济增长，本书都进行了分析，给予了解读。尽管 2008 年金融危机时以及危机后，中国并没有面临"零利率下限"的约束，货币政策尚有较大的空间，但中国人民银行也对货币政策工具进行了一系列的创新，为货币政策的中介目标也增添了新的备选指标。当前，世界经济的不确定性仍在继续上升，更应深入理解各个国家中央银行货币政策的理论与实践，汲取经验与教训，做好应对各种情况的准备，在不确定性中把握确定性。从这个角度来看，对 2008 年金融危机之后中央银行货币政策工具与中介目标的变化进行审视，在对国际经验充分认知的基础上讨论其对中国的适用性，是具有非常重要的意义的。

第一节　本书结论

中央银行货币政策工具与中介目标选择的动态演变总是与其所处的社会历史背景相匹配，与宏观经济形势和金融市场的发展阶段密切相关，目的是为实体经济的发展保驾护航。各国中央银行货币政策工具与中介目标的演变并非都是一帆风顺，而是经历反复与曲折，历经多个历史发展阶段，具有很多相似的特征。概括来说，主要体现为以下几点：①中央银行的货币政策工具总是在不断丰富和创新发展，尤其是在 2008 年全球性金融危机之后，货币政策工具不但能够对宏观经济进行一般性调节，还具有了结构性调整的功能。②货币政策中介目标会随宏观经济中出现的变化而调整切换，中央银行对货币政策中介目标的选择并不拘泥，总是会选择最符合经济发展需要的指标作为货币政策中介目标。③央行货币政策工具与中介目标的选择不但受到国内因素的影响，也越来越会受到国际宏观环境的制约。

从历史经验来看，中央银行总是根据实际经济运行情况相机抉择，不断丰富货币政策工具箱，综合运用多种货币政策工具或工具组合，灵活选用货币政策中介目标对经济进行调控。2008 年全球性金融危机之后各国央行关于货币政策工具与中介目标的种种创新尝试均表明，中央银行原有的货币政策调控方法在逐渐淡化，中央银行可以通过创新使货币政策工具丰富，通过灵活运用工具与工具组合，调整货币政策中介目标来为促进实体经济的发展服务。尽管各国央行所面临的特定国情与所处的具体发展阶段并不相同，但是关于货币政策工具与中介目标的选择具有相似的演变方向：各国央行未来仍然会根据经济形势的发展变化对货币政策工具进行创新、对货币政策中介目标进行调整。甚至，当传统的货币政策工具与中介目标不能发挥作用时，中央银行还会对货币政策工具与中介目标进行重新构造，使之具有新的功能。

2008 年金融危机之后，发达经济体的中央银行就对货币政策工具与中介目标进行了重新构造："量化宽松"政策在公开市场操作基础上增加了事前量化的指标，是对公开市场操作的创新和变革；"负利率"政策是对超额存款准备金率的进一步运用，使利率通过银行体系的传导为市场提供流动性；"地板"利率走廊机制是对标准利率走廊机制的改进，将政策目标利率设定为利率走廊的下限，实现了货币数量与利率价格调控的分离；"通货膨胀目标制"在货币政策工具与政策目标之间不再设立中介目标，具有很强的灵活性。发达国家中央银行的这些尝试，为货币政策提供了更多的操作空间。尽管各国的国情并不一致，国外关于货币政策的实践与创新并不完全适合我国的土壤，中央银行无论选用何种货币政策工具或者中介目标，最终都取决于其所面临的现实经济问题，但是，对国外经验的了解与学习，无疑会为本国的货币政策提供丰富借鉴。事实上，发达经济体中央银行的货币政策中介目标经历了利率价格与货币数量的多次切换，表明中央银行的选择并不固定，价格与数量也并不矛盾。其对货币政策工具的选择与运用也是如此，各货币政策工具，无论是传统抑或是创新，也并无冲突之处，都应服务于实体经济体的发展。

第二节　政　策　建　议

货币政策工具与中介目标的演变是一个动态发展的过程，中央银行对货币政策工具与中介目标如何选择会影响货币政策的实施效果，将对实体经济的发展起到重要的影响。2008 年全球性金融危机之后，世界经济出现变革，在这个过程中，各国中央银行都为经济的复苏尽最大的努力。而今国际环境日益复杂，中国的货币政策也在顺势调整，变得更加务实。各国创新货币政策工具，调整货币政策中介目标的原因并不相同，不能够进行简单类比，中国对国际经验的学习是认真的，对国际经验的借鉴是理智的，比照主要国家的主要货币政策创新，本书主要提出以下建议。

（1）关于"量化宽松"政策。本书认为美联储于 2008 年金融危机中采用"量化宽松"货币政策是致使资产负债表大规模扩张的主要原因，如今的加息是为了提高短期利率，收缩资产负债表则为了减持过多的抵押支持债券，从而提高长期利率。美联储的加息与"缩表"行为可以看成是对"量化宽松"政策的逆向操作，目的是使"非传统"的货币政策回归"传统"，使货币政策顺应宏观经济的正常化而回归正常。而中国人民银行资产负债表变化最为重要的原因是金融危机后由于"外汇占款"的减少使基础货币的投放渠道发生了变化。因此，中国人民银行不断创新，创设了短期流动性调节工具、常备借贷便利、中期借贷便利、抵押补充贷款、临时流动性便利工具等政策工具，为市场提供各种期限的流动性。中国没有必要实施"量化宽松"政策，而应着眼于国内，完善宏观审慎政策框架，为维持金融稳定创造条件。

（2）关于"利率走廊"机制。利率能够较好地发挥价格工具调控经济及配置资源的作用，避免数量型指标内生性和难以准确控制的问题，因此，中央银行对利率进行调控给予更多关注是非常有必要的。中国基准利率体系尚未有效形成，现阶段存在的汇率市场波动等流动性干扰与冲击因素使得我国短期利率的波动性较大。同时，由于软预算约束的存在，我国的融资主体对利率并不太敏感，容易造成市场流动性的过度膨胀，因此货币数量调控工具与手段在我国仍然是必不可少的。尽管如此，仍然可以预见，"利率走廊"机制将在未来中国货币政策调控中扮演着重要角色。"利率走廊"机制与公开市场操作叠加比单独使用能够更加准确的完成货币政策传导、实现货币政策最终目标。考虑到"地板"模式是在发达经济体短期利率下降至零之时推出的，与我国国情存在明显差异，因此，构建"利率走廊"的标准模式更加有利于对利率水平进行引导与调控。

（3）关于"通货膨胀目标制"。通货膨胀目标制是一种以保持较低并且平稳的通货膨胀率为目标的货币政策框架，通货膨胀目标制的"名义锚"短期内能够应对不可预料的冲击，长期内能够使经济处于理想的区域。由国际经验来看，各国通货膨胀目标制在设计上存在诸多差异，但整体上仍然显示出趋同性特征，由于维持长期稳定的低通货膨胀对于经济的稳定和发展是非常有利的，这种货币政策框架设计能够起到较好的政策效果。中国人民银行目前拥有较强的货币政策独立性，中国的汇率机制比以往更加富有弹性，基本具备了实行通货膨胀目标制的基础条件，并且，较低的通货膨胀水平也是引入通货膨胀目标制的良好时机。无论中国是否实施通货膨胀目标制，均需要注意以下四个要点：①需要理性认识中央银行的目标独立性与工具独立性。②需要妥善设计短期和中长期通货膨胀目标。③需要妥善决定采用通货膨胀目标制的时机。④需要妥善决定采用点目标还是区间目标。

（4）关于"负利率"政策。本书认为"负利率"政策是部分发达经济体在金融危机之后，宏观经济处于长期低增长、低通胀、低就业的情况下，由中央银行进行的非传统操作，是非常时期的非常举措。对我国而言，当前宏观经济总体平稳并且稳中向好，可供使用的货币政策工具较多，降准的空间也很大，政策利率为正并且在全球来看，都属于中高位水平，并不需要实施"负利率"政策。尽管如此，吸取发达经济体"负利率"政策的经验与教训，能够为货币政策增添一个新的备选工具，无疑是有利无害的。货币当局从"负利率"政策的借鉴，可以得出以下几点注意事项：①注重货币政策的内外平衡，始终保持货币政策的独立性。②疏通利率向金融市场的传导机制，疏通利率向汇率的传导机制。③财政政策与货币政策相配合，实现较好的政策效果。④注重货币政策的预期管理，加强与公众的沟通。

（5）关于货币政策中介目标的选择。随着市场的不断深化和金融的不断创新，影响货币供给的因素变得复杂，M2 指标与实体经济的关联性趋于减弱。社会融资规模是对数量型指标的改进，是对全社会流动性的衡量，更能够反映实体经济的融资需求，预期可成为拉动实体经济增长的强劲之源。中国的利率市场化已经初步实现，但金融市场尚处于发展阶段，在现有数量型为主的货币政策调控框架基础之上，今后也应逐步发挥价格型调控机制的作用。本书认为数量与价格相互支撑才能使货币政策更好发挥作用，当前数量与价格并用才是中央银行较为务实的选择：当数量型的指标能够发挥更好的政策传导作用时，就选用数量型的中介目标；当价格型的指标能够发挥更好的政策传导作用时，就选用价格型的中介目标。与此同时，还应对相关指标进行进一步的优化，例如，完善社会融资规模指标的涵盖范围。将回购利率作为人民银行政策利率的组成部分，同时继续强化 Shibor 指标的基准性，畅通短期利率到长期利率的传导渠道，畅通长期利率到实体经济的传导渠道。

经济转型时期，为使货币政策能够更好地发挥作用，未来还应把货币政策的其他传导因素、货币政策的国际沟通合作等纳入考虑，使货币政策的理论与实践得以持续深入发展。

（1）将货币政策的其他传导因素纳入考虑。

①未来还应考虑汇率因素。受中国汇率制度的影响，长期以来人民币汇率一直都较为稳定，这使得中国人民银行的货币政策决策受国际因素影响较小，也使得货币政策的汇率传导渠道无法形成并发挥作用。2015 年 8 月 11 日，中国人民银行宣布实施汇率形成机制改革，主要内容包括参考收盘价决定第二天的中间价、日浮动区间 ±2%，这是人民币汇率形成机制迈向浮动的重要一步，显示出人民币正朝着更富弹性的汇率形成机制方向发展。与此同时，中国人民银行对跨境资本流动的管制也将渐进放开，由当前仅仅鼓励跨境资本单向流入逐步向双向流动演进。这些都使得将汇率因素的影响纳入考虑变得现实和有意义。

②未来还应考虑股价因素。发达国家货币市场活跃、资本市场发达，中央银行可以通过运用货币政策工具来影响股票价格，股价的变动进而会对投资支出与消费支出及总需求产生影响。从中国货币政策调控的现实情况来看，中国人民银行通过对货币投放的总量进行控制，能够较好地熨平短期经济周期的波动，但对于流动性投放的方向控制力度还相较不足。中国人民银行于 2008 年金融危机之后的多轮的流动性投放，没有能够使资

金按照预期全部流向制造业等实体领域，而是更多的去了债市、股市、期货等资产市场，经济存在"脱实向虚的"迹象。中国货币市场已经培养起来，中国资本市场的发展被寄予了很大的期望，未来终将发展成熟，货币政策传导的股价渠道也将被纳入研究范畴。

（2）将货币政策的国际沟通合作纳入考虑。

从 2008 年金融危机之后发达国家央行货币政策的实践来看，其采用的"量化宽松""负利率"等"非传统"的政策工具为市场投放了大量的流动性，在一定时期、一定程度上提振了本国的投资与消费，增加了本国的出口，对于防止本国经济陷入自由落体状态起到了很好的作用。但由于流动性并不会像中央银行所期望的那样全部流入实体经济，大量资金分流在全球金融市场进行套利，使得货币政策调控的结果是价格效应多于增长效应，对本国经济增长的提振作用有限。

鉴于当今世界的互联互通、大量资金在国际的流出与流入，主要国家央行的货币政策会给其他国家带来正向溢出效益或者负面冲击效应，这也给其他国家的经济发展带来了更多的不确定性。从这个角度来说，中央银行在制定货币政策时，应将其他大型开放经济体货币政策会给本国带来的正向的和负向的外部性纳入考虑。中央银行还应考虑本国所处的经济金融周期，考虑本国货币政策推出的时点，考虑货币政策在短期和中长期内会对本国以及其他国家产生的影响。大型经济体的中央银行在制定货币政策时应该考虑到国际责任。尽管中央银行之间的沟通是复杂的，主要国家央行充分进行货币政策的信息交流与合作，对彼此的货币政策进行了解，做好国际货币政策协调，是十分有必要的。

参 考 文 献

［1］艾洪德，武志．发展中国家通货膨胀目标制货币政策的适应性分析［J］．国际金融研究，2005（8）：57 – 61.

［2］巴曙松，等．非传统货币政策的理论、效果及启示［J］．国际经济评论，2018（2）：146 – 161.

［3］巴曙松，尚航飞．利率走廊调控模式的演进、实践及启示［J］．现代经济探讨，2015（5）：5 – 10.

［4］卜志村，高洁超．适应性学习、宏观经济预期与中国最优货币政策［J］．经济研究，2014（4）：32 – 46.

［5］［美］伯南克．通货膨胀目标制：国际经验［M］．孙刚，等译．大连：东北财经大学出版社，2006.

［6］陈创练，等．时变参数泰勒规则及央行货币政策取向研究［J］．经济研究，2016（8）：43 – 56.

［7］陈静．量化宽松货币政策的传导机制与政策效果研究［J］．国际金融研究，2013（2）：16 – 25.

［8］陈小亮，等．社会融资规模能否成为货币政策中介目标——基于金融创新视角的实证研究［J］．经济学动态，2016（9）：69 – 79.

［9］程国平，刘丁平．社会融资规模作为货币政策中介目标的合理性［J］．财经问题研究，2014（9）：54 – 57.

［10］范志勇．利率市场化条件下中国货币政策框架重构［J］．中国人民大学经济研究所工作论文，2014（7）：1 – 12.

［11］范志勇．货币政策理论反思及中国政策框架转型［M］．北京：中国社会科学出版社，2016.

［12］范志勇，冯俊新，刘铭哲．负利率政策的传导渠道和有效性研究［J］．国际货币评论，2017（5）：93 – 105.

［13］付一书．中央银行学［M］．2版．上海：复旦大学出版社，2014.

[14] 方意，方明. 中国货币市场基准利率的确立及其动态关系研究 [J]. 金融研究，2012（7）：84 - 97.

[15] 符瑞武. 全球发达经济体负利率政策实验：操作机制、传导效果与政策启示 [J]. 郑州大学学报（哲学社会科学版），2017（11）：73 - 78.

[16] 高培亮. 利率市场化对我国货币政策工具的影响 [J]. 财经科学，2015（4）：2 - 10.

[17] 何东，王红林. 利率双轨制与中国货币政策实施 [J]. 金融研究，2011（12）：1 - 18.

[18] 何国华，吴金鑫. 金融市场开放下中国最优货币政策规则选择 [J]. 国际金融研究，2016（8）：13 - 23.

[19] 贺力平. 瑞士央行负利率政策的来龙去脉 [J]. 国际金融，2015（4）：3 - 7.

[20] 胡海鸥，贾德奎. 加拿大零准备金制度的利率调控机制及其启示 [J]. 上海经济研究，2005（5）：56 - 61.

[21] 胡庆康. 现代货币银行学教程 [M].5 版. 上海：复旦大学出版社，2014.

[22] 胡育蓉，范从来. 货币政策工具的选择：利率双轨制和利率市场化 [J]. 经济评论，2015（4）：3 - 16.

[23] [加拿大] 杰格迪什·汉达. 货币经济学 [M].2 版. 彭志文，译. 北京：中国人民大学出版社，2013.

[24] 靳玉英，张志栋. 非传统货币政策解析——以美国的该政策实践为例 [J]. 国际金融研究，2010（10）：10 - 20.

[25] 李欢丽，王晓雷. 传导机制扭曲与日本量化宽松货币政策失灵 [J]. 现代日本经济，2015（1）：33 - 42.

[26] 刘鹤. 两次全球大危机的比较研究 [M]. 北京：中国经济出版社，2013.

[27] 李奇霖. 近年来全球主要央行新型货币政策工具梳理及总结 [J]. 债券，2015（12）：66 - 70.

[28] 娄飞鹏. 国外央行实施名义负利率政策的原因与利弊分析 [J]. 金融发展研究，2016（7）：45 - 51.

[29] 卢宝梅. 汇率目标制、货币目标制和通货膨胀目标制的比较及其在我国的应用的探讨 [J]. 国际金融研究，2009（1）：69 - 80.

［30］卢岚，邓雄．结构性货币政策工具的国际比较和启示［J］．世界经济研究，2015（6）：3－11．

［31］陆晓明．美联储利率决策框架的变化、困境及未来发展［J］．国际金融，2016（9）：61－66．

［32］鲁政委，李苗献．中国利率走廊的经验宽度研究［J］．新金融评论，2016（2）：57－71．

［33］马草原，李成．国有经济效率、增长目标硬约束与货币政策超调［J］．经济研究，2013（7）：76－89．

［34］马骏，洪浩，贾彦东，等．收益率曲线在货币政策传导中的作用［J］．中国人民银行工作论文，2016（1）：1－60．

［35］马骏，纪敏．新货币政策框架下的利率传导机制［M］．北京：中国金融出版社，2016．

［36］马理．社会融资规模是恰当的货币政策中介目标变量吗？——基于 SVAR 模型的数据分析与传导效果检验［J］．金融理论与实践，2015（3）：7－11．

［37］马理，李书灏，文程浩．负利率真的有效吗？——基于欧洲央行与欧元区国家的实证检验［J］．国际货币评论，2018（5）：57－76．

［38］马理，刘艺．借贷便利类货币政策工具的传导机制与文献述评［J］．世界经济研究，2014（9）：23－27．

［39］马鑫媛，赵天奕．非正规金融与正规金融双重结构下货币政策工具比较研究［J］．金融研究，2016（2）：137－144．

［40］孟阳．负利率政策：背景、现状、影响及评价［J］．债券，2016（4）：67－73．

［41］［美］米尔顿·弗里德曼，安娜·雅各布森·施瓦茨．美国货币史（1867－1960）［M］．巴曙松，译．北京：北京大学出版社，2009．

［42］［美］莫滕·本奇，艾泰克·马尔霍佐夫．中央银行如何实施政策负利率［J］．吴婕，译．国际金融，2016（5）：28－36．

［43］柳欣，刘磊，吕元祥．我国货币市场基准利率的比较研究［J］．经济学家，2013（5）：65－74．

［44］欧阳卫民．可探讨让支付系统成为货币政策操作平台［N］．上海证券报，2008－10－30．

［45］潘锡泉．我国货币政策调控模式改变了吗？——基于不同货币政策中介目标的比较分析［J］．江汉学术，2015（4）：56－64．

［46］潘艳艳，等．我国货币政策中介目标的选择与再检验［J］．金融发展研究，2016（3）：36－40.

［47］彭兴韵，费兆奇．货币政策工具的新特点［J］．中国金融，2016（4）：85－86.

［48］申琳．"利率走廊"能降低短期市场利率波动吗［J］．财贸经济，2015（9）：61－73.

［49］沈悦．VAR 宏观计量经济模型的演变与最新发展［J］．数量经济技术经济研究，2012（10）：150－160.

［50］盛松成．社会融资规模理论与实践［M］.3 版．北京：中国金融出版社，2016.

［51］盛松成，吴培新．中国货币政策的二元传导机制——"两中介目标，两调控对象"模式研究［J］．经济研究，2008（10）：37－51.

［52］盛松成，翟春．中央银行与货币供给［M］．北京：中国金融出版，2015.

［53］宋汉光．经济结构调整背景下货币政策工具有效性分析［J］．浙江金融，2016（4）：9－16.

［54］苏治，胡迪．通货膨胀目标制是否有效？［J］．经济研究，2015（6）：74－88.

［55］孙国峰，何晓贝．存款利率零下限与负利率传导机制［J］．经济研究，2017（12）：105－118.

［56］谭小芬，等．美国量化宽松的退出机制、溢出效应与中国的对策［J］．国际经济评论，2013（5）：98－108.

［57］汪川．负利率的理论分析与政策实践［J］．银行家，2016（4）：46－49.

［58］王璐，瞿楠．货币政策中介目标选择——基于金融创新和利率市场化的视角［J］．河北经贸大学学报，2016（3）：58－67.

［59］汪洋，葛正灿．中国货币政策中介目标的选择——兼议社会融资总量指标的进一步完善［J］．金融与经济，2013（3）：37－41.

［60］王宇哲．负利率时代：政策创新与宏观风险［J］．国际经济评论，2016（4）：115－127.

［61］魏民．欧洲央行量化宽松政策：效果与影响［J］．国际问题研究，2016（1）：95－106.

［62］魏永芬．我国是否应该取消存款准备金付息制度［J］．金融研究，2006（2）：52－60．

［63］伍聪．"负利率"问题研究的演进与新进展［J］．经济理论与经济管理，2012（9）：55－63．

［64］伍戈，高荣婧．货币政策中介目标的量价演进：美联储的案例［J］．金融市场研究，2015（6）：84－92．

［65］伍戈，李斌．货币数量、利率调控与政策转型［M］．北京：中国金融出版社，2016．

［66］伍戈，连飞．中国货币政策转型研究：基于数量与价格混合规则的探索［J］．世界经济，2016（3）：3－25．

［67］吴玮．联邦基金利率发展经验及对 Shibor 推广的启示（下）［J］．中国货币市场，2007（9）：30－33．

［68］吴秀波．海外负利率政策实施的效果及借鉴［J］．价格理论与实践，2016（3）：17－23．

［69］夏斌，廖强．货币供应量已不宜作为当前我国货币政策的中介目标［J］．经济研究，2001（8）：33－43．

［70］许道文，等．五大经济体负利率政策启示［J］．中国金融，2017（19）：54－56．

［71］徐奇渊．负利率政策：原因、效果、不对称冲击和潜在风险［J］．国际经济评论，2016（4）：108－114．

［72］杨佳，段军山．利率走廊模式对我国的影响分析［J］．浙江金融，2016（5）：3－11．

［73］杨秀萍．前瞻性指引的国际实践与启示［J］．西南金融，2017（5）：32－37．

［74］易宪容．美联储量化宽松货币政策退出的经济分析［J］．国际金融研究，2014（1）：12－24．

［75］余霞民．双重名义锚下中国货币政策操作的困境［J］．上海金融，2007（1）：39－42．

［76］余振，等．结构性货币政策工具的作用机理与实施效果——以中国央行 PSL 操作为例［J］．世界经济研究，2016（3）：36－44．

［77］张成思．货币政策传导机制：理论发展与现实选择［J］．金融评论，2011（1）：20－43．

[78] 张慧莲. 负利率能否帮助全球经济走出困境 [J]. 金融与经济，2016（4）：35－39.

[79] 张靖佳，等. 量化宽松政策、财富效应与企业出口 [J]. 经济研究，2015（12）：158－172.

[80] 张明. 未预期通货膨胀现象研究评述 [J]. 经济学动态，2016（5）：138－148.

[81] 张晓慧. 全面提升 Shibor 货币市场基准利率地位 [J]. 中国金融，2011（12）：23－25.

[82] 中国人民银行货币政策分析小组：中国货币政策执行报告 2017年第一季度 [R]. 北京：中国人民银行，2017－05－12.

[83] 中国人民银行货币政策分析小组：中国货币政策执行报告 2017年第四季度 [R]. 北京：中国人民银行，2018－02－14.

[84] 周莉萍. 全球负利率政策：操作逻辑与实际影响 [J]. 经济学动态，2017（6）：132－142.

[85] 周小川. 拒绝教条的周小川当年如何打破危机僵局 [EB/OL].（2018－03－16）. [2018－09－13]. http：//mp. weixin. qq. com/s?_biz = MjM5NjgyNDk4NA == &mid = 2685962141&idx = 1&sn = 019a453d23c929ab 22a43730aece46da&chksm = 830f756ab478fc7c7c3b949f883015bbff1a819728 f0e4615cef78a2b1713e0b484d408691b6&mpshare = 1&scene = 23&srcid = 0317 fseCkrEyUSevAPPSuEHV#rd.

[86] 邹薇，宋洁. 基于金融创新的我国货币政策中介目标实证研究 [J]. 湘潭大学学报（哲学社会科学版），2014（3）：51－55.

[87] Baumeister C, Benati L. *Unconventional monetary policy and the great recession - Estimating the impact of a compression in the yield spread at the zero lower bound* [J]. *ECB Working Paper*, 2010（1258）：1－52.

[88] Bech M, Malkhozov A. *How have central banks implemented negative policy rates?* [J]. *BIS Quarterly Review*, 2016（3）：31－44.

[89] Belongia M T, Ireland P N. *Interest rates and money in the measurement of monetary policy* [J]. *Journal of Business & Economic Statistics*, 2015, 33（2）：255－269.

[90] Benes J, Berg A, Portillo R A, et al. *Modeling sterilized interventions and balance sheet effects of monetary policy in a New - Keynesian framework* [J]. *Open Economies Review*, 2015, 26（1）：81－108.

[91] Berentsen A, Monnet C. *Monetary policy in a channel system* [J]. *Journal of Monetary Economics*, 2008, 55 (6): 1067 – 1080.

[92] Bernanke B S. *Money, Gold, and the Great Depression* [R]. Federal Reserve Board, Remarks by Governor Ben S. Bernanke At the H. Parker Willis Lecture in Economic Policy, Washington and Lee University, Lexington, Virginia, March 2, 2004: 1867 – 1960.

[93] Bernanke B S. *Opening remarks: monetary policy since the onset of the crisis* [R]. In Proceedings: Economic Policy Symposium Jackson Hole, 2012 (8): 1 – 22.

[94] Bernanke B S. *Long – Term Interest Rates: a speech at the Annual Monetary/Macroeconomics Conference: The Past and Future of Monetary Policy* [R]. Sponsored by Federal Reserve Bank of San Francisco, San Francisco, California, Board of Governors of the Federal Reserve System (US), March 1, 2013.

[95] Bindseil U, Jablecki J. *The optimal width of the central bank standing facilities corridor and banks' day-to-day liquidity management* [J]. *ECB Working Paper Series*, 2011 (1350): 1 – 35.

[96] Binici M, Erol H, Kara A H, et al. *Interest rate corridor: a new macroprudential tool?* [R]. Research and Monetary Policy Department, Central Bank of the Republic of Turkey, 2013.

[97] Bollerslev T. *Generalized autoregressive conditional heteroskedasticity* [J]. *Journal of econometrics*, 1986, 31 (3): 307 – 327.

[98] Borio C. *Uneasy calm gives way to turbulence* [J]. *BIS Quarterly Review*, 2016 (3): 1 – 14.

[99] Borio C, Gambacorta L, Hofmann B. *The influence of monetary policy on bank profitability* [J]. *International Finance*, 2017, 20 (1): 48 – 63.

[100] David Bowman, Etienne Gagnon, Mike Leahy. *Interest on excess reserves as a monetary policy instrument: The experience of foreign central banks* [J]. *Board of Governors of the Federal Reserve System International Finance Discussion Papers*, 2010 (3): 1 – 47.

[101] Brunner Karl, Allan H. Meltzer. *Liquidity traps for money, bank credit, and interest rates* [J]. *Journal of Political Economy*, 1968, 76 (1): 1 – 37.

[102] Buiter Willem, Nikolaos Panigirtzoglou. *Liquidity Traps: How to Avoid Them and How to Escape Them* [J]. *Working Paper*, 1999 (7): 1 - 69.

[103] Bullard J. *A Case for Shrinking the Fed's Balance Sheet* [J]. *The Regional Economist*, 2017, 25 (2): 3.

[104] Clarida R, Galı J, Gertler M. *Monetary policy rules in practice: Some international evidence* [J]. *European Economic Review*, 1998, 42 (6): 1033 - 1067.

[105] Clinton K. *Implementation of monetary policy in a regime with zero reserve requirements* [J]. *Bank of Canada Working Paper*, 1997 (4): 1 - 15.

[106] Curdia V, Woodford M. *Conventional and unconventional monetary policy* [R]. Staff Report, Federal Reserve Bank of New York, 2009.

[107] Curdia, Vasco, Michael Woodford. *Credit spreads and monetary policy* [J]. *Journal of Money, Credit and Banking*, 2010 (42): 3 - 35.

[108] Dale S, Haldane A. *A simple model of money, credit and aggregate demand* [R]. Bank of England Working Paper Series, 1993.

[109] De Long J B. *The triumph of monetarism?* [J]. *The Journal of Economic Perspectives*, 2000, 14 (1): 83 - 94.

[110] Debelle G, Fischer S. *How Independent Should a Central Bank Be?* [J]. *Working Papers is Applied Economic Theory*, 1994 (6): 195 - 221.

[111] Eggertsson, Gauti B. *Zero bound on interest rates and optimal monetary policy* [J]. *Brookings Papers on Economic Activity*, 2003 (1): 139 - 233.

[112] Eggertsson, Gauti B, Michael Woodford. *Optimal monetary and fiscal policy in a liquidity trap* [R]. National Bureau of Economic Research, 2006.

[113] Eggertsson, Gauti B, Paul Krugman. *Debt, deleveraging, and the liquidity trap: A Fisher - Minsky - Koo approach* [J]. *The Quarterly Journal of Economics*, 2012 (127): 1469 - 1513.

[114] Engle R F. *Autoregressive conditional heteroscedasticity with estimates of the variance of United Kingdom inflation* [J]. *Journal of the Econometric Society*, 1982 (50): 987 - 1007.

［115］ English W B, López – Salido J D, Tetlow R J. *The Federal Reserve's framework for monetary policy: Recent changes and new questions* ［J］. *IMF Economic Review*, 2015, 63 (1): 22 – 70.

［116］ Evans G W, Honkapohja S. *Adaptive learning and monetary policy design* ［J］. *Bank of Finland Discussion Papers*, 2002 (29): 1 – 34.

［117］ Feldstein M. *The Fed's Unconventional Monetary Policy: Why Danger Lies Ahead* ［J］. *Foreign Aff.*, 2016 (95): 105.

［118］ Feldstein Martin. *Monetary policy in a changing international environment: The role of global capital flows* ［R］. National Bureau of Economic Research, 2005.

［119］ Fisher I. *Appreciation and Interest: A Study of the Influence of Monetary Appreciation and Depreciation on the Rate of Interest with Applications to the Bimetallic Controversy and the Theory of Interest* ［M］. American Economic Association, 1896.

［120］ Fischer S. *Why are central banks pursuing long-run price stability* ［J］. *Achieving price stability*, 1996 (2): 7 – 34.

［121］ Fischer S. *The role of macroeconomic factors in growth* ［J］. *Journal of monetary economics*, 1993, 32 (3): 485 – 512.

［122］ Friedman M. *Studies in the Quantity Theory of Money* ［M］. Chicago: University of Chicago Press, 1956.

［123］ Friedman B M. *Has the financial crisis permanently changed the practice of monetary policy? Has it changed the theory of monetary policy?* ［J］. *Manchester School*, 2015 (83): 5 – 19.

［124］ Friedman M, Schwartz A J. *A monetary history of the United States, 1867 – 1960* ［M］. Princeton: Princeton University Press, 2008.

［125］ Gambacorta L, Hofmann B, Peersman G. *The effectiveness of unconventional monetary policy at the zero lower bound: A cross-country analysis* ［J］. *Journal of Money, Credit and Banking*, 2014, 46 (4): 615 – 642.

［126］ Gertler M, Karadi P. *A model of unconventional monetary policy* ［J］. *Journal of Monetary Economics*, 2011, 58 (1): 17 – 34.

［127］ Gertler M, Karadi P. *Monetary policy surprises, credit costs, and economic activity* ［J］. *American Economic Journal: Macroeconomics*, 2015, 7 (1): 44 – 76.

[128] Gesell S. *Die Natürliche Wirtschaftsordnung*, *available in English as The Natural Economic Order* [M]. London: Peter Owen Ltd, 1916.

[129] Glosten L R, Jagannathan R, Runkle D E. *On the relation between the expected value and the volatility of the nominal excess return on stocks* [J]. *The Journal of Finance*, 1993, 48 (5): 1779 – 1801.

[130] Guthrie G, Wright J. *Open mouth operations* [J]. *Journal of Monetary Economics*, 2000, 46 (2): 489 – 516.

[131] Haldane, Andrew G, ed. *Targeting Inflation: A Conference of Central Banks on the Use of Inflation Targets Organised by the Bank of England* [R]. Bank of England, 1995, March 9 – 10.

[132] Honda Y. *On the Effects of A Negative Interest Rate Policy* [J]. *Discussion Papers in Economics and Business*, 2016 (12): 16 – 32.

[133] Jonas J, Mishkin F S. *Inflation targeting in transition countries: Experience and prospects* [M]. National Bureau of Economic Research, 2003.

[134] Joyce M, Miles D, Scott A, et al. *Quantitative easing and unconventional monetary policy—an introduction* [J]. *The Economic Journal*, 2012, 122 (564): 271 – 288.

[135] Keister T, Martin A, McAndrews J. *Divorcing money from monetary policy* [J]. *Economic Policy Review*, 2008, 14 (2): 41 – 56.

[136] Keynes John Maynard. *The General Theory of Employment, Interest, and Money* [M]. 2nd. London: Mcmillan Publishers Limited, 1957.

[137] Kiley M T. *The Response of Equity Prices to Movements in Long – Term Interest Rates Associated with Monetary Policy Statements: Before and After the Zero Lower Bound* [J]. *Journal of Money, Credit and Banking*, 2014, 46 (5): 1057 – 1071.

[138] Kinoshita Y. *The Current Situation in the Japanese Economy and its Financial Markets—What is the Effect of the Negative Interest Rate?* [J]. *Occasional Paper Series of Center on Japanese Economy and Business*, 2016, 75 (5): 1 – 12.

[139] Krugman P R, Dominquez K M, Rogoff K. *It's baaack: Japan's slump and the return of the liquidity trap* [J]. *Brookings Papers on Economic Activity*, 1998 (2): 137 – 205.

［140］ Krugman P R. *Response to Nelson and Schwartz* ［J］. *Journal of Monetary Economics*, 2008, 55 （4）: 857 – 860.

［141］ Krugman P R. *The timidity trap* ［N］. *The New York Times*, 2014 – 03 – 21.

［142］ Kumar S, Afrouzi H, Coibion O, et al. *Inflation targeting does not anchor inflation expectations: Evidence from firms in New Zealand* ［R］. National Bureau of Economic Research, 2015.

［143］ Martin A, Monnet C. *Monetary policy implementation frameworks: A comparative analysis* ［J］. *Macroeconomic Dynamics*, 2011, 15 （S1）: 145 – 189.

［144］ Marvin Goodfriend. *Overcoming the zero bound on interest rate policy* ［J］. *Journal of Money, Credit and Banking*, 2000, 32 （4）: 1007 – 1035.

［145］ Matter W D I T. *Does inflation targeting work in emerging markets?* ［J］. *World Economic Outlook*, 2005 （9）: 161 – 186.

［146］ McCallum B T. *Inflation Targeting in Canada, New Zealand, Sweden, the United Kingdom, and in General* ［M］//Towards more effective monetary policy. Palgrave Macmillan, London: 1997, 211 – 252.

［147］ Meltzer A H. *Monetary, credit and (other) transmission processes: a monetarist perspective* ［J］. *The Journal of Economic Perspectives*, 1995, 9 （4）: 49 – 72.

［148］ Mishkin F S. *Symposium on the Monetary Transmission Mechanism* ［J］. *The Journal of Economic Perspectives*, 1995, 9 （4）: 3 – 10.

［149］ Mishkin F S. *International experiences with different monetary policy regimes* ［J］. *Journal of monetary economics*, 1999, 43 （3）: 579 – 605.

［150］ Nelson D B. *Conditional heteroskedasticity in asset returns: A new approach* ［J］. *Econometrica: Journal of the Econometric Society*, 1991, 59 （2）: 347 – 370.

［151］ Nielsen T. *From anarchy to central bank policy: silvio gesell, negative interest rates and post-crisis monetary policy* ［D］. Sweden: Lund University, 2016.

［152］ Obstfeld M, Shambaugh J, Taylor A. *The trilemma in history: tradeoffs among exchange rates, monetary policies, and capital mobility* ［J］. *Review of Economics and Statistics*, 2005, 87 （3）: 423 – 438.

［153］Quirós G P, Mendizábal H R. *Asymmetric standing facilities: an unexploited monetary policy tool* ［J］. *IMF Economic Review*, 2012, 60 (1): 43 – 74.

［154］Shirakawa M. *One Year Under "Quantitative Easing"* ［R］. Institute for Monetary and Economic Studies, Bank of Japan, 2002.

［155］Siegel L B, Sexauer S C. *Five mysteries surrounding low and negative interest rates* ［J］. *The Journal of Portfolio Management*, 2017, 43 (3): 77 – 86.

［156］Summers L. *Panel Discussion, Price Stability: How Should Long – Term Monetary Policy Be Determined* ［J］. *Journal of Money, Credit and Banking*, 1991, 23 (3): 625 – 631.

［157］Svensson L E O. *Inflation forecast targeting: implementing and monitoring inflation targets* ［J］. *European Economic Review*, 1997, 41 (6): 1111 – 1146.

［158］Svensson L E O. *Inflation targeting: some extensions* ［J］. *Scandinavian Journal of Economics*, 1999, 101 (3): 337 – 361.

［159］Swanson Eric T, Williams J C. *Measuring the effect of the zero lower bound on medium-and longer-term interest rates* ［J］. *The American Economic Review*, 2014, 104 (10): 3154 – 3185.

［160］Taylor J. B. *Discretion versus policy rules in practice* ［J］. *Carnegie – Rochester Conference Series on Public Policy*, 1993 (39): 195 – 214.

［161］Taylor J B. *Alternatives for reserve balances and the Fed's balance sheet in the future* ［J］. *Hoover Institution Economics Working Paper*, 2018 (1): 1 – 13.

［162］Walsh C E. *Announcements, inflation targeting and central bank incentives* ［J］. *Economica*, 1999, 66 (262): 255 – 269.

［163］Whitesell W. *Interest rate corridors and reserves* ［J］. *Journal of Monetary Economics*, 2006, 53 (6): 1177 – 1195.

［164］Williams J C. *Unconventional monetary policy: Lessons from the past three years* ［J］. *FRBSF Economic Letter*, 2011 (31): 1 – 8.

［165］Woodford M. *Monetary policy in the information economy* ［R］. National Bureau of Economic Research, 2001.

［166］ Woodford M. *Forward guidance for monetary policy*: *Is it still possible?* ［EB/OL］. （2008 – 01 – 17）. ［2018 – 09 – 21］. https: //voxeu. org/article/forward-guidance-monetary-policy-it-still-possible.

［167］ Woodford M. *Macroeconomic analysis without the rational expectations hypothesis* ［J］. *Annu. Rev. Econ.* , 2013, 5 （1）: 303 – 346.

［168］ Woodford M. *Monetary policy targets after the crisis* ［M］//George A. *What Have We Learned?*: *Macroeconomic Policy After the Crisis.* Cambridge: The MIT Press, 2014: 55 – 62.

［169］ Zakoian J M. *Threshold heteroskedastic models* ［J］. *Journal of Economic Dynamics and Control*, 1994, 18 （5）: 931 – 955.

后　记

　　光阴荏苒，弹指一挥间，转眼已是数年。这本专著的诞生脱胎于我的博士论文，是在其基础上修改完成的。2013 年 9 月，我有幸进入上海社会科学院世界经济研究所攻读博士学位，近距离感受这所国家高端智库研究机构的风采。四年的耳濡目染、日夜熏陶，我已被打上了社科院与世经所的烙印，现在以及今后我的科研生涯终将抹不去社科院与世经所留下的印记。攻读博士学位与撰写博士论文之辛苦超出了我的预期，在这个过程中得到很多老师与同学的帮助，他们是我能够坚持到今天的重要精神力量。感谢我的导师徐明棋老师，是他一步一步引领我走向了学术的殿堂：是他鼓励我多听课程多听讲座，在打好基础的同时努力发掘自己的兴趣点；是他悉心指导我的研究与写作，在我遇到瓶颈的时候为我指明方向。老师扎实的理论基础及其对现实世界深邃的洞察能力与独立判断能力无形中已成为我努力的方向。

　　在上海社科院和世经所，我受到了严谨的经济学训练。感谢所有给我上过课的老师们。张幼文老师、伍贻康老师、赵蓓文老师、李安方老师、傅钧文老师、金芳老师、尤安山老师、黄烨菁老师、王中美老师、盛九元老师开设的"中国对外开放战略研究"与"世界经济理论专题"课程，使我深入了解了中国对外开放战略的整体特征，全面掌握了世界经济理论的发展脉络及前沿问题；徐明棋老师、周宇老师开设的"国际金融危机与国际金融治理"课程，让我对国际金融治理机制有了深刻的认识；黄仁伟老师、刘鸣老师、余建华老师讲授的"国际政治经济学"课程，为我提供了理解世界经济的崭新的视角。权衡老师、胡晓鹏老师的精彩讲座及在预答辩时对论文给予的指导，让我受益匪浅。世经所的老师们治学严谨，学问及人品都让我万分敬佩，也成为我今后为人处事的榜样。教授公共课程的方松华老师、王丹老师、徐大丰老师、朱保华老师、王贻志老师、韩清老师尽管各具风格，但都春风化雨、润物无声。在学习间还有幸聆听了王新奎老师、左学金老师的专题讲座。王战院长开设的"世界与中国"通识讲座课程更是为我打开了一扇联通世界与中国的思想之窗。研究生院的朱平芳等老师为我们营造了良好的学习与生活环境。四年苦读，我不但获得了博士学位，还于博三时拿到了国家社科基金项目，收获良多。读博的过程虽然辛苦，但一切又是那么值得。

上海社科院搭建的良好平台、提供的良好环境催人奋进，在这里遇到的不只是良师，还有益友。与同学课堂讨论的场景历历在目；与室友相约听课、相约自习的情景仿佛就在昨天；与同住社科院研究生院1号楼的小伙伴们于食堂频频相遇、饭后集体散步的欢声笑语犹在耳旁回荡；与同窗好友在校外听讲座不期而遇的会心一笑依然在脑海。看到有一群年轻人为了共同的理想而努力，看到出色的青年人甚至是中年人比自己都更加勤奋，我没有理由可以懈怠。一路走来，幸有益友相伴，让我明白，自己不是一个人在独行。值得一提的是，这本书稿的修改与完善过程中，我的工作单位，南通大学的同事们也给予我颇多帮助，从书稿框架的商定、到内容的完善与补充，再到联系出版，都给予了督促并提供了许多建议，在此表示深深的感谢！

事实上，从博士论文到专著出版，这个过程比想象中的要难许多，有很长的路要走。出版社的联系、结构框架的大幅度变化与谨慎推敲、内容的大规模增减与反复修改、对国内外货币政策的持续关注与追踪、参考文献的逐条确认与修订，自论文完成至书稿的收尾，耗时一年有余。其中，大量的工作是毕业之后，于2018年在德国哥廷根大学访学期间进行，哥廷根大学浓郁的学术氛围为我提供了安心写作的环境。由于身处德国——欧洲央行总部所在的机缘，文稿增补了大量关于欧洲央行货币政策的内容。欧洲央行的货币政策在金融危机后发生了诸多的变化，呈现出与中国的货币政策甚至是与美国的货币政策并不相同的情形，有其自己独特的特点。欧盟是世界上的大型经济体之一，其货币政策发生的改变将会与世界其他国家形成互动，并对全球经济产生影响。因此，对欧洲货币政策的研究将为货币政策工具与中介目标的相关研究增添更多可供观察与讨论的视角。

感谢经济科学出版社，为我的这本书提供了出版的机会。感谢我的家人，让我能够安心于书桌前，大爱无言。感谢所有善待过我的人们，愿你们得到生活的同样善意。

杨春蕾

2018年9月24日·中秋